崛起：支点的力量

邹德文　李波平　姜　涛◎编著

长江出版传媒｜湖北人民出版社

图书在版编目(CIP)数据

崛起：支点的力量 / 邹德文, 李波平, 姜涛编著. -- 武汉：湖北人民出版社, 2025. 4. （2025.10重印）-- ISBN 978-7-216-11081-5

Ⅰ. F127.63

中国国家版本馆CIP数据核字第202595NQ31号

责任编辑：赵世蕾　刘　佳　耿天维
　　　　　黄丹妮　丁　琦
封面设计：刘舒扬　董　昀
责任校对：范承勇
责任印制：杨　锁

出版发行：	湖北人民出版社	**地址：**	武汉市雄楚大道268号
印刷：	湖北新华印务有限公司	**邮编：**	430070
开本：	787毫米×1092毫米 1/16	**印张：**	20
字数：	285千字	**插页：**	2
版次：	2025年4月第1版	**印次：**	2025年10月第2次印刷
书号：	ISBN 978-7-216-11081-5	**定价：**	88.00元

本社网址：http://www.hbpp.com.cn
本社旗舰店：http://hbrmcbs.tmall.com
读者服务部电话：027-87679656
投诉举报电话：027-87679757

目录

导论

在中国经济版图上，中部地区犹如巨龙之腰，其强弱深刻影响着国家发展的整体态势。中部崛起绝非区域发展的局部命题，而是关乎全局、关乎中华民族伟大复兴的战略抉择。当今世界正经历百年未有之大变局，单边主义、保护主义抬头，全球产业链供应链深度重构。在这样的时代背景下，中部地区作为连接东西、贯通南北的战略腹地，其崛起具有特殊意义：它是构建新发展格局的关键支撑，是应对国际竞争的战略要地，是实现共同富裕的必然要求，更是推进中国式现代化建设的关键环节。

实现这样的崛起，必须找准支点。支点者，撬动全局之关键也。从物理学视角看，支点的价值在于能以最小力量撬动最大重量；从经济学维度说，支点的意义在于能以关键突破带动整体跃升。纵观世界经济发展史，每一个成功崛起的区域都有其战略支点——美国的芝加哥、德国的法兰克福、日本的东京湾区，莫不如是。在中国，同样需要这样的战略支点来撬动区域发展。正如上海浦东之于长三角、深圳之于粤港澳大湾区，湖北也需要通过支点效应激活中部地区的“板块隆起”。

在中国经济版图重构的关键时期，长江之畔正酝酿着一场深刻变革。当京津冀、长三角、粤港澳大湾区相继成为国家战略高地时，中部地区需要一个强有力的支点来撬动发展势能。2024 年 11 月习近平总书记考察湖北时，要求湖北“加快建成中部地区崛起的重要战略支点”。天赋大任的湖北肩负着“建成支点”的时代使命。湖北作为中部地区的战略要地，天然具备成为支点的禀赋优势。这里，“敢为人先”的精神基因历久弥新；这里，长江黄金水道与京广动脉交汇成“十”字形战略通道；这里，光谷科技创新大走廊闪耀着自主创新的光芒。这些禀赋优势正是支点建设的“根基”所在——如同杠杆需要稳固的支撑点，战略支点必须扎根于湖北独特的历史底蕴、地理区位与创新基因。但禀赋优势不会自动转化为发展胜势，支点需要主动锻造、精心培育。

基于这样的认识，本书构建了系统的支点建设框架。如何锻造支点？本书以“使命—根基—路径—保障—愿景”的完整逻辑体系进行探讨。第一章围绕使命担当，奠定理论基石，阐释支点战略的深层逻辑；第二章（能级跨越）至第八章（区域联动）分别对应“七大战略”，在路径层面形成从内生动力到外部协同的闭环链条，从能级跨越、科创引领、产业倍增、枢纽提能、美丽湖北、文化创新、区域联动等七大维度构建支点建设支撑体系；第九章强化战略保障；第十章擘画未来蓝图——各章既独立成篇又有机衔接，共同构成支点建设的系统工程。这一体系既注重理论创新，又突出实践导向；既立足湖北实际，又服务国家战略，为支点建设提供了系统方案。

这一体系，犹如一部气势恢宏的交响乐。第一章是定调乐章，用历史纵深揭示“湖北何以成为支点”的基因密码。第二至四章构成发展强音：“能级跨越”篇中，武汉光谷从“一束光”到“一座城”的蜕变故事，生动诠释了战略支点的成长逻辑；北斗卫星导航系统从武汉起步走向全球，科创引领战略将让湖北成为破解“卡脖子”技术的攻关高地。第五至八章是特色声部：“枢纽提能”篇中，鄂州花湖国际机场从无到有建成亚洲首个专业货运枢纽的奇迹，展现了现代物流重塑经济地理的伟力；“千湖之省”的生态治理智慧，正在为长江经济带铺就绿色发展的湖北范式；“文化创新”篇通过楚文化数字重生，彰显传统文化与现代科技的融合创新。第九章是坚实和声，通过党建铸魂与作风护航、能力提升与要素保障为整部乐章提供支撑。第十章则是未来序曲，以全球化视野纵览国际标杆，描绘了汉江生态经济带与长江绿色经济带“双带联动”的壮阔图景，展现了支点蓝图的美好愿景。各声部在理论逻辑与实践创新的交织中，奏响了新时代湖北高质量发展的华彩乐章。

基于“使命—根基—路径—保障—愿景”的逻辑体系，本书重点构建了以“七大战略”为支撑的实践体系。这一体系是支点建设的七项重点任务和路径，即重点实施“七大战略”，整体提升“七个能力”。一是大力实施能级跨越战略，整体提升支点的战略支撑力；二是大力实施科创引领战略，整体提升支点的创新策源力；三是大力实施产业倍增战略，整体提升支点的产业竞争力；四是大力实施枢纽提能战略，整体提升支点的开放辐射力；五是大力实施美丽湖北战略，整体提升支点的生态承载力；六是大力实施文化创新战略，整体提升支点的文化影响力；七是大力实施区域联动战略，整体提升支点的区域协同力。

“七大战略”与“七个能力”互为表里，形成以七项重点任务为主体，以战略实施、能力提升为两翼的“一体两翼”发展格局。“七大战略”如同精准施力的杠杆臂，“七个能力”则是杠杆另一端撬起的战略重量，共同构成支点建设的力学体系。从每一组“战略”和“能力”的关系来看，前者是路径，后者是目标。例如，大力实施能级跨越战略，整体提升支点的战略支撑力，二者如同“导航系统”与“目的地”的有机统一——能级跨越战略通过提升城市群能级、增强要素集聚力，直接转化为战略支撑力。“七大战略”是行动纲领，明确了不同领域的突破方向；“七个能力”是战略落地的具体目标，体现支点建设的核心效能。

这种“一体两翼”格局绝非机械组合，而是通过纵横交错的协同网络实现有机联动。“七大战略”与“七个能力”也是协同联动关系。一是纵向贯通，科创引领（创新策源力）为产业倍增（产业竞争力）提供技术支撑，产业倍增反哺能级跨越（战略支撑力）。二是横向耦合，枢纽提能（开放辐射力）与文化创新（文化影响力）结合，可打造“开放 + 文旅”双品牌；区域联动（区域协同力）与美丽湖北（生态承载力）协同，推动跨区域生态经济带建设。

“七大战略”与“七个能力”体现系统集成效应。“七大战略”系统覆盖经济发展、科技创新、产业升级、对外开放、生态保护、文化繁荣、区域协调等关键领域，“七个能力”精准对接国家战略需求与湖北发展实际，在系统集成中产生“1+1 ＞ 2”的协同效应。创新驱动是实现跨越式发展的关键；产业倍增既是经济增长的“量变”，更是发展模式的“质变”；开放辐射力不断扩大的湖北必将活力持续升腾；以生态产品价值转化提升绿水青山“颜值”，实现金山银山“价值”；支点必须具有深厚的文化底蕴、丰富的人文内涵，全面提升经济集聚度、区域协同性和整体竞争力。“七个能力”既各具特色又相互支撑。战略支撑力是统领，创新策源力是引擎，产业竞争力是基础，开放辐射力是潜能，生态承载力是底线，文化影响力是灵魂，区域协同力是后劲。如同北斗卫星系统的“星间链路”，“七大能力”通过三种机制实现共振：一是赋能机制，如创新策源力驱动产业竞争力；二是互馈机制，如开放辐射力与文化影响力互塑；三是平衡机制，如生态承载力与战略支撑力动态校准。

支点的价值体现在功能强、循环畅、动力足，支点的功能表现为战略牵引显著、要素集聚突出、资源配置优化、辐射带动明显，支点的力量彰显为更好发挥支撑、服务、链接、引领作用。通过“七大战略”的系统实施和“七个能力”的协同提升，湖北将真正成为具有全国影响力的战略支点，在服务国家大局中展现湖北担当，在推动中部崛起中贡献湖北力量。

锻造支点需要把握“四维驱动”（创新、产业、开放、绿色）与“三重平衡”（点面、硬软、近远），形成立体化推进体系。“四维驱动”指的是：创新驱动是核心引擎，要突破“卡脖子”技术，建设具有全国影响力的科技创新中心；产业升级是坚实底盘，要在巩固传统优势的同时抢占新兴产业制高点；开放引领是活力源泉，要构建更高水平开放型经济新体制；绿色发展是鲜明底色，要探索生态优先、绿色发展新路径。“三重平衡”要注意：“点”与“面”的关系，既要强化武汉等核心城市的集聚效应，又要增强对周边地区的辐射带动；“硬”与“软”的关系，既要夯实产业基础、完善基础设施等硬支撑，又要优化营商环境、提升文化软实力；“近”与“远”的关系，既要立足当下解决现实问题，又要着眼长远谋划战略布局。

支点建设绝非坦途，既要应对区域竞争的“马太效应”，也要破解资源约束与转型压力的双重难题。当前，区域竞争日趋激烈。长三角一体化纵深推进，粤港澳大湾区建设如火如荼，成渝双城经济圈蓄势待发。可以说前有长三角“领跑者”虹吸效应，后有成渝“挑战者”换道超车，在这样的竞争态势下，湖北必须牢记嘱托、担当使命，强化支点意识，把全部工作向支点建设聚焦聚力，切实推动支点建设实现整体提升。以等不起的紧迫感、慢不得的危机感、坐不住的责任感，加快建成支撑中部崛起的战略支点。这个支点，应当是高质量发展的示范点、创新驱动的爆发点、区域协调的中心点、绿色发展的引领点。

历史从不垂青因循守旧、满足现状者，机遇永远青睐开拓创新、永不自满者。从青铜时代的铜绿山古矿冶到近代汉阳造的工业启蒙，从三峡工程的大国重器到光谷星空的未来之光，湖北的基因里始终镌刻着“以支点撬动时代”的密码。站在历史与未来的交汇点，我们要以更高的站位、更宽的视野、更大的格局谋划发展。每一位建设者都要成为“支点工匠”，像建设三峡工程那样精益求精；每一位创新者都要争做“支点先锋”，像“追光逐芯”那样勇攀高峰；每一位奋斗者都要化身“支点细胞”，在各自岗位上释放能量。

让我们汇聚成活力奔涌、动能澎湃的战略支点，共同撬动中部崛起；让我们继续书写新时代荆楚大地的创业史诗，使湖北实践成为中国式现代化的精彩注脚！让我们共同期待，通过湖北这个窗口，让世界更好地读懂中国的发展奇迹，见证一个文明古国在新时代的伟大复兴！

第一章

支点使命：天赋大任的历史必然

建设中部地区崛起重要战略支点，是习近平总书记赋予湖北的重大责任、重大使命。2013 年 7 月，习近平总书记考察湖北时，要求“努力把湖北建设成为中部地区崛起重要战略支点”；2024 年 11 月，习近平总书记再次考察湖北，强调“加快建成中部地区崛起的重要战略支点”。从“努力建设”到“加快建成”，不仅仅是表述的变化，更重要的是从“殷切期待”变成“现实任务”，对湖北发展提出了更高定位、更高标准、更高要求。

加快建成中部地区崛起的重要战略支点，是习近平总书记赋予湖北一以贯之的战略定位，是湖北服务国家发展大局一脉相承的战略任务，是湖北必须一抓到底的战略机遇。湖北要不负习近平总书记的厚望重托，不负机遇的历史性眷顾，推动支点建设取得实质性突破，为高质量发展贡献湖北担当。

“支点”这一重要战略定位和使命任务，既是自然区位条件赋予的，也是历史赋予的；既是党中央赋予的，也是人民赋予的。本章围绕“支点使命”这一主题，从国家发展格局看中部崛起，从战略支点探讨中部崛起为何要有支点、中部崛起的支点为什么是湖北，从支点使命看湖北的担当及其深层逻辑。当区域战略重点与战略支点相遇相融，将赋予湖北重要地位和巨大能量。

一、国家发展格局中的战略支点

（一）区域协调与四大板块

1. 东部地区率先发展

作为改革开放的先行者，东部地区的发展历程可分为三个阶段。

一是开放布局阶段（1978—1990 年）。1979 年中央批准广东、福建实行特殊政策，开启改革开放序幕。20 世纪 80 年代设立 5 个经济特区，1984 年开放 14 个沿海城市，随后建立多个沿海经济开放区，形成“点—线—面”开放格局。

二是深化改革阶段（1991—2012 年）。20 世纪 90 年代上海浦东开发开放，2006 年天津滨海新区获批综合配套改革试验区。市场化改革持续推进，从党的十四大提出建立社会主义市场经济体制，到党的十八届三中全会明确市场在资源配置中的决定性作用。改革开放之风携市场之种落地生根，也推开了东部率先发展的“机会之窗”。

三是高质量发展阶段（2013 年至今）。党的十八大以来，东部地区加快转型升级。2018 年地区生产总值达 48.1 万亿元，占全国半壁江山。1979—2018 年地区生产总值年均增长 11.3%，创造了世界瞩目的“中国速度”。

东部发展成效显著。经济贡献上，以全国 9.5% 的国土面积集聚了

40% 的人口，贡献了 50% 以上的国内生产总值（GDP）。创新引领上，研发投入占全国 60% 以上，高新技术企业占比超 70%。开放枢纽上，进出口总额占全国 80%，实际利用外资占比 85%。

其经验启示是，坚持市场化改革方向，发挥区位优势主动开放，注重制度创新先行先试。

当前，东部地区正从“率先发展”转向“引领发展”，在构建新发展格局中继续发挥示范带动作用。其发展实践不仅奠定了我国区域协调发展的基础，更为经济转型提供了宝贵经验。

2. 区域协调四大板块的形成

我国区域发展战略经历了从非均衡发展到协调发展的重大转变。改革开放初期，东部沿海地区率先发展，到 2000 年前后，西部地区生产总值仅为东部的三分之一，东北老工业基地面临衰退。为缩小区域差距，国家自 1999 年起相继推出西部大开发（1999 年）、东北振兴（2003 年）和中部崛起（2004 年）战略，2006 年“十一五”规划正式确立四大板块战略框架，并制定分类指导政策。

西部大开发战略（1999— ），覆盖 12 个省区市，重点推进基础设施、生态保护和能源建设。青藏铁路、西气东输等重大项目相继建成。2001 年《中华人民共和国国民经济和社会发展第十个五年计划纲要》对实施西部大开发战略进行了具体部署。西部大开发战略有效促进了西部经济增长，缩小了东西部之间的差距。2020 年《关于新时代推进西部大开发形成新格局的指导意见》提出高质量发展目标，2022 年西部陆海新通道加速建设。

东北振兴战略（2003— ），涵盖东北三省及内蒙古东部。2003 年 10 月，中共中央、国务院发布《关于实施东北地区等老工业基地振兴战略的若干意见》，明确了实施振兴战略的指导思想、方针任务和政策措施，着力推进国企改革和产业升级。该战略实施以来，鞍钢重组等改革取得成效，近年冰雪经济又成为东北振兴的新亮点。

中部崛起战略（2004—　），包括湖北、湖南、江西、安徽、河南、山西中部六省，旨在打造“三基地一枢纽”（全国重要粮食生产基地、能源原材料基地、现代装备制造及高技术产业基地和综合交通运输枢纽）发展格局。长江中游城市群快速崛起，2021年出台《中共中央　国务院关于新时代推动中部地区高质量发展的意见》，推动产业升级。近年来，中部地区高技术产业增加值占比提升至11.3%。

东部率先发展，并持续发挥引领作用，如粤港澳大湾区的创新驱动、自贸试验区的开放型经济以及辐射带动中西部等。2023年长三角一体化深化，数字经济占全国比重超50%，粤港澳大湾区研发投入强度达3.6%。

区域发展战略实施以来，各地区经济差距缩小，西部地区生产总值占比从2000年的17%升至2022年的21%；生态保护加强，西部森林覆盖率从1999年的10%升至2020年的23%；协调发展增强，东部与中西部产业协同度指数提高至2022年的0.72。

实践表明，区域协调发展战略使我国区域发展差距系数从2004年的0.75降至2022年的0.59。未来需在统一大市场建设、基本公共服务均等化等方面持续发力，推动形成优势互补、高质量发展的区域经济布局。

（二）中部崛起战略的推进

21世纪初，在东部率先发展、西部大开发、东北振兴等战略全面推进的背景下，中部六省面临“不东不西”的尴尬处境。2003年数据显示，中部地区生产总值占全国比重较20世纪90年代下降2.3个百分点，人均地区生产总值仅为东部地区的45%，“中部塌陷”现象引发广泛关注。

中部不崛起，中国经济就难以腾飞。中央果断决策，2004年3月，国务院《政府工作报告》首次明确提出“促进中部地区崛起”的重要战略构想，指出“加快中部地区发展是区域协调发展的重要方面”。经过两年调研论证，2006 年 4 月，中共中央、国务院正式印发《关于促进中部地区崛起的若干意见》，确立了“三基地一枢纽”的战略定位，这标志着促进中部地区崛起战略正式实施。

中部崛起战略实施 20 余年，大致可以分为三个阶段，政策体系也随之不断完善（见表 1-1）。基础建设阶段，从 2006 年到 2012 年，2009 年《促进中部地区崛起规划》出台，2012 年国务院发布文件强化政策支持力度。转型升级阶段，从 2013 年到 2020 年，主要标志为 2015 年《长江中游城市群发展规划》实施。高质量发展阶段，从 2021 年至今。

表 1–1　有关中部崛起战略的主要政策文件

时间	名称
2006 年 4 月	《中共中央　国务院关于促进中部地区崛起的若干意见》
2009 年 9 月	国务院通过《促进中部地区崛起规划》
2012 年 8 月	国务院发布《关于大力实施促进中部地区崛起战略的若干意见》
2015 年 3 月	国务院批复《长江中游城市群发展规划》
2021 年 4 月	《中共中央　国务院关于新时代推动中部地区高质量发展的意见》
2024 年 5 月	中共中央政治局审议通过《新时代推动中部地区加快崛起的若干政策措施》

新时代以来，两场中部地区崛起工作座谈会，从八点意见到六个方面的工作部署，为中部地区崛起指明了前进方向。

2019 年 5 月，习近平总书记在江西考察并主持召开推动中部地区崛起工作座谈会时强调，推动中部地区崛起是党中央作出的重要决策，要贯彻新发展理念推动高质量发展，奋力开创中部地区崛起新局面。习近平总书记在会上一连提了三个问题（中部三问）——“中部地区发展势头能不能持续下去？能不能在先进技术、重点领域、关键环节有更大突破？能不能在高质量发展和加快新旧动能转换的道路上越走越好？”① 时至今日，这三问仍直逼人心、发人深省。这次座谈会上，习近平总书记就做好中部地区崛起工作提出八点意见。

2024 年 3 月，习近平总书记在湖南长沙主持召开新时代推动中部地区崛起座谈会强调，在更高起点上扎实推动中部地区崛起。中部地区“在全国具有举足轻重的地位。要一以贯之抓好党中央推动中部地区崛起一系列政策举措的贯彻落实，形成推动高质量发展的合力，在中国式现代化建设中奋力谱写中部地区崛起新篇章”②。这次座谈会上，习近平总书记部署了六个方面的重点工作。

得益于中部崛起战略的支持，中部地区经济发展强劲。2006—2023 年，中部地区地区生产总值从 4.3 万亿元增至 26.99 万亿元，年均增速 9.8%，高于全国 1.2 个百分点，占全国比重从 18.6% 提升至 21.6%。粮食产量占全国 30.2%，高铁运营里程突破 1 万千米，高新技术企业超 8 万家。产业结构优化，农业基础巩固，建成高标准农田 2.8 亿亩，农产品加工业产值突破 8 万亿元；工业转型升级，装备制造业占比提升至 28%，战略性新兴产业年均增长 12%；现代服务业飞速发展，物流枢纽城市达 15 个，数字经济规模超 10 万亿元。

当前中部面临的主要挑战是创新动能不足，研发投入强度 2.1%，低于全国平均水平，核心技术对外依存度较高；区域协同不够，省际产业同质化率超 60%，要素流动存在制度障碍；生态保护压力大，单位 GDP 能耗高于东部 15%，长江、黄河流域治理任务重。

中部通则全国通，中部活则全盘活。中部崛起战略实施 20 余年来，成功扭转了“中部塌陷”态势，中部地区成为区域协调发展的典范。面向未来，中部地区将在构建新发展格局中发挥更加重要的作用。

---

①《习近平在江西考察并主持召开推动中部地区崛起工作座谈会时强调 贯彻新发展理念推动高质量发展 奋力开创中部地区崛起新局面》，《人民日报》2019 年 5 月 23 日。

②《习近平主持召开新时代推动中部地区崛起座谈会强调 在更高起点上扎实推动中部地区崛起》，《人民日报》2024 年 3 月 21 日。

（三）区域协调升级与城市群协同

中国区域发展战略正从传统的四大板块划分向更高层次的协调升级与城市群协同转变，形成“多中心、网络化、高质量”的发展新格局。这一演进过程既体现了国家对区域均衡发展的持续探索，也反映了新时代下经济高质量发展的内在要求。

战略演进，从四大板块到多维协同。中国区域发展战略历经三个阶段的关键跃升。一是传统四大板块战略阶段（2000—2012 年）。以地理划分为基础，实施东部率先发展、西部大开发、东北振兴和中部崛起战略，着力缩小区域差距。二是重大区域战略叠加阶段（2013—2017 年）。随着京津冀协同发展（2014 年）、粤港澳大湾区建设（2017 年）、长三角一体化（2018 年）等战略的推出，政策重心转向“板块 + 功能型”双轨模式。例如，长三角生态绿色一体化发展示范区 2023 年推出 32 项制度创新成果，在跨省域规划管理、要素流动等方面实现突破，成为全国区域协同发展的标杆。三是系统性升级阶段（2018 年至今）。党的十九大提出“区域协调发展战略”。2018 年 11 月，《中共中央　国务院关于建立更加有效的区域协调发展新机制的意见》明确构建“中心城市—城市群—经济带”三级联动体系。2023 年中央经济工作会议进一步强调“优化重大生产力布局”。

新机制核心，中心城市引领与多维融合。当前区域协调模式呈现三大特征。一是动力转换，从政策驱动到功能驱动。过去依赖财政转移支付等“输血式”扶持，如今更强调中心城市的辐射带动。2022 年，武汉、成都、西安等国家中心城市地区生产总值占所在省份比重均超 30%，成为区域增长核心引擎。二是空间重构，“3+7”城市群格局成形。京津冀、长三角、粤港澳大湾区三大世界级城市群，加上成渝、长江中游等 7 个国家级城市群，经济总量占全国 78%（《中国城市群发展报告 2023》数据）。其中，粤港澳大湾区以不足全国 0.6% 的面积贡献了12%的GDP，凸显了集聚效应。三是领域拓展，从经济协同到全方位融合。生态协同上，黄河流域“三省一区”2022年建立横向生态补偿机制，实现保护与发展的平衡；制度创新上，深圳综合改革试点40条经验全国推广，2023年进一步扩大高水平开放试点；公共服务上，长三角41个城市实现医保“一卡通”。

中国区域发展战略已进入“精度更高、融合更深”的新阶段。未来需在都市圈同城化、统一大市场建设等方面持续突破，为高质量发展提供空间支撑。

（四）区域发展与战略支点

1. 新时代的战略支点

新时代以来，习近平总书记站在国家区域发展战略全局的高度，用“战略支点”赋予五个地方以重要定位和使命任务。

2013年7月，习近平总书记考察湖北时提出“努力把湖北建设成为中部地区崛起重要战略支点”①。2024年11月，习近平总书记考察湖北时强调，湖北要牢牢把握在构建新发展格局中的使命任务，充分发挥自身优势，鼓足干劲、奋发进取，久久为功、善作善成，在长江经济带高质量发展中奋勇争先，加快建成中部地区崛起的重要战略支点，奋力谱写中国式现代化湖北篇章。②

2015年3月全国两会期间，习近平总书记参加广西代表团审议时明确指出，广西要“构建面向东盟的国际大通道，打造西南中南地区开放发展新的战略支点，形成21世纪海上丝绸之路和丝绸之路经济带

---

①《六大目标明晰“什么是支点” 八条路径作答“怎样建支点”》，《湖北日报》2021年6月23日。

②《习近平在湖北考察时强调 鼓足干劲奋发进取 久久为功善作善成 奋力谱写中国式现代化湖北篇章》，《人民日报》2024年11月7日。

有机衔接的重要门户”①。

2018年4月，习近平总书记在庆祝海南建省办经济特区30周年大会上的讲话中指出：“海南要利用建设自由贸易港的契机，加强同‘一带一路’沿线国家和地区开展多层次、多领域的务实合作，建设21世纪海上丝绸之路的文化、教育、农业、旅游等交流平台，在建设21世纪海上丝绸之路重要战略支点上迈出更加坚实的步伐。”②

2023年4月，习近平总书记在广东考察时强调：“粤港澳大湾区在全国新发展格局中具有重要战略地位。广东要认真贯彻党中央决策部署，把粤港澳大湾区建设作为广东深化改革开放的大机遇、大文章抓紧做实，摆在重中之重，以珠三角为主阵地，举全省之力办好这件大事，使粤港澳大湾区成为新发展格局的战略支点、高质量发展的示范地、中国式现代化的引领地。”③

2024年4月，习近平总书记在重庆考察时强调：“重庆要对标新时代新征程党的中心任务和党中央赋予的使命，充分发挥比较优势、后发优势，进一步全面深化改革开放，主动服务和融入新发展格局，着力推动高质量发展，奋力打造新时代西部大开发重要战略支点、内陆开放综合枢纽，在发挥‘三个作用’上展现更大作为，不断谱写中国式现代化重庆篇章。”④

2. 战略支点的战略考量

习近平总书记在区域发展战略中提出五个重要战略支点的战略考

①《习近平总书记参加广西代表团审议侧记　加快形成面向国内国际的开放合作新格局　不断谱写祖国南疆繁荣稳定新篇章》，《广西日报》2015年3月9日。

②《在庆祝海南建省办经济特区30周年大会上的讲话》，《人民日报》2018年4月14日。

③《习近平在广东考察时强调　坚定不移全面深化改革扩大高水平对外开放　在推进中国式现代化建设中走在前列》，《人民日报》2023年4月14日。

④《习近平在重庆考察时强调　进一步全面深化改革开放　不断谱写中国式现代化重庆篇章》，《人民日报》2024年4月25日。

量，体现了新时代统筹发展与安全、协调国内国际双循环、破解区域发展不平衡的系统性布局。这既是应对百年变局的主动作为，也是实现共同富裕的战略选择，可从以下维度解析其深层逻辑。

一是破解“胡焕庸线”[①]困局的战略突破。这一方面是地理平衡补位，以湖北（中部）、重庆（西部）、广西（西南）、海南（南部）、粤港澳大湾区（东南）形成东中西、海陆空全覆盖的“钻石形支撑网络”，打破传统沿海优先发展路径。通过武汉都市圈（长江中游）与成渝双城经济圈（长江上游）形成“长江经济带双核驱动”，重塑中国黄金水道经济价值。另一方面也是人口经济再平衡，五大支点覆盖全国60%以上人口、70%经济总量，通过重庆“产业梯度转移承接区”和广西“沿边跨境产业链”，引导1.2亿中西部劳动力就近城镇化。

二是构建新发展格局的支撑体系。这是内外循环衔接器，如广西凭祥跨境产业园探索“两国一检”通关模式，使中国—东盟货物通关时间压缩三分之二，构建陆海新通道“双循环”节点；也是产业链安全屏障，如湖北光谷布局长江存储、华星光电等企业，在闪存芯片领域实现国产化率从17%到45%的跃升，打造不被“卡脖子”的中部科创走廊。

三是应对国际格局演变的前沿部署。地缘战略支点上，海南自由贸易港实施“一线放开、二线管住”政策，2023年洋浦港开通首条南太平洋岛国直航航线，形成面向南海的“战略存在”。新规则压力测试上，前海深港现代服务业合作区累计推出685项制度创新成果，其中65项属全国首创，为《全面与进步跨太平洋伙伴关系协定》（CPTPP）等高标准经贸规则积累经验。

四是生态文明与高质量发展的融合创新。绿色转型示范上，湖北实施长江大保护“双十工程”，“关改搬转”沿江化工企业443家，腾

① “胡焕庸线”，即中国地理学家胡焕庸于1935年提出的中国人口密度分界线，北起黑龙江黑河，南至云南腾冲。

退岸线 149.8 千米，探索“生态优先”的中部崛起新模式。碳经济试验场上，湖北、海南建设国际碳排放权交易中心。

五是数字时代的空间重构。武汉建成全国首个全5G覆盖智慧园区，光谷量子保密通信干线网实现京沪广深直连，打造中部“算力十字路口”。重庆布局“东数西算”国家枢纽节点，规划 5000 个机柜的西部（重庆）科学城超算中心，算力规模达 300P（Peta FLOPS，算力计算单位）。粤港澳大湾区建设“数字丝绸之路”核心区，深圳—香港联合发布跨境数据流动“白名单”，探索数据要素跨境流动机制。

3. 战略支点的价值跃升

五个重要战略支点的战略价值实现了三重跃升。

第一，从“单点突破”到“网络效应”。五大支点通过长江黄金水道、西部陆海新通道、粤桂黔滇高铁经济带等形成战略联动，产生“1+1 ＞ 2”的协同效应。

第二，从“政策洼地”到“制度高地”。海南自贸港简税制、大湾区“跨境执业”等改革，推动从要素开放向制度开放升级。

第三，从“跟跑补位”到“领跑塑势”。湖北光谷在新型显示、重庆在智能网联汽车等领域已形成全球竞争力，实现发展范式转换。

这种战略布局既是对“非均衡发展战略”的超越，也是构建全国统一大市场的关键举措。通过战略支点的“四两拨千斤”作用，中国经济地理版图正在重塑，为实现第二个百年奋斗目标提供空间支撑。

二、中部崛起支点为什么是湖北

什么是支点？
中部崛起为何要有支点？
中部崛起支点为何是湖北？

（一）支点的内涵和特征

1. 支点的丰富内涵

支点就是事关战略全局的支撑点、撬动点、制高点、关键点，就是要在区域发展上快于、好于、优于、强于其他地区，更好地服务带动其他地区的发展。

支点，是撬动全局的关键支撑，是引领发展的战略高地。作为中部地区崛起的重要战略支点，湖北不仅要成为区域发展的“稳定器”，更要成为动能转换的“发动机”、创新突破的“策源地”、开放协作的“桥头堡”。其核心内涵体现在以下几个方面。

支撑点——在综合实力、产业体系、基础设施等方面形成坚实承载，筑牢区域发展基石。

撬动点——以科技创新、改革开放、枢纽经济等优势，放大辐射效应，带动中部协同跃升。

制高点——在关键领域形成领先优势，成为国家战略的重要承载地。

关键点——在区域协调发展中发挥枢纽作用，促进要素高效流动、产业深度融合。

从“支点”到“战略支点”，再到“中部崛起重要引擎”，湖北的支点建设不仅是自身高质量发展的需要，更是服务国家区域协调发展战略的责任担当。

2. 支点的显著特征

战略支点具有以下八大显著特征。

综合实力领先——经济规模、发展质量、竞争力位居中部前列，成为区域经济增长极。

科技创新先行——依托光谷科创大走廊等创新平台，突破关键核心技术，打造国家战略科技力量。

现代产业引领——构建“51020”① 现代产业集群升级版，推动制造业高端化、智能化、绿色化发展。

枢纽地位凸显——发挥“九州通衢”优势，建设国家综合交通枢纽、要素集聚枢纽，强化国内国际双循环链接功能。

改革开放示范——深化市场化改革，打造内陆开放新高地，形成可复制推广的制度创新经验。

城乡区域协调——推动武汉都市圈引领、襄阳都市圈和宜荆荆都市圈协同，促进全域均衡发展。

生态环境优渥——坚持长江大保护，建设美丽湖北，实现高质量发展与高水平保护协同推进。

文化繁荣兴盛——弘扬荆楚文化，增强文化软实力，为区域发展注入精神动力。

3. 支点矩阵的构建

湖北着力打造科创支点、产业支点、开放支点、生态支点、联动支点，形成支点矩阵，共同发挥支点功能。

一是打造策源先导的科创支点，加快建设具有全国影响力的科技创新高地。支点建设，关键在科技创新，科技强则湖北强。要统筹推进教育强省、科技强省和人才强省建设，滚动实施“61020”② 全链条攻关，加快“71020”③ 高校创新体系建设。

---

① “51020”，即5个万亿级支柱产业、10个五千亿级优势产业、20个千亿级特色产业。

② “61020”，即每年产出6项以上重大基础研究成果，突破10项以上重大关键技术，形成20项以上标志性产品。

③ “71020”，即支持7所高校冲击世界一流，10个学科进入全国“双一流”，动态培育20个特色优势学科服务“51020”现代产业集群。

二是打造全国领先的产业支点，加快建设体现湖北优势的现代化产业体系。支点建设，必须靠坚实的产业基础作支撑。要推动“51020”现代产业集群加快崛起。

三是打造“九州通衢”的开放支点，加快建设内陆开放新高地。支点建设，必须具备强劲的枢纽功能和集散效应。要坚持对内对外开放并重，打造内陆开放高地。

四是打造先行示范的生态支点，加快建设生态优先绿色发展的湖北样板。支点建设，必须走生态优先、绿色发展之路。要持续做好生态修复、环境保护、绿色发展三篇大文章。

五是打造区域发展的联动支点，加快推进长江中游城市群协同发展。支点建设，既要有中心城市带动，也要实现全域联动。要以武汉都市圈为中心，推进长江中游城市群联动发展，形成以城市群和都市圈为依托、大中小城市协调发展的格局。

4. 支点的杠杆效应

阿基米德曾说：“给我一个支点，我就能撬动整个地球。”而今日的湖北，正以更强的担当宣告：“撬动中部崛起，加快建成支点，湖北责无旁贷！”

在区域协调发展的“杠杆系统”中，湖北的战略支点作用体现在以下几个方面。

支撑作用——以更强的经济韧性、产业体系、基础设施，托举中部地区高质量发展。

带动作用——通过科技创新、开放合作、产业协同，激活区域发展动能。

示范作用——在改革突破、绿色发展、共同富裕等方面探索新路径，提供湖北方案。

湖北的支点建设，不仅关乎一省发展，更肩负着推动中部地区整体跃升、服务国家战略全局的重任。湖北将以更高站位、更强担当、更实举措，加快建成中部地区崛起的重要战略支点，为全国高质量发展贡献湖北力量！

（二）中部崛起为何要有支点

中部崛起要有战略支点，这是基于国家战略与区域发展规律的必然选择。

1. 从国家战略维度看支点必要性

支点是破解“中部塌陷”的战略选择。我国区域发展长期存在“东西差距”，中部地区面临“不东不西”的尴尬定位。建设战略支点，是打破中部地区发展瓶颈、重塑全国经济地理的关键举措。

支点是构建新发展格局的内在要求。中部地区承东启西、连南接北，战略支点能够强化全国统一大市场枢纽功能，优化生产要素跨区域配置，促进国内国际双循环衔接。

知识链接

市场在资源配置中的作用演进过程

1992 年邓小平同志南方谈话发布，使我们在计划与市场关系问题上的认识有了新的重大突破。

1992 年 10 月，党的十四大明确提出，我国经济体制改革的目标是建立社会主义市场经济体制，使市场在社会主义国家宏观调控下对资源配置起基础性作用。

1993 年 11 月，党的十四届三中全会通过《中共中央关于建立社会主义市场经济体制若干问题的决定》，强调“建立社会主义市场经济体制，就是要使市场在国家宏观调控下对资源配置起基础性作用”。

2003 年 10 月，党的十六届三中全会通过《中共中央关于完善社会主义市场经济体制若干问题的决定》，在党的十四届三中全会关于“建立社会主义市场经济体制”的基础上，进一步作出“完善社会主义市场经济体制”的决定，强调更大程度地发挥市场在资源配置中的基础性作用。

2012 年 11 月，党的十八大报告进一步指出，要加快完善社会主义市场经济体制，更大程度更广范围发挥市场在资源配置中的基础性作用。

2013 年 11 月，党的十八届三中全会通过《中共中央关于全面深化改革若干重大问题的决定》，在建立和完善社会主义市场经济体制二十年后，明确提出“使市场在资源配置中起决定性作用和更好发挥政府作用”。

2017 年 10 月，党的十九大报告指出，要使市场在资源配置中起决定性作用，更好发挥政府作用。

2022 年 10 月，党的二十大报告指出，构建高水平社会主义市场经济体制，充分发挥市场在资源配置中的决定性作用，更好发挥政府作用。

2024 年 7 月，党的二十届三中全会通过《中共中央关于进一步全面深化改革、推进中国式现代化的决定》，聚焦构建高水平社会主义市场经济体制，充分发挥市场在资源配置中的决定性作用，更好发挥政府作用。

资料来源：根据党的历次全国代表大会、全会相关资料整理。

2. 基于区域经济发展规律的必然选择

支点建设是增长极理论的实践应用。极化效应，支点城市通过资源集聚形成规模经济；扩散效应，支点建设推动创新要素和产业动能梯度转移。根据佩鲁增长极理论，支点区域可产生“支配效应”，带动周边协同发展。

支点建设是破解“均衡陷阱”的现实需要。资源分散导致效率低下，同质竞争制约产业升级。支点建设可实现资源集约配置、产业集群培育、创新生态构建。

3. 战略支点的核心功能价值

辐射带动功能。支点城市经济辐射半径达 500 千米，产业梯度转移效率提升 30% 以上，科技创新溢出效应显著。

改革示范功能。支点区域承担国家重大改革试点，探索可复制的制度创新，形成高质量发展范式。

枢纽链接功能。交通物流枢纽降低区域物流成本 15% ～ 20%，要素配置枢纽提升资本、人才流动效率，市场联通枢纽促进区域市场一体化。

4. 支点建设的战略意义

对于中部地区，可以破解“中部困境”，培育新质生产力，实现梯度崛起。对于全国发展，可以优化区域经济布局，增强发展均衡性，提升内循环质量。

建设中部战略支点，既是遵循区域经济发展规律的必然选择，更是服务国家发展大局的战略担当。湖北作为天然的中部中枢，必须也必将扛起这一历史使命，以支点建设撬动中部地区整体跃升，为构建新发展格局提供坚实支撑。

（三）中部崛起支点为何是湖北

中部地区崛起的重要战略支点之所以花落湖北，不仅是因为它的地理区位优势和历史积淀，更是因为湖北具有以下突出的战略优势。

1. 不可替代的战略区位优势

这里是全国经济地理“心脏”，武汉周边 1000 千米半径的土地覆盖着全国 90% 的 GDP 和人口。这里是长江经济带“腰腹”，坐拥长江干线最长岸线（1061 千米），串联上下游经济圈。这里是国家交通“立交桥”，从武汉出发，坐高铁 4 小时可直达全国主要城市；武汉天河国际机场、鄂州花湖国际机场形成“客货双枢纽”格局，形成客货联运体系。

2. 完备的战略支撑体系

综合交通枢纽。湖北交通基础优势明显，可实现“铁水公空”多式联运，中欧班列（武汉）开行量居全国前列。自 2021 年起，湖北全社会物流总费用占地区生产总值比率连续 3 年低于全国平均水平。

资源能源保障。湖北是“千湖之省”，水资源总量居全国第十，是南水北调的中线水源地。同时，湖北也是国家水安全中枢，拥有三峡工程和南水北调工程两大国之重器。湖北是全国 13 个粮食主产区之一，口粮占比约 83%，居全国前列，每年净调出稻谷 100 亿斤左右，为保障全国口粮绝对安全担起荆楚使命。能源保障方面，水电占比超 60%。

产业创新平台。已形成“光芯屏端网”万亿级产业集群，拥有国家级创新平台 163 家，高新技术企业突破 3 万家。

3. 独特的战略功能价值

经济辐射功能。作为中部地区的重要经济引擎，湖北省构建了以武汉为“一主”，襄阳、宜昌为“两副”的“一主两副”城市发展格局。其中，武汉的经济首位度高达 35%，对周边省份的经济带动系数达到 0.38，显示出强大的区域辐射能力。武汉依托其产业优势、交通枢纽地位和创新资源，不仅带动省内城市协同发展，还通过产业链延伸、资本流动和技术扩散，促进长江中游城市群乃至中部地区的经济联动，形成跨省域的经济协作网络。

战略承载功能。湖北地处长江经济带核心区域，既是中部崛起战略的重要支点，又是“一带一路”倡议的关键节点，多重国家战略在此叠加，赋予其独特的战略地位。目前，湖北拥有多个国家级开放平台，包括武汉自贸试验区、中欧班列（武汉）集结中心、鄂州花湖国际机场临空经济区等，这些平台不仅提升了湖北的对外开放水平，还强化了其在全球产业链和供应链中的枢纽作用。未来，随着长江黄金水道、国际陆港、航空物流枢纽的协同发展，湖北的战略承载功能将进一步增强。

生态屏障功能。湖北是长江流域重要的生态安全屏障，秦巴山区和大别山区构成重要的水源涵养地与生物多样性保护区，而长江干流生态廊道则保障了流域生态系统的稳定性。此外，湖北湿地资源丰富，湿地面积位居全国前列，其中洪湖、梁子湖等湿地不仅具有重要的生态调节功能，还为区域可持续发展提供了环境支撑。湖北在推进经济发展的同时，始终坚持生态优先、绿色发展，通过长江大保护、国土绿化行动等举措，筑牢生态安全底线，为长江中下游乃至全国提供坚实的生态保障。

4. 显著的战略发展态势

湖北处于能级跨越期。近年来，湖北经济总量持续攀升，地区生产总值突破 6 万亿元大关，在全国的经济位次不断前移，展现出强劲的发展势头。随着“光芯屏端网”、汽车制造、生物医药等产业集群的壮大，湖北正加速向高质量发展迈进，产业结构不断优化，新动能持续释放，为中部地区乃至全国经济增长注入新活力。

湖北处于创新迸发期。科技创新已成为湖北发展的核心驱动力，全省研发投入强度达到 2.7%，专利授权量稳居中部前列，其中高校科研贡献突出。武汉依托光谷科技创新大走廊，集聚了一批国家级实验室、高校和科研机构，在光电子、人工智能、新能源等领域取得重大突破。未来，随着科技与产业的深度融合，湖北的创新优势将进一步转化为产业竞争力，推动经济提质增效。

湖北处于枢纽升级期。作为全国重要的综合交通枢纽，湖北正加速构建“铁水公空”多式联运体系。鄂州花湖国际机场作为亚洲首个专业货运枢纽，开通的覆盖全球的货运航线越来越多；武汉长江中游航运中心建设稳步推进，进一步强化了湖北在长江经济带中的物流枢纽地位。未来，随着沿江高铁、中欧班列等国际通道的完善，湖北的枢纽功能将进一步提升，成为连接国内国际双循环的关键节点。

湖北处于势能集聚期。湖北拥有丰富的人力资源和活跃的市场主体，全省在校大学生近 200 万人，为创新发展提供了充沛的人才储备。2024 年，全省新增市场主体 176 万户，创新创业活力持续迸发。随着营商环境不断优化、产业生态日益完善，湖北正吸引更多资本、技术和人才集聚，发展势能加速释放，为未来经济增长奠定坚实基础。

湖北集战略区位、资源禀赋、产业基础、创新活力、开放格局等核心优势于一体，是中部地区最具支点特质和带动能力的战略节点。在国家区域发展格局中，湖北经济发展向好态势更加巩固，正在从“地理中心”向“功能中心”跃升，习近平总书记肯定湖北发展“领跑主赛道，在中部地区是打头的”①。湖北完全有基础、有条件、有信心、有能力担当起撬动中部崛起的战略支点使命。

三、加快建成支点的使命担当

（一）建设支点的目标

湖北加快建成中部地区崛起的重要战略支点的目标，可分为从现在起到 2030 年和到 2035 年两个阶段，即“两步走”。

1.“两步走”目标

2030 年目标——基本建成支点。到 2030 年，力争经济总量达到 9 万亿元左右，主要经济指标跨越进位、实现领先，具有全国影响力的科技创新高地、内陆开放高地、世界知名文化旅游目的地加快形成，体现湖北优势的现代化产业体系加快构建，以武汉都市圈为中心，推

① 《不断增强支点建设的底气志气勇气》，《湖北日报》2025 年 2 月 14 日。

进长江中游城市群联动发展取得明显成效，基本建成中部地区崛起的重要战略支点。

2035年目标——全面建成支点。到2035年，综合实力、科技实力进入全国前列，支撑中部地区崛起的战略功能显著增强，城乡区域发展更加协调更加平衡，对内对外开放格局整体重塑，美丽湖北高标准建成，共同富裕取得更为明显的实质性进展，在中部地区率先基本实现社会主义现代化，全面建成中部地区崛起的重要战略支点。

2. 三大核心战略目标

一是打造长江经济带高质量发展的战略枢纽。湖北作为“长江之腰”，肩负重要使命，需在生态保护、绿色发展上扛牢责任；以武汉都市圈为核心，推进长江中游城市群联动发展；畅通长江黄金水道，促进国内国际双循环，挺起长江经济带高质量发展的“龙腰”。

二是打造引领中部崛起的核心动力源。中部地区作为“三基地一枢纽”，是全国经济重要根基，湖北作为“中部之中”，需强化产业、创新、开放优势，努力成为中部地区技术最强、动能最足、环境最优的重要引擎，辐射带动区域整体提升。

三是打造中国式现代化的区域样板。湖北是世界观察中国式现代化的重要窗口，须聚焦高质量发展这个首要任务，加快构建现代经济与产业体系，加快推进治理体系和治理能力现代化，促进共同富裕，为全国提供示范。

3. 四大主攻方向

湖北建设中部崛起战略支点聚焦四大主攻方向。

一是整体提升发展能级，就是整体提升支点的战略支撑力、开放辐射力、区域协同力，包括城市能级跃升、产业能级突破、枢纽能级增强、协同融通、辐射引领等。二是整体提升发展速度，就是整体提升支点的综合竞争力，包括产业增速（产业倍增）、要素流向湖北的速度、总量增速等。三是整体提升发展质效，就是整体提升支点的创新策源力、生态承载力，包括提升研发投入强度、发明专利、科技成果转化率、要素配置效率、绿色发展指数等。四是整体提升发展后劲，就是整体提升支点的品牌力、文化影响力，包括提升人才战略储备、基础设施韧性、制度创新红利、文旅影响力展示度、营商环境排名等。

这四大方向有机统一：能级提升是基础，速度保持是前提，质效改善是关键，后劲培育是保障。通过整体系统推进，湖北将实现经济规模“量”的跨越与产业结构“质”的提升同步，短期增长速度与长期发展潜力兼顾，硬实力增强与软环境优化并重，内生动力培育与外向辐射带动协同。最终构建起具有强大韧性、充沛活力、持续动能的战略支点发展新范式。

通过“一年开新局、五年大变化、十年结硕果”，湖北将聚焦四大主攻方向，全力实现“两步走”目标和三大核心战略目标，谱写高质量发展新篇章。

（二）建成支点的使命

“建成支点”是习近平总书记赋予湖北一以贯之的战略定位，是湖北服务全国大局的使命任务。从“努力建设”变为“加快建成”，习近平总书记对湖北发展提出了更高定位、更高标准、更高要求。

1. 更高定位：服务国家战略全局

湖北的支点建设是服务全国发展的必然要求，要从贯彻新发展理念上理解更高定位。在长江经济带高质量发展中，湖北要奋勇争先，发挥“中部之中”的关键作用，推动生态优先、绿色发展，统筹高水平保护与高质量发展。作为中部崛起的重要支撑，湖北加快“建成支点”不仅关乎区域发展，更对全国经济格局具有深远影响。同时，湖北要成为中国式现代化的区域样板，在科技创新、产业升级、共同富裕等方面探索新路径，展现现代化建设的湖北实践。

2. 更高标准：从“建设”到“建成”的跨越

从2013年提出“努力建设”重要战略支点，到2024年进一步强调“加快建成”，这一转变意味着标准更高、要求更严。“加快建成”不仅强调速度，更强调质量、能级和辐射力，要求湖北在竞争力、带动力上实现突破。这一使命既是机遇，也是挑战，是千斤重担，必须增强紧迫感，以更大力度推动支点建设取得实质性进展。

3. 更高要求：明确任务与方法

习近平总书记考察湖北时发表的重要讲话，既提出了“过河的任务”，也指明了“过河的方法”。任务在于更高的目标定位，方法则聚焦四项重大任务：要在推进科技创新和产业创新上开拓进取，在全面深化改革和扩大高水平对外开放上勇于探索，在城乡融合发展和乡村振兴上奋发有为，在加强文化资源保护和文化创新发展上担当使命。“开拓进取、勇于探索、奋发有为、担当使命”的16字要求，体现了对湖北工作的更高期待，必须以“竞进”姿态推动各项任务落地见效。

4. 知重奋进，“一张蓝图干到底”

湖北肩负建成中部崛起重要战略支点的时代使命，这是国家战略与地理禀赋的双重选择。作为国家战略的“核心执行者”，湖北要发挥中部崛起重要支点作用：突破关键核心技术攻关，打造双循环战略枢纽，做强长江中游城市群“硬核”，挺起长江经济带“绿色脊梁”，加强与京津冀、长三角、粤港澳大湾区深度对接，联动“一带一路”与长江经济带发展，探索内陆开放新路径，守牢发展安全底线。

湖北要深刻领会习近平总书记对湖北寄予厚望的深远眼光和战略

定力，以强烈的责任感和使命感，咬定目标不放松，坚持“一张蓝图绘到底”。既要看到责任之重、期许之深，更要拿出“知责而行、知重而担”的实干精神，推动支点建设取得实质性突破。

（三）敢为人先的担当基因

湖北的担当精神深植血脉，从大禹治水“划九州”的开拓，到新中国“一五”时期挺起工业脊梁，湖北始终以敢为天下先的魄力书写历史。从抗疫“英雄城市”到“建成支点、走在前列”的新使命，湖北以“不服周”的楚文化基因和首义精神，在新时代续写着勇担重任的先锋篇章。

1. 血脉里的担当基因

“禹划九州，始有荆州”，湖北的担当精神深植于历史长河。春秋战国时期，楚人筚路蓝缕的开拓精神成就了问鼎中原的泱泱大国；三国时期，荆襄之地成为群雄逐鹿的战略支点。近代以来，汉口开埠推动中西文明对话，武汉更以“东方芝加哥”之姿崛起为民族工业发祥地和商业中枢。1911 年武昌城头的首义枪声，更是将湖北人敢为天下先的精神品格镌刻在民族复兴的丰碑上。在气势雄浑的大别山，无数英雄儿女胸怀理想信念，投身革命洪流，为中国革命胜利和新中国诞生奉献热血和生命。

2. 变革中的先锋实践

新中国成立后，湖北肩负起共和国工业脊梁的重任，“一五”时期 156 个重点项目中有 7 个落户武汉。改革开放春潮中，“汉正街模式”开创中国小商品市场先河，成为市场经济“破冰”的鲜活样本。进入新时代，中国光谷崛起为全球光电产业高地，存储器、航天产业等国家战略性项目接连落子，科技创新国之重器持续涌现。从陆权时代“九省通衢”到新发展格局下的“祖国立交桥”，湖北始终以突破性思维重塑区域价值。

3. 精神传承的时代答卷

“不服周”的楚文化基因、“敢为人先”的首义精神、“英雄城市”的抗疫精神等，共同熔铸成湖北人民的精神品格。在新时代新征程上，湖北以“奋勇争先、建成支点、谱写新篇”为使命，奋力打造国内大循环重要节点和国内国际双循环战略链接。从长江经济带高质量发展到中部地区崛起重要战略支点，湖北正以历史自觉扛起时代责任，用创新实践延续着这片热土永恒的担当。

四、解码支点战略的深层逻辑

（一）战略逻辑：国家布局的厚望重托

湖北肩负建成支点的历史使命，既是区域协调发展的时代命题，更是国家战略布局的深层考量。这一战略定位蕴含着四重战略逻辑的交织共振。

1. 站在国家区域发展战略看支点：中部崛起的结构性支撑

在国家“两横三纵”城镇化战略格局中，湖北位于长江经济带与京广发展轴的交汇点。作为中部六省唯一同时拥有国家中心城市、自贸试验区、自主创新示范区的省份，湖北具备成为支点的先天优势。2024年数据显示，湖北经济总量占中部地区21%，已形成光电子信息、汽车制造与服务、大健康等3个万亿级产业集群。这要求湖北以“支点城市群”建设为抓手，通过武汉都市圈与襄阳都市圈、宜荆荆城市群发展，形成梯度带动的“雁阵”格局，破解“中部塌陷”难题。

2. 站在长江经济带发展战略看支点：打造绿色发展的中部支点

“加快建成支点”是实施长江经济带发展战略的必然要求。“使长江经济带成为我国生态优先绿色发展主战场、畅通国内国际双循环主动脉、引领经济高质量发展主力军。”① 湖北作为长江干线流经最长的省份，肩负“长江大保护”特殊使命。实施长江经济带绿色发展十大战略性举措，2024 年湖北绿色转型加快推进，全国碳市场注册登记结算平台（简称“中碳登”）市场碳配额累计成交 5 亿吨，规模居全球首位。这要求湖北创新“生态产品价值实现机制”，探索生态系统生产总值（GEP）核算体系，推动“两山”转化通道建设，推动长江经济带生态保护与发展深度融合，在高质量发展中打造绿色发展的中部支点。

3. 站在新发展格局看支点：构建双循环的中部支点

构建新发展格局是以习近平同志为核心的党中央审时度势作出的重大决策。2024 年 11 月，习近平总书记考察湖北时指出，要牢牢把握在构建新发展格局中的使命任务。② 中部崛起战略与新发展格局，从时间维度看，两者的战略目标是协同演进的，“三基地一枢纽”与“国内大循环内生动力”形成历史逻辑衔接。从空间维度看，“通道型”向“节点型”空间转型，实现枢纽功能的战略重构。全球化和双循环背景下也需要支点衔接国际规则，融入世界。

随着高铁和航空枢纽的形成，内陆地区日益成为发展的重心和开放的前沿。湖北作为中国经济地理中心，拥有“九州通衢”的立体交通网络，高铁“米”字形枢纽已实现 4 小时覆盖全国 80% 的主要城市。

---

①《习近平在全面推动长江经济带发展座谈会上强调　贯彻落实党的十九届五中全会精神　推动长江经济带高质量发展》，《人民日报》2020 年 11 月 16 日。

②《习近平在湖北考察时强调　鼓足干劲奋发进取　久久为功善作善成　奋力谱写中国式现代化湖北篇章》，《人民日报》2024 年 11 月 7 日。

在构建新发展格局中，湖北正打造内陆开放“新沿海”：中欧班列（武汉）2024年开行1008列，天河国际机场客运量中部第一，鄂州花湖国际机场建成亚洲首个专业货运枢纽。湖北拥有广阔的战略腹地和战略纵深，有条件、有能力、有责任打造构建新发展格局的中部支点。

4. 站在中国式现代化看支点：中国式现代化的区域样板

湖北在推进新型工业化与生态文明协调发展中探索新路。光谷科技创新大走廊集聚了8个国家重大科技基础设施，光电子信息产业形成万亿级产业集群。同时，长江大保护成效显著，丹江口水库水质稳定保持在Ⅱ类以上。这要求湖北构建“科技创新—产业升级—绿色发展”的闭环体系，在碳达峰碳中和行动中打造“生态银行”，形成生产、生活、生态“三生融合”的现代化样本。

面对多重机遇叠加，湖北深刻认识到，加快“建成支点”是服务国家发展大局一脉相承的战略任务。战略支点的四维建构形成有机整体，区域支点是空间载体，双循环支点是功能支撑，现代化样板是价值取向，绿色支点是生态本底。湖北正以“支点矩阵”理念推进战略集成。

（二）理论逻辑：支点建设的科学规律

湖北加快建成中部地区崛起重要战略支点，可以从张培刚的“牛肚子”理论、佩鲁的增长极理论、地理空间理论和复杂性科学理论中找到理论依据。

1. 张培刚的“牛肚子”理论

陷入泥潭的大水牛，如果只拉牛鼻子，只扯牛尾巴，不用杠子去抬牛肚子，牛是出不来的。东部沿海城市好比“牛鼻子”，西部如同“牛尾巴”，中部地区就像“牛肚子”，必须托起牛肚子（中间部位）才能实现整体突破。该理论形象比喻地域发展中“关键区域突破”的作用。中国经济发展需依托中部地区的崛起，形成“东西联动、南北呼应”的均衡格局。中部不崛起，中国经济就难以腾飞。

湖北地处中部腹地，是长江经济带与“一带一路”交汇点，具有承东启西、连南接北的区位优势。通过强化湖北（尤其是武汉城市圈）的“牛肚子”功能，可撬动中部整体发展，缓解东部与西部的发展断层。

2. 佩鲁的增长极理论

经济增长首先集中在少数具有创新能力的“增长极”（如中心城市或产业集群），通过极化效应集聚资源，再通过扩散效应带动周边区域发展。

武汉具备成为中部增长极的条件，能够吸引人才、资本和技术集聚，产生规模效应。同时通过武汉的辐射作用，带动周边城市的发展，进而联动湖南、江西等邻省。通过多极联动，避免单中心过度发展带来的虹吸效应。

3. 地理空间理论

地理空间理论关注区域发展的空间结构、要素流动及空间相互作用，主要包括中心地理论、点轴理论、空间相互作用理论等。

中心地理论认为，区域发展依赖不同层级的中心地（城市），高能级中心地提供高端服务并辐射低能级中心地。武汉作为中部中心城市，具备科创、金融、交通等高端功能，可服务整个中部地区。

陆大道提出的“点轴理论”认为，地区发展要沿交通干线（轴）和关键城市（点）展开，形成“T”形或“井”形空间格局。作为“黄金十字”枢纽，湖北位于长江经济带（横轴）与京广通道（纵轴）交汇处，武汉是核心节点，沿江高铁、长江航运强化其枢纽地位。多极联动，以武汉为增长极，沿长江（宜昌—荆州—武汉—黄石）和京广线（孝感—武汉—咸宁）形成产业带，可以带动全省及周边省份发展。

空间相互作用理论，强化省际协同。区域间通过人流、物流、信息流相互作用，形成互补或竞争关系。长江中游城市群协同，湖北与湖南（长株潭）、江西（昌九）共建长江中游城市群，要避免同质竞争，形成“光芯屏端网”与装备制造互补格局。中部交通一体化，鄂州花湖国际机场服务中部供应链网络，增强湖北与京津冀、长三角、成渝的物流联系，提升中部在全国供应链中的地位。

4. 复杂性科学理论

复杂性科学理论（如复杂适应系统理论、自组织理论、非线性力学）强调区域发展是一个动态、非线性、多主体交互的过程，适用于分析湖北在中部崛起中的系统演化逻辑。

复杂适应系统理论，指导推动多主体协同演化。区域经济由企业、政府、居民等“适应性主体”互动形成，通过学习、竞争、合作推动系统升级。如创新生态系统方面，武汉高校、科研院所与企业形成“产学研”自适应网络，推动光电子、新能源等产业迭代；湖北自由贸易试验区①试点制度创新，通过“试错—反馈”机制优化营商环境，吸引高端要素集聚。

自组织理论，指导推动产业集聚与创新涌现。系统在开放条件下通过内部竞争与合作自发形成有序结构（如产业集群）。光谷通过自组织成长，使东湖高新区从“一束光”到万亿级产业集群，以企业衍生、技术外溢形成内生增长。通过城市群协同演化，武汉与周边城市（鄂州、黄石）在产业链分工中自发形成“研发在武汉、制造在周边”的协同模式。

非线性动力学，突破“马太效应”。区域发展可能因正反馈（如人

① 自由贸易试验区，以下简称“自贸区”。

才集聚）加速增长，但也需政策干预防止两极分化。武汉通过强虹吸效应集聚资源，但需通过“飞地经济”（如武汉经开区在洪湖建产业园）带动边缘区。推动韧性城市建设，用复杂性理论模拟风险（如长江洪水、产业转型），规划产业链（如备份供应链），防范外部冲击，增强系统韧性和抗脆弱能力。

另外，根据创新集聚与扩散效应的动力学机制和梯度转移规律（产业与技术沿中心城市—节点城市—腹地有序扩散），湖北需强化武汉科技创新策源功能，构建“武汉城市圈＋多极支撑”体系，同时推动长江中游城市群一体化（如湘鄂赣合作），最终实现中部崛起从“理论可能”到“实践必然”的跨越。

理论拓展

如果从理论逻辑进一步拓展，可考虑一些新的视角。

在技术逻辑层面，数字革命正重塑支点的空间属性，6G通信、人工智能等新技术推动数据枢纽和算力中心成为新型战略支点，如贵州大数据中心和“东数西算”工程，这在一定程度上弱化了传统地理区位的决定性作用，为湖北建设数字贸易枢纽带来新机遇。

在生态逻辑层面，要求支点建设与“双碳”目标深度兼容。长江经济带的绿色发展实践表明，生态优先的产业转型能创造新的竞争优势。湖北作为长江经济带核心区域，其生态支点价值体现在碳汇交易、清洁能源等方面。

在制度逻辑层面，强调体制机制创新的关键作用，包括自贸区政策试验、要素市场化配置等制度供给和营商环境优化等。

在文化逻辑层面，凸显支点的软实力维度。楚文化“筚路蓝缕”的开拓精神与当代“支点精神”相互映照，形成独特的地域认同，这种文化资本正转化为区域发展的内生动力。

（三）现实逻辑：支点建设的机遇挑战

1. 支点建设的机遇

加快“建成支点”是湖北的一个历史性机遇，更是必须一抓到底的战略机遇。

一是机遇来自支点使命的中部唯一性。习近平总书记高度重视中部地区的发展，党的十八大以来，对中部六省进行了25次考察指导，其中6次考察湖北，考察次数最多，湖北也是唯一被赋予“重要战略支点”这一历史使命的中部省份。

二是机遇来自支点战略的坚定性。12年来，习近平总书记赋予湖北发展的定位始终如一，湖北在持续发展过程中始终坚持习近平总书记指引的方向，经济总量实现了从2013年的2.47万亿元到2024年6万亿元的跨越式增长，综合排名从全国第9位进到了第7位。

三是机遇来自支点建设的全局影响性。“建成支点”不仅关系自身的崛起，还要辐射带动中部地区的发展，更关乎全国发展的大局。中央对湖北寄予厚望，湖北的战略地位很重要，工作搞好了，对全国贡献大，工作搞不好，对全国影响也很大。湖北的发展成效直接关系到国家整体利益和民族复兴进程。

四是机遇来自支点建设的重大标志性。湖北的发展不只是自己的问题，还关乎国家的形象；不只是单纯的经济问题，更是政治问题。从2020年到现在，湖北经济总量跨越了5万亿元、6万亿元，不仅取得了抗疫胜利，而且发展得好、稳定得好。这体现了“四个意识”的坚定，彰显了中国特色社会主义制度的巨大优越性、国家治理体系的巨大优越性。

五是机遇来自重大战略的叠加性。促进中部地区崛起、共建“一带一路”倡议、推动长江经济带发展和长江中游城市群建设，在全国发展棋局中，湖北有诸多重大战略“加持”。

习近平总书记提出“加快建成中部地区崛起的重要战略支点”，这是湖北的机遇。抓好了战略支点，就等于抓住了湖北高质量发展的“牛鼻子”；抓好了支点建设，湖北未来的发展就打开了更广阔天地。

我们有幸赶上了加快“建成支点”的时代，有幸担负起了支点建设的重任，有幸见证参与支点建设并奉献力量，这是我们这一代人的莫大荣幸，也是我们这一代人的历史责任。我们必须全力以赴发展湖北、繁荣湖北，加快“建成支点”，不负机遇的历史性眷顾，不负人民对我们的期待，不负习近平总书记的殷殷嘱托。

2. 支点建设的挑战

支点建设面临的主要问题和困难挑战包括以下几个方面。一是经济能级提升存在结构性矛盾。在总量规模上，2024 年湖北地区生产总值达 60013 亿元，虽稳居中部第二，但与河南的 63590 亿元仍有差距，相差 3577 亿元。二是开放型经济面临突破瓶颈。对外贸易方面，虽然 2024 年进出口在中部从第 5 位追到了第 3 位，但 2023 年外贸依存度仅为 11.9%，低于全国平均水平（34%），跨境电商交易额占社会消费品零售总额比重不足 5%。三是产业转型升级亟待突破。农业现代化方面，粮食产量连续 10 年稳定在 500 亿斤以上，但农产品加工转化率仅为 65%，低于山东（72%）、江苏（70%）等农业强省。创新驱动发展存在转化梗阻，创新成果转化还不够到位，成果转化率虽然达到 67%，但“墙内开花墙外香”依然存在。四是区域协同发展机制待完善。都市圈建设方面，武汉经济首位度达 35%，但跨市域产业链协作项目占比不足 15%；省际协作方面，长江中游城市群跨省合作项目落地率仅为 38%，要素流动行政壁垒破除率不足 50%。

对于支点建设，既要看到优势、坚定信心，也要看到不足、保持清醒，并且勇于直面挑战、应对挑战。

加快建成支点，既是习近平总书记赋予湖北一以贯之的战略定位，也是湖北服务国家发展大局一脉相承的战略任务，更是湖北必须一抓到底的战略机遇。实现这个使命任务，要按照“一年开新局、五年大变化、十年结硕果”的步骤，重点实施“七大战略”，整体提升“七个能力”，强化支点意识，抬升发展标杆，进一步振奋精神，加快推进支点建设，为全国高质量发展贡献湖北担当。

深度阅读

《习近平在湖北考察改革发展工作时强调　坚定不移全面深化改革开放　脚踏实地推动经济社会发展》，《人民日报》2013年7月24日。

《习近平在江西考察并主持召开推动中部地区崛起工作座谈会时强调　贯彻新发展理念推动高质量发展　奋力开创中部地区崛起新局面》，《人民日报》2019年5月23日。

《习近平主持召开新时代推动中部地区崛起座谈会强调　在更高起点上扎实推动中部地区崛起》，《人民日报》2024年3月21日。

《习近平在湖北考察时强调　鼓足干劲奋发进取　久久为功善作善成　奋力谱写中国式现代化湖北篇章》，《人民日报》2024年11月7日。

《切实推动“支点建设”实现整体提升（权威访谈·谋发展启新篇）——访湖北省委书记王忠林》，《人民日报》2025年1月22日。

《全省加快建成中部地区崛起重要战略支点推进大会举行》，《湖北日报》2025年2月2日。

《中共湖北省委　湖北省人民政府关于加快建成中部地区崛

起重要战略支点的实施意见》（鄂发〔2025〕3号），2025年2月。

《王忠林回答中央广电总台记者提问　牢记殷殷嘱托　担当战略使命　加快建成中部地区崛起的重要战略支点》，《湖北日报》2025年3月7日。

张燕生、黄群慧、巴曙松、邹德文、成金华、秦尊文、樊志宏、张建华：《抬升牛肚子　加快建支点》，《湖北日报》2025年3月4日。

第二章

能级跨越：构筑战略支点坚实根基

2025 年 3 月，习近平总书记在参加十四届全国人大三次会议江苏代表团审议时强调，经济大省要挑大梁为全国发展大局作贡献。湖北只有实现能级提升、实力雄厚、功能强大，才能让支点立得稳、支得住。

近年来，湖北坚决扛牢经济大省挑大梁的责任，经济总量连续跨越 5 万亿元、6 万亿元两个台阶，提前一年实现“十四五”规划主要目标任务，走出了一条昂扬向上的发展曲线。要坚定不移推进总量能级跨越，推动经济实现量的合理增长和质的有效提升，力争到 2030 年全省经济总量达 9 万亿元左右，持续提升能级支撑力、发展竞争力、辐射带动力。

能力越大，责任就越大，这是经济大省的显著特点。湖北要以经济大省挑大梁的担当，努力在发展能级、质效、竞争力、带动力等方面实现整体提升，奋力推动全省经济社会高质量发展。

一、谱写能级跨越战略篇章

持续巩固和增强湖北稳中向好的发展势头，更好发挥经济大省挑大梁的支撑作用，需要我们以能级跨越夯实战略支撑力，不断增强战略发展实力和战略服务功能，以湖北加快发展推动中部地区整体加速崛起。

（一）能级跨越的基本内涵

1. 能级跨越，就是要实现经济规模的大跨越、大跃升

要在发展上快于、好于、优于、强于其他地区，推动经济规模不断壮大，人流、物流、资金流、信息流等加速涌动和集聚，经济势能愈发凸显，发展动能愈发澎湃。放眼全球，历史上部分发达国家借助于科技、人才等优势实现经济腾飞，各类资源主动聚拢，进而形成竞争优势，长期领跑全球经济。再观国内，改革开放以来，部分沿海省市抢抓机遇，在发展上显著快于其他地区，各类资源“孔雀东南飞”，进一步推动发展能级向更高形态跨越。

2. 能级跨越，就是要实现需求侧的扩容提能、激发潜能

实现能级跨越，必须发挥和增强市场优势、需求优势。在消费需求上，既要推动实现高质量充分就业，提高居民收入，缩小收入差距；又要改善消费基础设施，优化消费环境，激发新型消费。在投资需求上，要加强政府对基础设施和公共服务的投资，并通过放宽市场准入、

优化营商环境、提供融资支持等方式鼓励社会投资。在外贸需求上，要优化出口结构，深耕传统市场，拓展新兴市场，参与区域合作，开拓多元化市场，同时还要不断提升贸易便利化程度。

3. 能级跨越，就是要实现供给侧的扩量提质、量质并进

供给侧与需求侧相对应，对于能级跨越同等重要。在供给结构上，要改造提升传统产业，积极发展新兴产业，超前布局未来产业，不断优化产业结构；在供给质量上，要加大研发投入，推动产学研合作，发展数字经济、品牌经济、首发经济；在供给效率上，要以教育改革推动劳动力优化配置，以发展多层次资本市场推动资本高效配置；在打通堵点上，要降低企业特别是中小企业和创新型企业的税费负担，通过金融创新降低企业融资成本，推动“放管服”改革降低制度性交易成本。

（二）能级跨越对支点建设意义重大

在全国区域发展布局中，重点区域、经济大省往往承担着“挑大梁”的作用。实现能级跨越是支点建设的首要任务，切实实现能级跨越，湖北才能更好地担负起加快建成支点的重要使命。

1. 实现能级跨越，才能不负殷殷嘱托

习近平总书记对湖北发展高度重视并寄予厚望，从提出“努力把湖北建设成为中部地区崛起重要战略支点”到“加快建成中部地区崛起的重要战略支点”，殷切期待变成现实任务。面对更高定位、更高标准、更高要求的支点建设，最基础的战略支撑就是实现能级跨越。湖北经济跨越的步伐越来越大、用时越来越少，经济跨越新的万亿元台阶的态势蹄疾步稳。从能级、质效看，湖北标准更高了。湖北以超常之举、聚全省之力，统筹推进传统产业升级、新兴产业壮大、未来产

业培育“三线并进”，稳步迈进制造强省行列。光电子信息、汽车制造、大健康三大产业产值迈入万亿元级规模；传统产业加速蝶变，针对纺织服装产业链存在的“断链”问题，整合上下游资源、重构产供销格局，打造全省纺织服装行业数字化供应链综合服务平台（“华纺链”），让“一根纱”加快变为“一件衣”；创新引领成为发展主旋律，存储芯片、心肌旋切等技术世界领先，2024 年获国家科学技术奖数量居全国第二……唯有能级更高，才能更好担当使命、不负嘱托。

2. 实现能级跨越，才能更好满足人民群众的新期待

家事国事天下事，让人民过上幸福生活是头等大事。中国共产党人干事业、创政绩，为的是造福人民。湖北以能级跨越加快建成支点，为的也是造福人民。过去几年，我们战疫情、斗洪水、抗冰雪，经济发展恢复向好、聚势突破，走出了一条昂扬向上的发展道路。展望未来，人民群众期待有更多的获得感、幸福感、安全感，这就要求我们多办惠民生、暖民心、顺民意的实事，切实把老百姓关心的教育、住房和医疗等民生事业发展好。办到、办实、办好这些民生实事，离不开经济发展、能级跨越带来的政府财力大提升、资源引力大提升、服务质量大提升。

3. 实现能级跨越，才能打造中国式现代化的区域样板

湖北经济发展的向好态势不断巩固，习近平总书记肯定湖北发展“领跑主赛道，在中部地区是打头的”，这充分坚定了我们加快建成支点的信心。习近平总书记将湖北工作放在新时代新征程党和国家的中心任务和新时代最大的政治中来研判并赋予定位——“奋力谱写中国式现代化湖北篇章”，这一使命何其光荣、责任何其重大。这个定位内在要求我们再接再厉，接续攻坚克难，实现能级跨越，推动湖北在中部地区的辐射力、带动力更上层楼，不断夯实支点的战略支撑力。

（三）湖北能级跨越走过非凡历程

近年来湖北发展不断向好，能级不断跨越。2020 年疫后复苏，2021 年复元打平，2022 年重回赛道，2023 年修复向好，2024 年聚势突破——从疫后艰难复苏到经济总量破 6 万亿元，再到增速位居经济大省和中部地区前列，湖北在风雨洗礼中稳健前行，在战胜挑战中聚势突破，连续打赢战疫、战贫、战灾三大硬仗，走出了一条昂扬向上的发展曲线。

1. 从纵向看，全省经济跨越的步伐越来越大，跨越的用时越来越短

湖北经济总量 2008 年首破 1 万亿元、2012 年突破 2 万亿元、2016 年突破 3 万亿元，每跃升 1 个万亿元台阶用时 4 年；2019 年突破 4 万亿元、2021 年突破 5 万亿元、2024 年突破 6 万亿元，每跃升 1 个万亿元台阶用时 2 ～ 3 年，如图 2-1 所示。从 4 年新增 1 万亿元，到 2 ～ 3 年新增 1 万亿元，不难发现，在经济体量不断增大的同时，湖北经济破新万亿元的态势蹄疾步稳。面对前有标兵、后有追兵的形势，

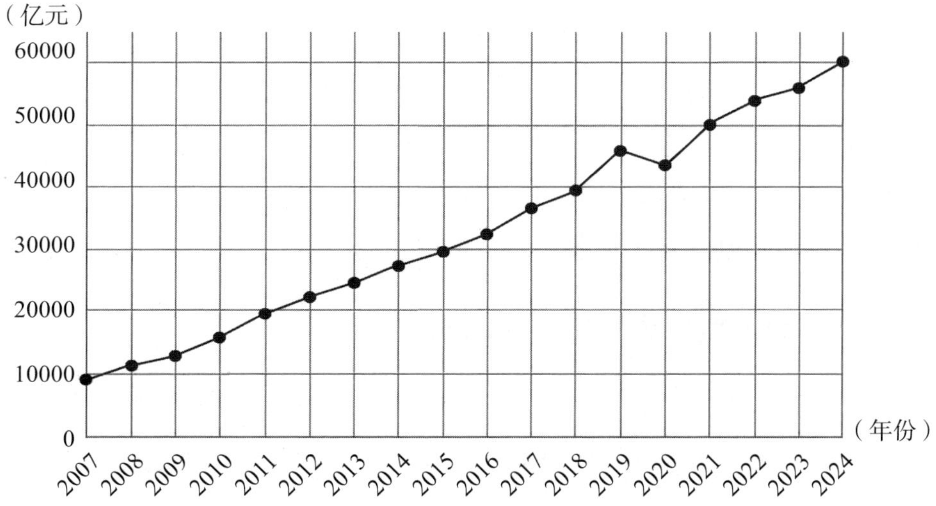

图 2-1　湖北省历年经济总量走势图（2007—2024 年）

湖北从未有丝毫松懈。2020 年湖北受到新冠疫情冲击，地区生产总值排名在全国下滑 1 位，位列第 8 位。但 2021 年，经济总量重回全国第 7 位。此后 3 年，每年都稳居第 7 位。

2. 从横向看，2024 年湖北经济总量与河南同时跨越 6 万亿元

公开资料显示，广东突破 6 万亿元是 2013 年，江苏是 2014 年，山东是 2015 年，浙江是 2019 年，四川是 2023 年。全国地区生产总值超过 6 万亿元的七强省份中，沿海地区以其得天独厚的地理优势和改革开放的前沿地位而占据四席，湖北聚势突破，难能可贵。

3. 从贡献度看，湖北切实发挥了“经济大省挑大梁”的作用

全球每生产 5 部手机，就有 1 部手机的滤光片产自湖北五方光电股份有限公司；全球每 3 台冰箱的压缩机，就有 1 台是湖北制造；全国每 2 枚无人机芯片，就有 1 枚来自总部位于武汉的中国信息通信科技集团；国内每 10 台新能源汽车，就有 6 台的 PTC 加热器来自孝感华工高理电子有限公司……武汉支撑起全国光电子信息产业半壁江山，光电子信息产业独树一帜；武汉港集装箱吞吐量居长江中上游港口首位；亚洲唯一的专业货运机场鄂州花湖国际机场，货邮吞吐量跃居全国第 5 位，成为中部新出海口；“中碳登”注册登记结算系统管理全国 2624 家企业、全球规模最大，湖北碳市场成交额稳居全国试点省份首位。湖北用年均 3% 的能源消费增速支撑了年均 6% 的经济增长，以全国第 22 位的能耗强度支撑了全国第 7 位的经济总量。

（四）湖北实现能级跨越势头正劲

在全国新发展格局中，湖北分量更重了。湖北准确把握时与势、稳与进、立与破，2024 年经济总量、规上工业增加值、固定资产投资、社会消费品零售总额增速均高于全国。

1. 以政策为先导，聚全球全国发展之势

国补、省补以及“车谷”特色购车消费券吸引了众多消费者。在以旧换新政策的带动下，2024 年东风自主新能源汽车销量 81 万辆，同比增长 122.5%，鄂产新能源车加速进入千家万户。对接国家“两新”① 政策叠加发力，湖北在全国率先启动汽车换“能”、家电换“智”、家装厨卫“焕新”三大行动；对接国家“两重”② 政策主动争取，谋划实施一批打基础、利长远的大项目和好项目；对接国家促进消费政策，5000 多场促消费活动“搅热”荆楚……湖北积极抢抓一揽子政策机遇，让政策叠加形成放大效应。

2. 以创新为引擎，聚科技产业变革之势

华中科技大学同济医学院附属同济医院全球首创心肌旋切突破性技术，该技术可以像削菠萝一样为心脏“减肥”，解决了“不开胸、不停跳”切除肥厚心肌的世界性难题。存储芯片、北斗通导遥一体化等技术和产品世界领先，全球首款续航超 1000 千米氢能重型卡车试产，首个全国产高通道脑机接口临床测试，“劳动者”“神农”“天问”等多款人形机器人加速研发……在一系列“首个”“领先”科技创新引领下，产业实现裂变式增长。“51020”现代产业集群持续壮大，传统产业“活”起来、新兴产业“强”起来、未来产业“立”起来的进度条不断刷新。

3. 以协同为抓手，凝聚全省昂扬奋进之势

武汉地区生产总值超过 2.1 万亿元，发展引擎动能澎湃；襄阳、宜昌突破 6000 亿元，稳居中部非省会城市前列；孝感、荆州、黄冈超过 3000 亿元，8 个全国百强县位次前移。在湖北，龙头引领、梯次

① “两新”，指大规模设备更新和消费者以旧换新。
② “两重”，指国家重大战略实施和重点领域安全能力建设。

发展格局加速形成，17个市州在抓项目、扩投资上“比拼赶超”，各地协同融通、竞进提质、竞相发展。新增鄂州花湖国际机场、宜昌三峡国际机场两个国际机场，全省实现“市市通高铁”，17个市州迈进2小时高铁生活圈；2024年，中国科学院院士、武汉大学教授李德仁获国家最高科学技术奖，湖北获得国家科学技术奖19项、居全国第2位……多年积累的区位交通、科技创新等比较优势加快转化为发展胜势。

更强劲的市场活力正在显现。经营主体连续4年每年新增百万户以上，社会融资规模连续4年每年跨过一个万亿元台阶。华工科技产业股份有限公司的三维五轴激光切割机，生产的汽车复杂曲面零件定位精度可达0.03毫米，不到头发丝直径的一半，吸引全球20多个国家近60名代理商和行业客户齐聚光谷，签下近5亿元意向订单。湖北民营经济整体呈现稳中向好、进中提质的态势。截至2024年11月，全省民营经济市场主体已达906.71万户，龙头民营企业成为发展新质生产力的主力军。

更拼、更实的干事热情涌动荆楚。每季度均有重大项目集中开工，光电子信息、高端装备制造、生命健康等重大产业项目成为重头戏，湖北展现出全力奔跑、朝气蓬勃的发展气场。“相约春天赏樱花”经贸洽谈暨世界500强对话湖北活动、中国—北欧经贸合作论坛、“两湖（武汉东湖、瑞士日内瓦湖）对话”、华侨华人创业发展洽谈会……从出口到进口，从贸易到投资，一系列重大、特色经贸活动轮番上演，湖北敞开怀抱与世界相拥，打开更大发展空间。

跨越6万亿元大关是新开篇。全省人民心往一处想、劲往一处使，拧成一股绳、团结一条心，汇聚起“奋勇争先、建成支点、谱写新篇”的磅礴力量。

二、锻造战略发展硬核实力

湖北要努力实现“到2030年，力争全省经济总量达9万亿元左右”，“到2035年，综合实力、科技实力进入全国前列”的发展目标，必须具备强大的硬实力，这就要求努力扩投资、促消费，不断增强战略发展实力。

（一）实施投资扩量提质行动，更好发挥投资的关键性作用

投资是经济增长的基本推动力和必要前提。近年来，湖北克难奋进，以项目建设大突破促进经济发展大跃升，推动形成远近结合、梯次接续的项目储备格局，以高质量项目储备引领推动高质量发展，投资呈现较快增长态势，为中长期发展提供了持续的澎湃动力。

2024年全年开工亿元以上项目9019个、总投资4.8万亿元，拉动全省投资增长6.1%、高于全国2.7个百分点。2024年，省属企业完成投资超2700亿元，同比增长18%。湖北交投集团2024年建成6条高速公路195千米；自成立以来累计投资超6559亿元，建成高速公路3468千米、在建超2200千米，实现全省“县县通高速”；建成长江大桥7座、在建8座。湖北铁路集团的铁路项目投资连续两年突破200亿元，荆荆（荆门—荆州）高铁开通运营，湖北成为全国第10个实现“市市通高铁”的省份。2024年，湖北省国资委组织省属企业申报“两新”项目144个，项目总投资365.51亿元，获批超长期国债资金11157万元，“两新”再贷款资金16050万元，补助资金750万元。2024年四季度集中开工活动中，武汉、襄阳、宜昌、十堰、孝感等市项目总投资均超过1000亿元，鄂州、随州、恩施等市（州）项目个数和总投资较2023年同期大幅增长。在调度机制上，已建立“三率两量”投资项目调度机制，每月对全省亿元以上项目开工率、纳统率、竣工

率和项目建设用电量、用水量精准调度，推动重大项目加快建设。

湖北立足全国大局、紧扣政策导向、聚焦湖北优势，围绕落实推动长江经济带高质量发展、中部地区崛起等国家重大战略，围绕打造具有全国影响力的科技创新高地、构建体现湖北优势的现代化产业体系、打造内陆开放高地、建设世界知名文化旅游目的地等使命任务，围绕补齐民生保障、乡村振兴、防灾减灾、公共服务、能源安全等领域短板，谋深谋实一批具有牵引性、标志性的高质量项目。

下一步，湖北要坚持从“向上争取、向外引进、向内挖掘”三个方向统筹用力。在向上争取方面，聚焦国家政策，把握“两重”“两新”加力扩围的政策机遇，加强重点领域项目谋划和对上沟通汇报衔接，推动更多项目纳入国家“盘子”、更多政策资金落地湖北。在向外引进方面，要在大规模推进楚商回乡投资兴业和外出务工人员返乡创业的同时，围绕重点企业抓招引，加强与中央企业、行业头部企业等对接联动，加强链式招商、靶向招商、以商招商，吸引更多资源要素集聚湖北。面向全球精准招商，大力开展产业集群招商、产业链条招商和产业生态招商，大胆探索应用场景招商、要素储备招商和以高价值专利转化、高层次人才引进为特征，以创投基金与孵化平台为手段的高端招商，促进各类资源要素在湖北加速集聚。在向内挖掘方面，要聚焦土地、水利、林业、矿产、能源、数据等领域，紧盯民间投资，加强国有“三资”盘活利用，支持相关重点企业增资扩产、转型升级、提质增效，不断抢占新赛道、培育新动能。

要科学把握投资来源的优先顺序，大力推进投融资体制改革，更好发挥政府投资引导作用，全力推动国有企业投入产出总体平衡，努力撬动更多社会投资。要坚持股权投资做引导、债权融资做增信、资本市场募资做培育，大力推动金融体制改革和服务创新，更好支撑项目建设。要坚持深度谋划、动态储备，以“走一步、看两步、想三步”的历史主动加强项目谋划和储备，着力抓好项目前期、加强项目调度、强化服务保障，及时解决项目谋划实施过程中的堵点问题，加快推动重大项目落地实施，形成“储备一批、开工一批、建设一批、达产一批”的梯次推进格局，切实以高效率投资扩大需求、优化供给，为推动经济社会高质量发展、加快建成中部地区崛起的重要战略支点作出新的更大贡献。

（二）实施消费扩容提能行动，更好发挥消费的基础性作用

消费是需求端的关键力量，是经济增长的“三驾马车”之一。近年来，湖北深入贯彻落实党中央、国务院决策部署和省委、省政府工作要求，积极推动一系列扩内需、促消费政策发力显效（见表 2-1），消费市场总体平稳增长，居民消费需求持续释放。

表 2-1　近年来湖北省促进消费的部分政策文件

时间	文件
2020 年 5 月 22 日	《提振消费促进经济稳定增长若干措施》
2021 年 8 月 10 日	《湖北省城市一刻钟便民生活圈建设实施方案（2021—2025 年）》
2021 年 8 月 28 日	《关于提振重点消费促进消费增长的若干措施》
2021 年 12 月 8 日	《促进全省消费扩容升级三年行动方案（2021—2023 年）》
2022 年 5 月 22 日	《关于加快消费恢复提振的若干措施》
2022 年 10 月 25 日	《2022 湖北省促进汽车消费“大礼包”活动实施细则》
2024 年 5 月 22 日	《湖北省推动消费品以旧换新实施方案》
2024 年 5 月 27 日	《湖北省汽车置换更新补贴实施细则》
2024 年 8 月 26 日	《湖北省电动自行车以旧换新实施细则》
2024 年 8 月 28 日	《湖北省家电以旧换新工作补充细则》
2024 年 8 月 29 日	《湖北省家装厨卫“焕新”工作实施细则》
2024 年 9 月 4 日	《关于进一步做好湖北省汽车以旧换新有关工作的通知》
2025 年 2 月 18 日	《关于促进湖北省二手车流通高质量发展的意见》

2024 年，全省实现社会消费品零售总额 25276.70 亿元，比 2023 年增长 5.1%，高于全国 1.6 个百分点。2024 年，全省限上家用电器和音像器材类零售额比 2023 年增长 28.6%。其中，能效等级为 1 级和 2

级的家电、智能家用电器和音像器材分别增长7.6%、15.4%。“3C数码消费券”拉动电子产品零售快速增长。限上计算机及其配套产品、智能手机零售额分别增长37.3%、24.1%。2024年，全省限上中西药品类零售额比2023年增长9.7%。其中，限上中草药及中成药类零售额增长11.4%。文化娱乐消费需求持续释放。限上文化办公用品类、照相器材类零售额分别增长11.2%、36.1%。2024年，全省限上网络商品零售额比2023年增长24.2%，增速比2023年加快14.7个百分点。实施消费扩容提能，关键要从以下几个方面着手。

1. 要持续提升居民消费能力

制定中等收入群体倍增计划，完善劳动者工资正常增长机制，推动中低收入群体增收减负。通过发展产业、促进就业创业等方式，提高城乡居民收入水平，如加大对新兴产业的扶持，创造更多高收入就业岗位；加强职业技能培训，提升劳动者就业竞争力，以增加工资性收入；不断提高城乡居民基础养老金、医保财政补助标准等，减轻居民在养老、医疗、教育等方面的负担，增强居民消费信心，减少预防性储蓄，让居民敢消费。

2. 要持续增加优质消费供给

从经济循环的角度讲，一个人的消费就是另一个人的收入，因此要积极破解消费供给的结构性矛盾，更好满足多层次消费需求。推动商品消费更新升级，加大消费品以旧换新支持力度，常态化组织开展各类促消费活动，更好满足住房消费需求，持续巩固汽车、家电、家居等大宗消费回暖势头。促进服务消费提质惠民，提升餐饮住宿服务品质，提升教育、医疗、养老、托育、家政服务等领域供给水平和服务标准，不断满足群众多样化、多层次服务需求。持续扩大文旅消费，充分发挥湖北的文旅优势，加强文旅资源整合，打造精品文旅品牌和线路，促进商旅文体健深度融合，加快建设世界知名的文化旅游目的地，着力把文化旅游业培育成为支柱产业。加快发展新型消费，与打造具有全国影响力的科技创新高地相结合，用好应用场景丰富优势，大力促进科技消费，释放人工智能终端产品等方面的消费潜力。

3. 要持续改善消费环境，提升消费意愿

结合城市更新改造，推动全省各地商圈提档升级，建设消费地标，创新消费业态，丰富消费场景，加大新城区商业建设和农村地区消费市场建设力度。以消费升级引领产业升级，引导科技企业、消费领域企业等紧紧围绕消费市场的变化趋势进行投资、创新和生产，持续打造消费新产品、新场景、新热点。要加强消费市场综合治理，引导企业诚信合规经营，维护消费者合法权益，严守消费安全底线，提升消费便利性和服务水平，塑造宜购、宜游、宜乐的湖北形象。适应商品消费向服务消费转型新形势，加快“展会 +”“演艺 +”“体育 +”等融合业态发展，打造繁荣火热的高品质消费市场和让居民放心安心的高水平消费环境。

三、激活战略服务要素势能

能级提升，既包括战略实力的提升，也包括战略服务功能的强化。战略服务功能主要是指为经济社会发展的各种要素，如土地、劳动力、资本、技术、数据等提供配置、流通、优化等一系列服务的能力与作用。在湖北加快实现能级跨越的发展过程中，要素的战略服务功能具有重要意义。

（一）完善人力资源要素服务，打造“双创”升级版

深入实施人才强省战略，统筹推动战略科技人才引领、卓越工程

师集聚、荆楚工匠培育、青年拔尖人才成长“四大专项”计划，打造新时代产业工人队伍。加速打造“双创”升级版，重点面向全省200多万高校师生，大规模推进以科技为支撑的创新创业；面向1000多万外出务工经商人员，大规模推进以乡情为纽带的返乡创业。

1. 以科技为支撑的创新创业

针对高校师生创业，可组建由企业家、投资人、专家学者等组成的创业导师团队，为高校师生提供创业项目诊断、商业模式设计、市场推广等方面的指导和咨询服务。举办创业训练营、创业工作坊等，通过集中授课、案例分析、模拟演练等方式，提升高校师生的创新创业能力。在创业孵化平台搭建上，对认定为省级大学生创业孵化平台的，按规模给予大力补助，为高校师生提供低成本、便利化、全要素的创业孵化服务，并推动环大学创新发展带建设，加强与高校、科研院所协同合作，推动产学研深度融合，打通科技成果转化“最后一公里”，吸引创新创业人才集聚。在支持成果转化上，建立完善的校地合作机制，深入推进职务科技成果赋权等改革，落实容错免责机制，推动高校院所、企业、第三方平台的创新资源开放共享，鼓励高校师生开展科技成果转化。加强概念验证、检测检验、中试验证等转化服务平台建设，做好知识产权、资产评估、法律、财务和投融资等方面的专业服务，构建成果转化全链条、企业生命全周期的科创服务体系。

2. 以乡情为纽带的返乡创业

针对返乡创业，要细化落实创业扶持政策。完善和落实创业担保贷款政策，提高贷款额度、放宽贷款条件，降低返乡创业人员的融资门槛。对符合条件的返乡创业项目给予税收减免、场地租赁补贴等优惠，降低创业成本。根据各地特色产业，制定专项政策，鼓励返乡人员围绕特色种养业、农产品加工、乡村旅游、农村电商等产业创业，如对发展地方特色农产品电商的创业者给予物流补贴、平台入驻优惠等。要为返乡创业积极搭建平台。依托现有工业园区、农业科技园区等，打造一批返乡创业园、创业孵化基地，为返乡创业人员提供低成本、便利化、全要素的创业空间，配备完善的基础设施和公共服务。积极开发建设返乡创业服务网站或手机应用程序（App），提供创业项目展示、政策查询、资金对接、技术支持、人才招聘等方面的一站式服务，打破信息壁垒，促进创业资源的高效对接。定期组织创业大赛、创业论坛、项目路演等活动，为返乡创业者提供交流经验、展示项目、对接资源的平台，激发他们的创业热情，营造良好的创业氛围。要加强对返乡创业的要素保障。引导金融机构开发适合返乡创业的金融产品和服务，如推出农村产权抵押贷款、创业联保贷款等，设立返乡创业投资基金、风险补偿基金等，为创业项目提供资金支持和风险保障。统筹安排土地利用计划，预留一定比例的建设用地指标用于返乡创业项目，对发展特色农业、乡村旅游等项目的，在土地流转、用地审批等方面给予支持和便利。建立返乡创业人才信息库，加强与高校、科研机构的合作，为返乡创业项目提供技术支持和人才保障；实施人才回流计划，吸引在外的湖北籍专业技术人才、高校毕业生等返乡创业。

（二）完善资本要素服务，梯度培育各类企业

深入实施企业梯度培育工程，完善“个转企、小升规、规做精、优上市”全生命周期服务梯次。加快建设世界一流企业，新增一批地方国企进入中国企业 500 强，打造更多“顶天立地”的龙头企业。

1. 构建企业分层分类培育体系

明确培育层次，建立明晰的梯度培育体系，如“创新型中小企业—专精特新中小企业—专精特新‘小巨人’企业”等。按照“储备

一批、培育一批、提升一批”的原则，实行梯次培育、动态管理。细化行业分类，针对不同行业特点制定专门的培育方案，如在汽车制造行业，注重培育掌握核心零部件技术的专精特新企业；在农产品加工行业，重点扶持具有品牌影响力和产业链整合能力的企业。加强政策支持与引导，引导企业加大研发经费投入，对研发投入达到一定比例或额度的企业给予财政补贴或税收减免。鼓励企业与高校、科研院所合作，建立产学研用协同创新机制，共同开展技术研发、成果转化等活动。

2. 深入实施资本市场建设“楚天行动”

加快构建现代金融体系，打造中部资本市场高地。要加强企业上市培育。加强科技型企业上市后备资源培育，持续增加“金种子”“银种子”科技型企业，建立科技型企业上市后备资源库，将承担突破关键核心技术任务的科技型企业纳入省级上市后备企业名单。要拓展企业融资渠道。支持科技型企业通过并购重组、股权转让、资产证券化、引入战略投资者等方式拓宽融资渠道，鼓励符合条件的科技型中小企业利用股权激励、员工持股计划等吸引科技人才。全力推动银行机构拓展科技分支行、科技金融事业部、科技贷款中心等专营机构的数量与规模，适当向专营机构下放授信审批等业务权限，实施差异化管理，推进设立一批科技保险专营机构，大力引进租赁、券商直投、第三方支付、财务结算等专业机构。引导政策性银行设立专项信贷计划，对前沿技术创新和关键核心技术攻关给予长期优惠资金支持，加大科技型企业信用贷款投放力度，全面推广“301”全线上纯信用快贷服务模式，大力推广企业创新积分贷、知识产权质押、股权质押、并购贷款等产品和模式，提升首贷率。鼓励全国性银行在鄂机构与集团设立的具有投资功能的子公司联动，支持银行机构与外部投资公司、股权投资基金合作，开展“贷款 + 外部直投”等业务新模式，开发标准化“投贷联动”服务产品，为科技型企业提供更好的长期性融资服务。

3. 政府积极构建良好的金融生态

要发挥省政府投资引导基金的政策导向作用，省、市、县联动，带动各类资本参与，聚焦偏早期、初创期。发挥长江产投母基金和长江创投母基金的招大引强作用，聚焦中后期、成熟期。做大做强楚天凤鸣科创天使母基金，吸引优质投资机构在鄂设立子基金。按照全省产业发展规划，统筹资源要素和产业布局，分级分类建设私募股权投资集聚区。同时，招引更多种子、天使、PE①、VC②、并购基金落地湖北，优化创投机构“募投管退”链条，推动保险资金等中长期资金投向创业投资，引导创投机构发行公司债券和债务融资工具，完善绩效考核评价办法，实施差异化分类考核和尽职免责制度。

（三）完善技术要素服务，促进科技型企业创新发展

技术要素服务包括围绕技术要素的流动、配置、转化等过程所提供的一系列服务，旨在促进技术与其他生产要素的有机结合，推动技术创新和科技成果转化，提高技术对经济社会发展的贡献率。其主要内容包括技术交易服务、技术咨询与评估服务、技术孵化与培育服务、技术人才服务、科技金融服务等。完善的技术要素是湖北加快建成支点的重要支撑。

要以科技创新需求为导向，培育和壮大科技服务市场主体，创新科技服务模式，延展科技创新服务链，推动科技服务业质量和能力双提升。目前，湖北全省省级科技计划项目申报已进行改革，要求承担

---

① PE（Private Equity）即私募股权投资，投资对象一般是较成熟的企业，包括上市和非上市企业。

② VC（Venture Capital）即风险投资，投资对象一般是初创期的企业，具有高风险和高回报的特点。

省级科技计划项目的企业研发投入应符合高新技术企业认定标准，企业自筹配套经费占项目总经费比例不低于六成，引导企业开展研发活动。已实施科创企业全生命周期培育计划，深入开展服务高新技术企业“春晓行动”、科技企业孵化“沃壤行动”，创新推出“企业创新积分贷”“科保贷”“高新贷”等信贷产品，保险机构开发推广产品研发责任保险、知识产权融资保证保险等特色保险险种，科技服务创新群体持续壮大。推动武汉股权托管交易中心开展区块链试点建设，专精特新专板已被中国证监会列入全国第一批 9 个试点之一，为创新型中小企业融资发展提供挂牌展示、股权融资、孵化培育平台。2023 年底，武汉东湖高新区入选首批 10 家国家知识产权服务业高质量集聚发展示范区。

为进一步增强科技管理服务、创新服务和产业服务能力，要从以下几个方面发力。一是进一步加强人才支撑。将科技服务人才纳入全省人才发展规划，依托各类人才计划，引进和培育一批懂技术、懂市场、懂管理的复合型科技服务高端人才。开展技术经纪专业和科学传播专业职称评定，畅通技术转移和科学普及人才职称晋升渠道。依托行业组织开展专业技术培训，提高从业人员的专业素质和能力水平。二是进一步构建信息平台。持续推进以“用”为导向的科技创新供应链平台建设，构建省市区协同联动服务体系，分类挖掘有效技术需求，促进供需双方精准对接，加快建设在岸、离岸基金。持续实施企业积分制。用好“荆楚融担码”“鄂融通”及湖北科创企业智慧大脑等平台，构建以科技融资担保为切入点的科技金融服务场景。三是进一步加大财税支持。充分发挥财政资金杠杆作用，通过市场机制引导社会资金和金融资本支持科技服务业发展。不断创新财政支持方式，积极探索以政府购买服务、后期补助等方式支持公共科技服务发展。积极落实国家大学科技园、科技企业孵化器相关税收优惠政策。四是进一步推动引导示范。重点推动武汉东湖国家自主创新示范区科技服务业试点，加快集聚龙头企业和知名品牌，大力培育新兴业态，建立以创业服务业为特色，带动全省、辐射中部地区乃至全国的科技服务业产业体系，逐步形成科技服务促进区域创新发展的新模式和新机制。

四、筑牢战略腹地安全支撑

习近平总书记指出：“战略上判断得准确，战略上谋划得科学，战略上赢得主动，党和人民事业就大有希望。”① 与“战略腹地”相关的概念是战略后方，主要指一个国家战时为前线作战提供后勤供应的主要基地，也是一个国家坚持战争、争取胜利的主要依托。当前，战略腹地通常是指一个国家或地区内部具有重要战略意义、能够为国家或地区的整体发展提供有力支撑和保障的区域。全球具有战略纵深的大国都高度重视战略腹地建设。

2023 年底召开的中央经济工作会议首次提出“优化重大生产力布局，加强国家战略腹地建设”。② 党的二十届三中全会通过的《中共中央关于进一步全面深化改革　推进中国式现代化的决定》明确提出“建设国家战略腹地和关键产业备份”。③

（一）加快建设国家战略腹地核心区

湖北位于我国主要经济区的几何中心，立足中部腹地和战略纵深，能够形成辐射全国近三分之一人口的市场规模，在连接东部发达地区

①《习近平在省部级主要领导干部学习贯彻党的十九届六中全会精神专题研讨班开班式上发表重要讲话强调　继续把党史总结学习教育宣传引向深入　更好把握和运用党的百年奋斗历史经验》，《人民日报》2022 年 1 月 12 日。

②《中央经济工作会议在北京举行　习近平发表重要讲话》，《人民日报》2023 年 12 月 13 日。

③《中共中央关于进一步全面深化改革　推进中国式现代化的决定》，《人民日报》2024 年 7 月 22 日。

与西部资源富集地区、南方和北方的经济交流与合作中发挥着桥梁和纽带作用，具有建设国家战略腹地的显著优势。

1. 要加快研究设计湖北建设国家战略腹地核心区规划

加强对湖北建设国家战略腹地核心区工作的领导，包括进行顶层设计和战略规划，开展专题性、专业性、集中性研究。分行业、分阶段、分领域设计湖北建设国家战略腹地核心区的中长期路线图，编制出台核心区建设实践的指导意见或方案，进行总体性、前瞻性和可行性的顶层设计。将湖北建设国家战略腹地核心区规划与《湖北省国土空间规划（2021—2035 年）》紧密结合，明确各阶段目标任务、实施路径、进度安排和保障措施，建立健全规划建设的绩效评价指标体系，统筹重点区域、重点项目、重点产业布局规划，集中力量整合资源协同持续推进建设。

2. 要加快统筹推进打造国家战略性产业备份基地

积极主动对接沿海地区产业新布局，在争取国家支持下，加快建设一批关键零部件、关键材料、关键设备等产业备份基地，包含集成电路、高端芯片、先进材料、工业母机、工业软件、高端光刻机、高性能光刻胶、关键零部件等产品和企业，进行产业备份、能力备份和企业备份，建设区域粮食应急保障中心、华中区域应急救援中心、长江流域气象中心。深化国防动员准备，谋划一批关键产业备份，以极限思维完善“平战结合”产业体系，实现平时经济与战时经济的有效衔接，依托新一代信息技术革新，提升湖北“平战结合”转换能力水平。针对断产、断供、禁运等应急情况，提前布局备份产品研发和生产能力承接，重点提升产能保供恢复能力和产业柔性生产能力，着力打造自主可控、安全可靠的产业链、供应链。

3. 要加快打造国家重要初级产品供给战略保障基地

推进新时代“鱼米之乡”规划建设，建设高标准农田和国家级重要农畜产品生产基地，强化粮食物资战略储备，确保粮食战略保障安全。推动国家级新能源装备制造基地建设，持续加强和完善战略性能源储备、管网输配和储能调峰设施网络，在“西气东输”“西电东送”等国家重大工程运行中持续发挥作用，确保能源安全保障。充分利用湖北矿产资源丰富的优势，促进铌、磷、钒钛、页岩气等资源的合理开发和综合运用，强化战略性矿产资源安全保障。优化充实战略性矿产品和关键原材料储备品种规模，做好涉及国家安全的关键零部件、关键材料、关键设备的战略物资储备，保障国家在突发应急状态下的供应需求，确保关键战略物资供应的保障安全。

（二）实施新一轮粮食产能提升行动

湖北素有“鱼米之乡”的美誉，粮食种植基础得天独厚。这里地处亚热带季风气候区，光热充足、降水丰沛、雨热同期的气候条件为粮食作物生长营造了极佳的环境。省内江河纵横，湖泊星罗棋布，长江、汉江贯穿全境，为粮食种植提供了丰富且优质的灌溉水源。江汉平原地势平坦开阔，土壤肥沃深厚，是重要的粮食产区，利于大规模机械化作业。全省高标准农田建设稳步推进，良种良法得到广泛推广，粮食种植产量稳步增长，在全国粮食生产格局中占据重要地位。今后，湖北要坚持良田良种良法一体推进，打造更高水平的“荆楚粮仓”。

1. 全力以赴抓好粮油生产

稳定粮食播种面积，主攻单产和品质提升，确保粮食稳产丰产。扎实推进新一轮粮食产能提升行动，全面提升粮食综合生产能力。深入推进粮油作物大面积单产提升行动。开展大豆、玉米带状复合种植技术示范。巩固油菜扩种成果。支持发展油茶、油橄榄等特色木本油料。打造江汉平原高效优质农产品生产示范区。推进良田、良种、良机、良法、良制深度融合，推广“吨粮”（一亩地粮食年产量达到一吨）、“吨半粮”（一亩地粮食年产量达到一吨半）等高效技术模式。

2. 增强“菜篮子”产品稳产保供能力

着力稳生猪、强水产、促牛羊、提禽蛋、兴奶业，多措并举稳定生猪生产和市场供应，提高渔业产业发展规模化现代化水平，促进牛羊产业提质节本增效，推动家禽提档升级和蜂业质量提升，鼓励支持奶业养殖加工一体化发展，促进鲜奶消费。抓好蔬菜基地建设，保障蔬菜全年稳定供应。推动优质特色水果产业高质量发展。挖掘培育“森林粮库”。加强重大动物疫病和重点人畜共患病防控。强化食品安全和农产品质量安全监管。

3. 加强耕地保护和质量提升

严格耕地总量管控，持续完善占补平衡机制，在实现全省耕地总量动态平衡的前提下，将市域内稳定利用耕地净增量作为下一年度非农建设允许占用耕地规模上限。持续整治“大棚房”、侵占耕地“挖湖造景”、乱占耕地建房等问题，强化警示约谈问责机制。分类有序做好耕地“非粮化”整改。高质量推进年度高标准农田建设，强化工程质量全流程监管和建后运行管护。优先在永久基本农田保护区和大中型灌区开展高标准农田建设，支持具备条件的县市高标准农田全覆盖。开展县域耕地质量评价。

4. 强化农业科技和装备支撑

健全完善农业科技创新体系，推进农业科技力量协同攻关。加强武汉国家现代农业产业科技创新中心、洪山实验室等科技创新平台建设。深入推进农业科技“五五”工程[①]、“515”院士专家科技服务农业产业链行动[②]。实施新一轮农机装备补短板行动，打造特色农机装备产业集群，加大智能农机装备推广应用。支持新型农业经营主体、国有农场等数字化、智能化改造。

（三）着力建设“荆楚安澜”现代水网

2024年11月，习近平总书记在湖北考察时明确提出：“把修复长江生态环境摆在压倒性位置，着力建设安全韧性现代水网，全面推进流域综合治理，坚定推进长江十年禁渔。”[③]党的十九届五中全会提出实施国家水网重大工程以来，湖北在全国率先谋划“荆楚安澜”现代水网规划，并成功入选全国首批省级先导区建设试点省份，加快推动现代水网建设。

湖北肩负着“一江清水东流，一库净水北送”的政治使命，湖北水网在国家水网中的地位举足轻重、不可替代。湖北境内长江及南水北调中线、引江补汉等工程是国家“四横三纵”水网中的“主骨架、大动脉”；三峡、丹江口水利枢纽是国家骨干水网重要调蓄节点；南水北调中线一期工程年均调水量90亿立方米左右，惠及京津冀豫1.08亿人；三峡水库维系着全国35%的淡水资源和长江中下游3亿多人的饮水安全。在谋划“荆楚安澜”现代水网规划时，湖北围绕构建“三江千湖，北送东流”的水网格局，在构建国家水网主骨架、打造湖北

① 农业科技“五五”工程，即在“十四五”期间突破50项关键核心技术，集成示范500项先进实用科技成果，推广50项可持续发展模式，建设50个农业科技引领示范村镇，发展壮大50家农业产业化龙头企业。

② “515”院士专家科技服务农业产业链行动于2019年启动，由5位院士领衔，在涉农高校、科研单位牵头组建15个科技团队，对接联系15个重点县市，围绕水稻、油菜、畜牧等优势特色产业，开展科技服务和成果转化。2022年，行动全面升级，聚焦湖北十大重点农业产业链，服务50个县市农业主导产业发展，对接500家龙头企业。

③《习近平在湖北考察时强调　鼓足干劲奋发进取　久久为功善作善成　奋力谱写中国式现代化湖北篇章》，《人民日报》2024年11月7日。

韧性骨干网、建设系统高效水网单元、推进系统治理和综合治理等方面总投资超 1 万亿元。

湖北将流域综合治理作为践行绿色低碳发展的具体形式，以水系为脉络，科学确定流域治理单元，推动江河湖库水系互联互通、联调联控，守牢水安全、水环境安全、粮食安全等底线，计划通过现代水网体系建设统筹水安全、水资源、水环境、水生态、水景观、水文化、水管理、水经济，提升水动力，增加水空间，优化水生态。力争到 2035 年，水网安全韧性增强，洪水灾害风险显著降低，水域空间布局更加合理，水资源供给能力显著提升，农村供水现代化基本实现，灌溉保证水平有效提升，建成与国家水安全战略保障区相统一、与国家优质农产品生产区相适应、与推进中国式现代化湖北实践相匹配的现代水网。

推动水网与航运、能源、文旅、现代农业等协同融合。在与航运融合方面，结合国家高等级航道及水网联通规划建设，推进三峡水运新通道、荆汉运河等航运项目前期工作。目前，三峡水运新通道项目可研已评估，先期工程初设报告已编制完成；荆汉运河已完成工程规划和专题咨询。在与农业融合方面，实施武穴北灌区、浮桥河灌区等一批大中型灌区新建改造项目。计划到 2035 年，新增灌溉面积 1162 万亩。在与水电工程协同规划方面，碾盘山水利枢纽工程 6 台机组已全部投产发电，姚家坪水利枢纽已进入全面实施阶段。

深度阅读

《习近平主持召开新时代推动中部地区崛起座谈会强调　在更高起点上扎实推动中部地区崛起》,《人民日报》2024 年 3 月 21 日。

《习近平在参加江苏代表团审议时强调　经济大省要挑大梁为全国发展大局作贡献》,《人民日报》2025 年 3 月 6 日。

《王忠林主持召开省委常委会会议　深入学习贯彻习近平总书记考察湖北重要讲话精神　整体提升支点战略支撑力创新策源力产业竞争力》,《湖北日报》2025 年 3 月 29 日。

第三章

科创引领：抢占科技竞争创新制高点

科学技术是第一生产力，是推动社会进步和经济发展的核心动力，是国家竞争力的重要标志。科技兴则民族兴，科技强则国家强。推进中国式现代化，科学技术要打头阵。

习近平总书记对湖北科技创新寄予厚望，2013 年 7 月考察时指出，一定要坚定不移走中国特色自主创新道路，培养和吸引人才，推动科技和经济紧密结合，真正把创新驱动发展战略落到实处。2018 年 4 月考察时强调，要注重创新驱动发展，紧紧扭住创新这个“牛鼻子”，强化创新体系和创新能力建设，推动科技创新和经济社会发展深度融合，塑造更多依靠创新驱动、更多发挥先发优势的引领型发展。2022 年 6 月考察时强调，科技自立自强是国家强盛之基、安全之要。我们必须完整、准确、全面贯彻新发展理念，深入实施创新驱动发展战略，把科技的命脉牢牢掌握在自己手中，在科技自立自强上取得更大进展。2024 年 11 月考察时强调，主动融入全国创新链，努力打造具有全国影响力的科技创新高地，更好发挥科技创新策源功能。

科技创新是湖北的最大优势。湖北要加快建成中部地区崛起的重要战略支点，首先必须在科技创新上担当战略支点。

近年来，湖北坚定贯彻党中央关于科技创新的战略部署，一步一个脚印、一年一个台阶推动科技强省建设，突破性创新成果竞相涌现。

湖北科教人才优势明显。截至2024年底，湖北有高校133所，其中“双一流”高校7所、全国第四；在校大学生近200万人、全国第三；代表行业最高水平的两院院士达到82位，全国第四。我们已经搭建了以1家国家实验室、8个大科学装置、10家湖北实验室、163个国家级创新平台和525家新型研发机构为骨架的科技创新力量矩阵。

在看到优势的同时，我们也要清醒地认识到，支点建设还存在着不少挑战和短板，需要保持清醒。2024年11月，中国科技发展战略研究小组联合中国科学院大学中国创新创业管理研究中心在北京发布《中国区域创新能力评价报告2024》。报告显示，排名全国区域创新能力前十位的是广东、江苏、北京、浙江、上海、山东、安徽、湖北、湖南、陕西。2024年湖北区域综合科技创新水平排名全国第八位，这与湖北省经济排位不相符，与我们科教优势地位不相符。创新成果的转化也还不够到位，成果转化率虽然达到了67%，但是“墙内开花墙外香”现象依然存在。

科技创新是湖北的“金字招牌”。湖北要深入学习贯彻习近平总书记关于科技创新的重要指示要求，坚决扛起打造具有全国影响力的科技创新高地的时代重任。

一、实施高能级科创平台培育工程

（一）建设高水平实验室体系

高水平实验室是科技创新的核心引擎和战略支撑平台。它通过汇聚尖端设备、顶尖人才和跨学科资源，为原始创新提供基础研究沃土，突破关键技术瓶颈，催生颠覆性科技成果。

近年来，湖北紧扣国家战略与产业创新需求，持续推进高能级科创平台的建设。2022 年，汉江实验室实现湖北省国家实验室“零的突破”。此外，湖北先后布局建设了光谷、江城、九峰山、珞珈、东湖、洪山、江夏、三峡、隆中、时珍等 10 家湖北实验室（详见表 3–1）。目前，湖北已构建起由国家实验室、湖北实验室、全国重点实验室及省重点实验室共同组成的战略矩阵。

表 3–1　10 家湖北实验室基本概况

实验室	成立时间	建设单位	主攻方向
光谷实验室	2021 年 2 月	华中科技大学等	以光电子技术与装备为核心，探索未来智能时代的高端芯片、光电融合、异质异构集成、智能感知以及激光微纳加工等前沿科技难题，力求突破“卡脖子”的关键核心技术
江城实验室	2021 年 2 月	武汉东湖新技术开发区管理委员会等	集成电路先进封装技术
九峰山实验室	2021 年 2 月	武汉东湖新技术开发区管理委员会等	以打造世界领先的化合物半导体研发与创新中心为目标
珞珈实验室	2021 年 2 月	武汉大学等	致力于空天信息前沿技术的研发与自主核心软硬件的研制，聚焦“时空基准与智能导航定位”“空天科技芯片与核心装备”“空天信息智能处理与安全”以及“空天信息探测与实时智能服务”等多个关键领域
东湖实验室	2021 年 2 月	海军工程大学等	致力于战略性、前瞻性和颠覆性装备的创新研究，同时满足军民融合发展的需求
洪山实验室	2021 年 2 月	华中农业大学等	专注生物育种领域，以提供健康且对环境友好的食品为总体目标，致力于解决农业和食品产业链中的重大问题。通过开展基础和应用研究，培育出绿色、营养且适应气候变化的农作物品种。同时研发绿色生产技术，提升食品的营养价值

续表

实验室	成立时间	建设单位	主攻方向
江夏实验室	2021年2月	长江产业投资集团有限公司等	专注于生物安全领域
三峡实验室	2021年12月	由湖北兴发化工集团股份有限公司领衔，汇聚了包括中国科学院过程工程研究所、武汉工程大学等在内的众多高校和研究机构	聚焦于“碳达峰”“碳中和”的“双碳”目标，立足现代化工行业，探索全球化工前沿技术
隆中实验室	2021年12月	依托襄阳市人民政府建设，由武汉理工大学运营管理	聚焦先进车用材料及其在汽车与交通运载装备领域的应用，致力于突破关键技术瓶颈，提升原始创新能力
时珍实验室	2023年8月	湖北中医药大学等	致力于整合中医药领域的创新资源，推动中医药的传承与创新发展，同时满足国家“大健康”战略的需求

湖北省实验室体系建设取得了显著成效，总体规模持续扩容，人才队伍持续壮大，重大成果持续涌现，产业支撑作用持续显现，品牌影响力持续提升，为全省科技创新和经济社会高质量发展提供了有力支撑。

10家湖北实验室从无到有、从小到大，已经成为湖北集聚技术、资本、人才、产业的重要平台，汇聚院士66位，建成一支3000多人的高水平科技人才队伍，在突破关键核心技术瓶颈、培育发展战略性新兴产业、探索科研新模式等方面成效显著，有力助推了全省经济社会高质量发展。

2024年，湖北实验室承担纵向重大战略研究项目66项，总经费3.34亿元，发表顶刊论文1200篇，获得知识产权419项。

近几年湖北实验室形成了“全球首片8寸硅光薄膜铌酸锂光电集成晶圆”“内河新能源船舶综合电力系统”“新型作物广谱抗病基

因”“量子点短波红外成像芯片”等一批重大科技成果，多项为国内一流、国际领先。国内首创 NCSP 封装技术，创制新型作物广谱抗病基因，在国际上首次发现主效耐碱基因 AT1，培育国内首批“米饭型全谷黑米”品种“华墨香 3 号”、高油油菜新品种“中油杂 65”，开发出国际首款猪功能位点基因芯片，研发出基因组育种算法工具“天权”，打造出“天权 + 鲲鹏算力底座”的育种计算一体机，研制出车规级 Mini LED 光源、NDIR 气体探测系统，在基于产业化兼容技术制备全钙钛矿叠层太阳能电池上取得重大突破，完成“碳化硅沟槽 MOSFET 技术”，等等。

《湖北实验室建设效能提升工程实施方案（2024—2026 年）》提出，将以“十大行动”助推湖北实验室效能提升，助力湖北科技创新进一步聚势突破。到 2026 年，10 家湖北实验室将全部实现独立化、实体化、高效化运行，新增在鄂国家实验室（基地）1 ～ 2 家，每家实验室累计有效知识产权数量达到 50 件以上。每家实验室年均承担省级以上纵向项目（课题）经费、年均横向技术研发合同到账金额、年均科技成果技术转让合同到账金额均达到 3000 万元以上。

在支点建设中，为推动实验室发展，需要实施十大行动。

实施国家实验室“对标行动”。包括对标国家实验室建设要求、构建实验室建设标准体系、打造一流战略科技创新平台、融入国家实验室体系等。

实施原始创新能力“攀登行动”。包括加强关键领域科研部署、强化战略引领技术攻关、瞄准科学前沿领域、加快未来前瞻技术研发等。

实施关键核心技术“攻坚行动”。包括补齐产业链关键环节的技术短板、支持实验室积极申报各级产业发展项目、开展有组织科研、引导实验室参与产业链“链长制”专项工作等。

实施高端人才团队“集聚行动”。通过设立引才专项、深挖校友资源、强化项目牵引、健全人才保障等，加强高层次人才团队引进。

实施青年科技人才“培育行动”。包括支持青年人才申报项目和创建平台、加强青年科技人才培养，加快自主科技人才培养、给予科研人员更大自主权等。

实施“北斗七星式”“转化行动”。包括推动科技成果产学研协同转化、探索全链条成果转化新模式等。

实施科研基础条件“跃升行动”。包括通过增加科研仪器装备、建设重大科学基础设施、推动仪器设备开放共享使用、构建创新要素集聚区等，提升实验室基础设施和装备水平。

实施实验室联盟“共建行动”。包括组建实验室体系联盟、加强内部组织分工协作、构建科技创新资源共享机制等。

实施体制机制改革“破茧行动”。在人才引进使用、人才评价、项目经费、科技成果等方面实施体制机制改革。

实施开放合作创新“融促行动”。支持实验室开展国际科技合作交流。

（二）建设高水平研究型大学

高水平研究型大学是高等教育体系中的顶尖类型，其核心使命是通过高水平科研与创新人才培养推动社会进步。这类大学通常以知识创新、传播和应用为核心，强调科研与教学的深度融合，目标是产出国际领先的科研成果（如基础研究突破、技术创新），并培养具有全球竞争力的精英人才。高水平研究型大学是国家创新体系的重要组成部分，在经济发展、科技进步、文化繁荣中发挥战略支撑作用。

湖北省的高水平研究型大学以武汉大学、华中科技大学为龙头，在学科建设、科研创新和服务区域发展方面表现突出，是推动中部崛起和国家科技自立自强的重要力量。如武汉大学布局空天信息产业基地，华中科技大学打造光谷国际医学创新中心，助力湖北新质生产力发展。

建设高水平研究型大学对湖北支点建设以及促进科技创新具有多方面的重要作用，能够提升基础研究能力、推动关键核心技术突破、促进科技成果转化、培养高素质创新人才、增强区域创新策源力、助力产业升级和优化创新生态。

提升基础研究能力。高水平研究型大学是基础研究的重要力量。湖北省拥有多所高水平研究型大学，这些高校在基础研究领域取得了显著成果。例如，武汉大学的珞珈实验室正在推进“东方慧眼”卫星星座项目，目标是到2030年实现200多颗卫星组网，为全球用户提供高精度、智能、实时的遥感信息服务。这些基础研究不仅提升了湖北省在相关领域的科研水平，还为后续的技术突破和产业应用奠定了坚实基础。

推动关键核心技术突破。高水平研究型大学能够聚焦国家战略需求，开展关键核心技术攻关。如华中科技大学以争创国家实验室为牵引，推进大制造、大信息、大能源、大健康等优势领域国家级科研平台集群化建设。各类科技成果不仅提升了湖北省的科技创新能力，还推动了相关产业的发展。

促进科技成果转化。高水平研究型大学通过与企业的深度合作，加速科技成果转化。湖北省通过建设高水平研究型大学，推动高校与企业共建产学研一体化平台。例如，武汉大学与小米集团合作，建立紧密的产教融合关系，推动人工智能等前沿技术的应用。此外，湖北省还通过优化技术转移人才队伍培养体系，举办各类成果转化活动，促进高校科研成果的产业化。

培养高素质创新人才。高水平研究型大学是培养高素质创新人才的重要基地。湖北省通过推进“71020”高校学科创新体系建设，支持高校优化学科布局，培养适应国家重大战略和地方经济社会发展需求的创新人才。例如，武汉大学成立了人工智能学院、卓越工程师学院等新型人才培养平台，为湖北培养输送更多高素质人才。这些人才为湖北省的科技创新提供了强大的智力支持。

加快建成支点，首先必须在教育强国建设中成为支点，以教育之力厚植人民幸福之本，以教育之强夯实支点建设之基。

教育强国战略对建设高水平研究型大学也提出了新目标、新要求。湖北省要通过优化高等教育布局、分类推进高校改革、加强“双一流”建设等措施，全面提升高等教育综合实力，为湖北支点建设提供有力支撑。一是分类推进高校改革。明确各类高校发展定位，建立分类管理、分类评价机制，引导高校在不同领域、不同赛道发挥优势、办出特色。二是优化学科专业设置。以国家战略、市场需求和科技发展为牵引，动态调整学科专业设置，增设急需专业，淘汰不适应经济社会发展的专业。支持面向特色优势产业、新兴产业和未来产业等关键领域布局相关学科专业，加强基础学科、新兴学科、交叉学科建设。三是加强“双一流”建设。围绕中国式现代化的本质要求，聚焦优势学科，适度扩大“双一流”建设范围，完善监测评价体系。四是建强学科、平台、队伍，推进“71020”高校创新体系建设，发挥高校在创新共同体中的关键作用，大力实施人才引进培育“十百千万”① 行动。

（三）培育引进科技领军企业

科技领军企业是国家战略科技力量的重要组成部分，也是地方发展的主引擎。湖北省一直高度重视科技型企业的培育和发展。积极推动科技领军企业的培育和引进，梯次培育以科技领军企业为龙头、高新技术企业为主体、专精特新和独角兽等“新物种”企业为骨干、科技型中小企业竞相发展的创新企业梯队。

2021 年 11 月，湖北省科技厅印发《湖北省科技领军企业培育实施方案》，启动科技领军企业培育计划，提出重点培育打造 10 家左右

① “十百千万”，即用 3 ～ 5 年时间，培养引进 10 名战略科学家、100 名科技领军人才、1000 名卓越工程师、10000 名优秀青年科技人才。

在全国有影响力的科技领军企业，打造湖北科技企业创新标杆，培育国家战略科技力量湖北梯队，助推湖北高质量发展。纳入培育的科技领军企业是在湖北注册的创新能力强、引领作用大、研发水平高、发展潜力好、对经济社会贡献大，符合湖北“51020”产业集群发展方向，且企业销售规模过 50 亿元、研发投入占比超过 3%、研发人员占比超 10%、核心自主知识产权 100 项以上的骨干高新技术企业。

2022 年 3 月，湖北省科技厅公布首批入选科技领军企业培育计划的企业名单，包括长飞光纤光缆股份有限公司、华工科技产业股份有限公司、东风汽车集团有限公司等 11 家企业，这些企业在各自领域具有显著的创新能力和市场竞争力，是湖北省科技创新的排头兵。

2023 年 2 月，湖北省科技厅、湖北省财政厅联合制定了《湖北省企业技术创新能力提升行动实施方案》，提出加快提升湖北省企业技术创新能力。

2023 年 4 月，湖北省科技厅启动实施《湖北省科创企业全生命周期培育计划（2023—2025 年）》，着力打造生机勃勃的“科创企业森林”，构建“科技型中小企业—高新技术企业—科创‘新物种’企业—科技领军企业”培育链条，推动各类科技创新主体竞相发展，培育一批支撑湖北高水平科技自立自强、打造战略科技力量的科技领军企业。

截至 2024 年底，武汉东湖、襄阳、宜昌 3 家高新区进入全国 50 强，高新技术企业达到 3 万家、科技型中小企业达到 4.5 万家，连续 4 年保持 20% 以上的增长。2024 年第四批国家级专精特新“小巨人”企业达到 303 家，比 2023 年增长 150.4%；国家级专精特新“小巨人”企业总数达到 722 家，在全国排名第七、中部第一；25 家企业入选国家级 5G 工厂名录，位居全国前五。武汉入选全国首批制造业新型技术改造试点城市，襄阳、宜昌获批全国中小企业数字化转型试点城市。让龙头企业顶天立地，让中小企业铺天盖地，挺起支点产业发展的“硬脊梁”，向高竞攀、向新笃行，创新创造成为荆楚大地最强劲的旋律。

下一步，湖北要实施科技领军企业打造工程，将技术创新能力较强、创新业绩显著、具有重要示范和导向作用的企业优先纳入省级培育计划，着力培育一批链主型科技领军企业。

支持科技领军企业联合行业上下游、产学研力量，组建多方紧密合作的创新联合体，集成高校、科研院所科技成果，形成体系化、任务型的协同创新模式。

加大财政支持力度，重点遴选一批体量规模大、创新水平高、行业带动力强的领军企业，在创新项目、创新平台等方面对它们给予支持，提升企业的创新能力和国际竞争力。

优化营商环境。鼓励更多公共资源向中小科技企业开放，加快推动重大科技基础设施、重大仪器设备、科技数据等资源向中小科技企业开放共享。鼓励更多应用场景向中小科技企业开放，对创新场景进行包容审慎监管，建立容错纠错机制，营造敢于冒险、鼓励创新、宽容失败、规范适度的发展环境。

（四）做强大科学装置

大科学装置是通过较大规模投入和工程建设来完成，建成后经长期稳定运行和持续科学技术活动以实现重要科学技术目标的大型设施，也被称为“大科学工程”或“大科学设施”，在某些领域也被称为“国家重大科技基础设施”，通常被认为是国家创新高地的核心要素。

大科学装置按照不同用途，一般分为以下几类。一是专用基础设施，即为基础科学领域的重大科学目标而建设的研究装置，如北京正负电子对撞机。二是公益基础设施，主要为经济建设、社会发展、国家安全提供基础数据和信息服务，如中国西南野生生物种质资源库。三是公共实验平台，主要为多学科领域的基础研究、应用研究提供支撑性平台，如强磁场实验装置。四是专用技术平台，主要为某个特定领域、关键技术提供测试和技术研发、验证平台，提供专业数据、研究手段和技术服务。

大科学装置作为现代科学技术的重要基础设施，具有极其重要的意义。它们不仅是推动基础科学研究、促进多学科交叉融合的重要平台，还是推动技术创新和产业发展、培养和集聚高端人才的重要力量。同时，大科学装置是国家科技实力的重要标志，其建设和运行能够提升国家综合竞争力，服务社会和经济发展，对于国家的科技创新和社会进步具有不可替代的作用。

截至 2024 年底，湖北省已有 8 个大科学装置。其中，华中科技大学国家脉冲强磁场科学中心是从事强磁场科学、技术及应用研究的国家级大科学平台，承担脉冲强磁场国家重大科技基础设施的建设和运行任务，是位于湖北的首个大科学装置。截至 2024 年底，设施已累计运行 94705 小时，为北京大学、清华大学、中国科学院物理研究所、哈佛大学、剑桥大学、德国德累斯顿强磁场实验室等 134 个国内外科研单位提供科学研究服务 2088 项，在《自然》（*Nature*）、《科学》（*Science*）、《物理评论快报》（*PRL*）等期刊发表论文 1821 篇，取得了发现第三种规律新型量子振荡等一大批原创成果，同期成果产出优于美国、德国同类设施，推动了我国相关领域前沿科学研究的发展。该设施先后获得 2018 年湖北省科学技术进步奖特等奖和 2019 年国家科学技术进步奖一等奖。

习近平总书记强调：“要科学规划布局前瞻引领型、战略导向型、应用支撑型重大科技基础设施，强化设施建设事中事后监管，完善全生命周期管理，全面提升开放共享水平和运行效率。”① 大科学装置是湖北打造具有全国影响力的科技创新高地的重要工具，是破解湖北关键核心技术受制的“利器”，在建成支点过程中，湖北在大科学装置方面要做好四个方面的部署。

① 习近平：《加强基础研究　实现高水平科技自立自强》，《求是》2023 年第 15 期。

一是加强顶层设计，研究制定大科学装置中长期规划。要组织专班研究编制符合湖北客观需求的大科学装置建设中长期规划、评价管理办法等相关规划和政策文件，明确现阶段及未来湖北省大科学装置建设目标、重点任务和具体举措。

二是聚焦重大需求，系统谋划前沿领域大科学装置。围绕湖北“51020”现代产业体系，聚焦人工智能、先进半导体、人形机器人、量子科技、北斗、超级算力网络等重大战略领域，以湖北省重大科技专项等为牵引，建立符合湖北需求的大科学装置预备培育机制，加快形成湖北省大科学装置建设项目库、时间表。

三是加强国际合作，发起国际大科学计划。重大科技基础设施一直是国际科技合作的重点，应坚持开放合作，面向全球发布合作邀请，努力拓展合作范围、方式和渠道，在项目遴选、评估、设计、建设和运行上吸引更多国际力量参与。

四是强化要素保障，构建多元化投入共建机制。加大财政投入，为大科学装置预研、建设、科研和运维提供全生命周期的经费支持。切实发挥政府引导基金撬动作用，引导各类社会资本积极参与大科学装置建设。建立新型投融资担保机制，探索联合担保、银保联动、担保合作等新范式，为湖北大科学装置建设提供风险保障。

二、推进关键核心技术协同攻关

党的十八大以来，习近平总书记高度重视关键核心技术创新攻关，围绕破解“卡脖子”难题、将科技发展主动权牢牢掌握在自己手中作出一系列重要论述。习近平总书记多次强调，“关键核心技术是国之重器"[①]，"关键领域核心技术受制于人的格局没有从根本上改变"[②]，"要牵住数字关键核心技术自主创新这个'牛鼻子'"[③]，"加强基础研究是科技自立自强的必然要求"[④]。

2022年6月，习近平总书记在湖北考察时强调："随着我国发展壮大，突破'卡脖子'关键核心技术刻不容缓，必须坚持问题导向，发挥新型举国体制优势，踔厉奋发、奋起直追，加快实现科技自立自强。"[⑤]2024年11月，习近平总书记在湖北考察期间，强调了湖北的科技创新优势与使命，并指出实现高水平科技自立自强、发展新质生产力，对科技创新和产业创新融合提出了更为迫切的需求。[⑥]

（一）聚焦关键领域突破

处于中部崛起核心战略枢纽地位的湖北省，虽然拥有雄厚的科教基础与突出的创新能力，但仍然困于关键领域技术"瓶颈"，阻滞产业结构向高端智能方向演进。为了突破"卡脖子"困境，湖北省部署实施关键技术攻关"尖刀"工程，聚焦突破共性技术壁垒，系统强化产业链供应链韧性及国际竞争力，驱动区域经济向高质量方向转型升级。

湖北省第十二次党代会报告明确提出，聚焦智能网联、光电、芯片、北斗等产业领域的核心基础零部件和元器件、先进基础工艺、关键基础材料、核心技术，围绕氢能、储能、量子信息、生命科学、前

①《习近平：提高关键核心技术创新能力　为我国发展提供有力科技保障》，《人民日报》2018年7月14日。

②《习近平：为建设世界科技强国而奋斗——在全国科技创新大会、两院院士大会、中国科协第九次全国代表大会上的讲话》，《人民日报》2016年6月1日。

③ 习近平：《不断做强做优做大我国数字经济》，《求是》2022年第2期。

④《在中国科学院第二十次院士大会、中国工程院第十五次院士大会、中国科协第十次全国代表大会上的讲话》，《人民日报》2021年5月29日。

⑤《习近平在湖北武汉考察时强调　把科技的命脉牢牢掌握在自己手中　不断提升我国发展独立性自主性安全性》，《人民日报》2022年6月30日。

⑥《习近平在湖北考察时强调　鼓足干劲奋发进取　久久为功善作善成　奋力谱写中国式现代化湖北篇章》，《人民日报》2024年11月7日。

沿新材料等未来领域，组织攻关突破，攻克一批“卡脖子”技术，推动关键技术产业化。

2023 年 9 月，湖北省人民政府发布关于印发《加快“世界光谷”建设行动计划》的通知，提出深入实施“尖刀”技术攻关工程，要聚焦高端芯片、关键设备、基础原材料、基础软件等领域，突破存储芯片、超高速光收发模块专用芯片、功率半导体芯片、传感芯片、光纤传感网络用特种光芯片与器件、OLED 有机发光材料、超快激光器种子源、工业基础软件等一批产业关键核心技术。

自“尖刀”工程实施以来，湖北在多个领域取得了突破性进展，产出一批“首款、首次、首创”重大实物成果。在优势领域取得一批重大原创成果，“交流电驱动化学反应新方法”为世界首创，利用交流电信号驱动化学反应，为磷化工、电子级化学品等领域绿色智能制造提供了更加高效、环保的路径。国际最高水平的新一代北斗系统星载原子钟“星载铷原子钟”突破量子物理学电子跃迁理论，实现了我国星载原子钟从无到有再到强的跨越。突破了一批关键核心技术。其中，利用“化合物半导体技术”研发全球首片 8 寸硅光薄膜铌酸锂光电集成晶圆，实现超低损耗、超高带宽光芯片规模制造。利用“800G 光传输技术”在国内率先完成 C+L 12THz 波段光层在高速光传输现网，频谱指标优于国际领先水平，加速了下一代光传输系统国产化替代进程。形成一批标志性产品。“超高速混合光子集成芯片”单通道速率和总速率指标处于国际领先地位。利用“国产高档数控系统”成功研制世界首台搭载人工智能（AI）芯片的智能数控系统——华中 9 型，实现国产高端数控系统从“跟跑”到“领跑”。

作为创新驱动发展战略的重要实践，湖北省将持续深化推进“尖刀”工程，深入构建“基础研究—技术攻关—产业转化”全链条协同机制，为科技自主可控发展提供持续动能。

实施“61020”全链条攻关。实施创新成果“遴选”行动。优化完善“61020”科技创新成果遴选标准。实施创新成果“融合”行动。推动一批“61020”科技创新成果产业化。强化“61020”科技创新成果赋能“51020”先进制造业产业集群发展。

优化基础研究机制。围绕湖北省优势基础科学领域，探索设立基础科学中心项目，推动实现更多“从 0 到 1”的重大原创突破。推动国家自然科学基金量子联合基金落地实施，做强“国家区域创新发展联合基金 + 国家量子联合基金 + 省自然科学基金 + 省联合基金”基金群。建设国家应用数学中心，拓展基础学科研究中心，长周期稳定支持数学、物理、地学等领域自由探索。

推进重点领域攻关。在人工智能、人形机器人、量子科技、脑机接口、氢能等领域持续发力，打造未来技术发现、跟踪、培育、应用链条。聚焦“51020”现代产业集群，加快集成电路、工业母机、工业软件、低空经济、商业航天等领域技术攻关突破。聚焦水稻、油菜、生猪、淡水鱼等特色物种和绿色高效种养、健康食品制造、智能农机装备等领域，着力攻克一批产业共性技术。围绕创新药、重大疾病诊疗、合成生物、减污降碳、生态修复、安全应急等领域开展科研攻关，着力解决一批重大民生科技问题。联动颠覆性创新中心华中分中心，布局一批颠覆性技术创新项目，主动融入全国颠覆性创新网络。

（二）壮大新型研发机构

新型研发机构是以科技创新需求为导向的创新载体，其核心职能涵盖基础研究、技术开发、成果转化及企业孵化等领域，具有多元投资主体、现代化治理体系、市场化运营模式和柔性人才机制等特征。

新型研发机构具有“四不像”的特征，即不完全像大学、不完全像科研院所、不完全像企业、不完全像事业单位，但机制体制灵活，市场适应能力强。首要功能在于推动产学研协同创新。通过构建“政产学研”协同创新网络，新型研发机构有效破除创新要素流动壁垒，显著提升创新链与产业链的衔接效率。比如深圳清华大学研究院通过构建“研发—孵化—产业化”全链条体系，已培育出多个具有国际竞争力的科技型企业集群。关键优势体现在加速创新成果市场化。新型研发机构通过建立双向转化通道，有效破解基础研究成果与产业需求间的“达尔文死海”困境[①]。由于具有公共—市场的双重属性，新型研发机构既可承接共性技术研发，又能对接商业应用场景，显著改善我国科技成果转化率偏低、专利市场化应用脱节等问题。

为了破解科研与市场“两张皮”的痛点问题，湖北从 2009 年开始探索发展新型研发机构。相较于高校、科研院所，这种无级别、无经费、无编制的“三无”单位，打破了原有科研机构间的壁垒，可以更有效整合各类资源。2020 年 10 月，湖北省科技厅出台了《省科技厅关于加快建设高水平新型研发机构的若干意见》，2022 年 12 月印发了《湖北省新型研发机构备案管理实施方案》。近年来，湖北新型研发机构的数量一直在快速增长，从2020年的375家跃升至2024年的525家，规模的扩大有效支持了全省五大优势产业的发展，为企业提供了不可或缺的技术服务。从地域上看，除神农架林区以外，湖北省基本实现新型研发机构市州全覆盖。从领域上看，湖北省新型研发机构约 70%分布于五大优势产业。从主体上看，产业技术创新联合体建设基本由具有一定行业影响力的龙头企业牵头组建。

提高标准要求。明确新型研发机构定位，将研发创新与成果转化作为核心功能，推动其聚焦主责主业。适当提高认定标准，重点考察技术攻关实力与市场化运营能力，并在队伍建设、科研条件、投资与孵化状况等方面设置更高的量化门槛，避免申报与认定条件宽泛、低水平。强化政策衔接，落实科研设备共享、人才流动等配套机制，支持机构深度参与省级、国家级重大科技专项。筛选一批有一定社会影

① “达尔文死海”困境，形容因高校和科研机构缺乏资金支持研发，企业难从研发中获利而不愿承担创新风险所导致的技术转化困境。

响力的新型研发机构进行资源整合，建立起省级新型研发机构联合体，发挥部分重点高端新型研发机构的引领示范作用，抓大放小，集约化发展。

聚焦能级提升。通过产业维度划分新型研发机构梯队，实施动态资源调配与阶梯式差异化扶持策略。在孵化培育期，聚焦研发基础设施配置、关键技术攻关协同与种子资金注入，加速原始创新突破；进入成长跃升期后，着力构建产学研用融合生态，强化成果转化服务与产业链协同创新，推动技术商业化价值释放；当步入成熟扩张期时，重点打通资本市场对接通道，完善上市培育服务并拓展跨境合作路径，助力机构实现规模化发展与行业领军地位塑造。通过系统性引导，推动新型研发机构从"资源依赖"向"价值创造"转型，持续提升它们的市场化运营能力与核心竞争力，最终构建可持续的内生发展生态，实现高质量跃升。

健全评价体系。建立分类考核机制，对基础研究类机构侧重原创成果评价，对产业服务类机构侧重技术转移指标。实施动态管理机制，建立"黄牌预警—整改提升—退出摘牌"的闭环管理体系。强化过程监测，定期开展技术成熟度评估和市场需求匹配度诊断。建立评价结果与政府资源配置挂钩机制，对评估结果连续优良的机构加大稳定性支持，引导机构健康有序发展。

（三）探索"揭榜挂帅"新机制

习近平总书记多次强调，可以探索搞揭榜挂帅，把需要的关键核心技术项目张出榜来，英雄不论出处，谁有本事谁就揭榜。①"揭榜挂帅"是一种创新型科研组织机制，亦称"科技悬赏制"。"揭榜挂帅"机制通过公开发布制约创新发展的重大科技攻关项目，面向社会遴选

①《习近平：在网络安全和信息化工作座谈会上的讲话》，《人民日报》2016年4月26日。

优质科研团队进行技术攻关，有效促进科技成果转化，具有需求导向明确、目标定位精准、参与主体多元等显著特征。

“揭榜挂帅”突破了传统科研项目管理中存在的程序烦琐、机制僵化等弊端，着力打破学科壁垒和资历限制，通过开放式人才选拔机制激发创新主体活力。其实践价值主要体现在三个方面：以实际需求为导向构建项目牵引机制，建立“能者担纲”的科研攻关体系；采用结果导向的评估标准，重点聚焦“卡脖子”技术突破实效；有效弥合技术研发与市场需求之间的鸿沟，在关键领域技术攻关中发挥核心作用。

2017年，武汉东湖高新区设置“光谷科技悬赏奖”，启用面向全球招标技术攻关项目的新模式。2019年起，湖北省系统推进“揭榜挂帅”机制在产业关键技术攻关和重大成果转化中的应用，通过《湖北省科技项目揭榜制工作实施方案》和《湖北省揭榜制科技项目和资金管理暂行办法》构建起制度框架。统计数据显示，2019—2022年间累计征集技术需求1424项。其中，华中科技大学成功揭榜锐科激光“30千瓦级高功率激光加工头”项目，极大填补了国内该领域技术空白。

湖北省始终积极探索“揭榜挂帅”新机制，推动构建技术攻关与成果转化双轮驱动模式。目前湖北省已经形成了较为完善的三大创新机制：其一，突破地域限制的“全国揭榜”机制，通过跨区域协同打破省内申报壁垒；其二，需求导向的“能者揭榜”机制，建立以问题解决为核心的评价体系；其三，成果导向的“全域转化”机制，推动技术要素市场化配置。

未来，湖北省可通过统筹布局、激发创新主体参与动力、完善配套支持体系等策略，推动“揭榜挂帅”制度创新纵深发展。

一是建设完善省内协同机制。构建完善政企学联席评审机制，确保发榜项目精准对接“51020”现代产业集群及“三高地两基地”战略布局。基于各地市州资源禀赋建立重点产业目录，形成“一市一图谱”需求采集体系，通过数据挖掘技术实现项目需求的智能筛选与深度解析，实施差异化产业定位策略。

二是跨区域协同创新体系。搭建“云端+实地”双模对接平台，联合长三角、粤港澳大湾区等重点区域，建立跨省域技术转移联盟。实施“揭榜引才”计划，将人才安居保障与科研启动经费等政策资源向揭榜团队倾斜。

三是构建创新主体激励机制。发挥科技领军企业的“头雁”作用，牵头组建“政产学研金服用”七位一体创新联盟，带动上下游参与技术攻关。完善政府减税政策，开发创新型金融服务产品，鼓励社会资本增加项目投入。

四是建设完善配套支持体系。构建信息共享平台，强化服务型政府理念，建立“申报前培训—发榜中对接—揭榜后跟踪”服务链条，编制标准化申报指南并开展巡回宣讲。开发智能匹配系统，实现揭榜方资质智能评估与推荐。建立双导向筛选机制，整合需求分析模型与问题诊断系统，探索构建揭榜项目查重数据库，避免重复立项。

三、打造全国成果转化优选地

科技创新成果转化是将科学研究成果转化为实际生产力和经济效益的过程。当前，中国科技成果转化进入加速阶段。打通科技成果转化过程中的多个堵点，加快科技成果转化步伐，是破解科技与经济“两张皮”问题、培育发展新质生产力的关键，也是中国实施创新驱动发展战略、科技强国战略的重要工作，在提升国家竞争力、改善社会民生以及促进知识传播和创新生态建设等方面都具有极其重要的意义。

习近平总书记高度重视科技创新成果转化，多次在不同场合提出明确要求和重要论述。早在2014年8月，在中央财经领导小组第七次会议上，习近平总书记就要求尽快完成促进科技成果转化法的修订。[①]2019 年 5 月，在推动中部地区崛起工作座谈会上，习近平总书记指出要提高关键领域自主创新能力，创新支持政策，推动科技成果转化和产业化。[②]2020 年 8 月，在扎实推进长三角一体化发展座谈会上，习近平总书记强调要加大科技攻关力度，支持一批中小微科技型企业创新发展。[③]

目前，湖北省科技创新成果转化率已达到 67%，如何继续提高创新成果转化率，是实施科创引领战略的重要任务。

（一）建好用好科创供应链平台

科技创新供应链平台是通过整合技术、人才、金融、应用场景等创新资源，推动创新链、产业链、资金链、人才链深度融合，促进科技成果高效转化的平台。以“用”为导向，以用户为主体，深度整合创新链、产业链、资金链和人才链。激发科技服务机构活力，提升科技成果转化效能，重构科技和产业创新生态，持续推进科技创新供应链平台的扩面提质。

湖北省科技创新供应链平台目前以东湖高新区为试点，紧紧围绕“以需定供、风险共担”两大关键，按照“天网链接、地网筑基、双向融合、政策赋能”思路，加快构建要素富集、供应顺畅、配置高效的科创供应链体系。打造需求方、供给方、服务方三类用户，满足技术、金融、人才、场景四类供需匹配，链接国内外科创数据资源开发，上线 AI 匹配、科创大模型、产业智能等核心功能，实现了科技创新资源的精准对接和高效配置，技术需求方和供给方之间无形的墙已经被打

① 中共中央文献研究室编：《习近平关于全面依法治国论述摘编》，中央文献出版社 2015 年版，第 46 页。

②《习近平：贯彻新发展理念推动高质量发展　奋力开创中部地区崛起新局面》，《人民日报》2019 年 5 月 23 日。

③《习近平在扎实推进长三角一体化发展座谈会上强调　紧扣一体化和高质量抓好重点工作　推动长三角一体化发展不断取得成效》，《人民日报》2020 年 8 月 23 日。

破，让企业找资源像网购一样便捷。

天网链接，即湖北科创供应链线上信息化平台，将线下创新资源、需求采集与供需匹配线上化、模块化、标准化，集成开发形成一个数据底座、一个数字化监测展示大屏，企业、机构、政府三类用户角色，技术、人才、金融、场景四类创新应用，以及供需发布、供需对接、合约签订、撮合激励、反馈评估等N个功能模块，力争实现创新资源一网打尽、创新需求一键触发、创新供需智能匹配。

地网筑基，即“1+8+N”科创供应链企业创新需求服务联盟、“离岸创新中心 + 在岸创新中心”架构。“1+8+N”科创供应链企业创新服务联盟主要承担企业需求采集和服务“传感器”功能，构建“中心—节点—驿站”的三级企业创新服务体系，系统推进企业创新需求采集与对接。离岸创新中心主要承担大湾区创新资源“连接器”功能，并逐步拓展至长三角乃至海外等创新高地。在岸创新中心主要承担创新服务“加速器”功能，移植深圳创新理念、做法和创新生态，推进大湾区创新资源转化落地。

金融网络，即在技术对接完成后，对于部分在配套政策支持后的成熟期项目，采用市场化运作基金的形式给予支持，持续推动技术的转化应用。

配套政策包，即针对技术供需对接，按照“精准有效、务实管用、企业受益、风险共担”的原则，出台专项支持政策，助力初创、成长、成熟期不同发展阶段企业开展关键核心技术研发，提供精准服务供给。

截至2024年底，湖北省科技创新供应链平台入驻企业6.5万余家、高校院所167家、各类服务机构1700余家，完成需求对接1.2万余项，达成合作金额约110亿元。

在平台上，每一个科创需求都能得到及时响应。为提高企业科创资源对接效率，湖北科创供应链建立1天内线上确认需求、5天内线下深度对接、15天内给出初步解决方案的“1+5+15”的需求高效响应机制。

科创资源连点成线成面，平台还设立了17个市州服务节点，联合武汉市53家技术、人才、金融等服务机构，成立企业服务驿站，构建“中心—节点—驿站”三级企业创新服务网络，联合117家服务机构，组建科创供应链服务联盟，系统推进企业创新需求数据采集与匹配。

近年来，湖北科创供应链平台推动科创资源供需高效对接，加速科技成果转化。如湖北阿罗斯信息技术有限公司通过平台，成功对接湖北光谷实验室，共同研发出机/车载集成激光雷达调频连续波（FMCW）光源芯片，不仅提升了激光雷达芯片的性能和集成度，还为低空经济的发展提供了有力的技术支持。武汉希望组生物科技有限公司通过湖北科创供应链平台发布债权融资需求，并成功获得了中国农业银行湖北自贸试验区武汉片区分行的支持。武汉长盈通光电技术股份有限公司在研制高品质石英光纤传像纤产品时遇到技术难题，通过“天网”平台，仅用3天就与中国科学院西安光学精密机械研究所取得联系并展开合作，共同攻克了超大数值孔径石英光纤预制棒的设计和制备难题。

（二）做强概念验证中心

创新链分为基础研究、应用研究、概念验证、中试熟化、产业化等阶段。随着科技成果转化进入“加量、提速、增效”的新阶段，相较于之前着重建设大而全的平台，未来将更加重视各个环节的专业化，概念验证作为科技成果转化过程中的首要堵点，重要性也愈发突出。

概念验证是指对科研成果的技术可行性、商业潜力和市场应用前景等进行全方位评估，从而遴选出具有高创新力和商业价值的项目，以便将其输送至孵化培育阶段，提高科技成果转化的成功率。这一过程通常涉及对科技成果的原理或技术进行可行性研究、样品试制、性能测试以及市场竞争力分析等。为了实现这一目标，一般需要技术、产业和资本三方的资深专家对创新项目进行“技术＋商业”的多层级验证。因此，概念验证平台的建设需要依托一个或若干主体，单独设立物理空间，专门开展概念验证服务，以验证早期成果的可行性和商业价值。

概念验证中心是科技成果转化服务细分化和专业化的产物，通过构建项目挖掘、项目可行性分析、投融资对接等“一站式”服务，进一步完善科技成果转化服务链条，提供多维度的验证服务，包括原理验证、产品概念验证、技术可行性论证和商业前景验证等。概念验证中心弥补了科技成果从高校和科研院所到市场之间的空白，助力跨越科技成果转化的“死亡之谷”，确保走好“最初一公里”，降低早期风险，提升技术成熟度。

近年来，国内各地争相成为概念验证平台建设的引导者、推动者和参与者，探索建立了一批概念验证中心。湖北省首个概念验证中心于2023年4月成立。2024年，武汉市有16个概念验证中心进行备案，覆盖了生命健康、光电子信息、新能源与智能网联汽车、新材料、北斗等多个重点产业领域，依托高校、科研院所和企业等主体，为科技成果提供原理验证、原型制造、性能测试等服务，助力科技成果转化。（见表3-2）

表3-2　2024年武汉市备案的概念验证中心

序号	单位	服务领域
1	武汉科技大学	新材料
2	武汉大学	时空信息
3	武汉理工大学	新材料
4	华中科技大学科技园	生命健康
5	湖北光谷实验室	光电子信息
6	湖北先创科技有限公司	新材料
7	武汉聚华传新科技孵化有限公司	光电子信息
8	湖北江夏实验室	生命健康
9	武汉光化学技术研究院	新材料

续表

序号	单位	服务领域
10	武汉华工科技企业孵化器有限责任公司	高端装备
11	武汉经济技术开发区未来技术创新研究院	高端装备
12	武汉武大教育发展有限责任公司	光电子信息
13	华中科技大学同济医学院附属协和医院	生命健康
14	武汉新能源研究院有限公司	新能源与智能网联汽车
15	湖北广济医药科技有限公司	生命健康
16	华中科技大学同济医学院附属同济医院	生命健康

为规范湖北省概念验证中心运行管理，加快推进湖北省技术创新和科技成果转化工作，2025年2月20日，湖北省科技厅研究制定了《湖北省概念验证中心管理暂行办法》。

下一步，湖北要加强各环节融合。概念验证中心要进行源头成果收集、概念验证、中试小试、资源对接、项目培育、产业导入、技术转移等全链条环节融合，营造良好生态，促进研发产业化。

还要加强多个部门、机构相互合作。各机构要提高概念验证水平，提供原理验证、原型制造、性能测试等服务，为科技成果转化提供重要支撑。

更要因地制宜地制定和完善概念验证中心的相关政策，引导有条件的地区围绕湖北省“51020”现代产业体系和本地的资源禀赋，建立不同类型、不同导向的概念验证中心体系，并且加强跨区域合作。

（三）推进场景创新促进中心建设

场景创新促进中心通过挖掘和创造应用场景，推动科技成果与市场需求紧密结合，加速新技术、新产品的落地和迭代升级，是促进科技成果转化和新质生产力发展的重要平台。它具有以下特点：一是通过政企合作模式，整合政府的政策和制度资源优势，同时调动市场化专业服务力量；二是从场景需求的挖掘到最终的推广落地，提供全流程的创新服务；三是通过场景创新，推动新技术、新产品在实际应用中的落地，加速新质生产力的培育。

湖北省在推动场景创新方面采取了多项措施，尽管未明确成立“场景创新促进中心”，但相关功能已融入其他创新平台和政策中。如2023年7月，湖北省发展改革委公示首批数字经济典型应用场景，促进数字技术与实体经济深度融合。此次公示的150个数字经济典型应用场景，涵盖智能制造、智慧园区、电子商务、政务服务、社会治理等20多个领域。2023年12月，东湖高新区发布《推进应用场景建设三年行动方案》，提出将建成一批“光谷新场景”，作为光谷创新驱动发展、产业能级提升、智慧城市建设、数字民生服务的重要支撑，增强对全球创新要素吸引力。2024年发布的《湖北省加快未来产业发展实施方案（2024—2026年）》提出实施应用场景牵引行动，支持高校院所和科技领军企业建设早期试验场景，推动未来技术迭代突破。同时，湖北省定期遴选发布典型应用场景清单和推荐目录，组织高水平场景供需对接活动，加速新技术新产品推广。

未来湖北省有望进一步整合资源，推动场景创新工作。实现供需对接与资源匹配，为新技术、新产品提供应用场景，帮助其在真实环境中进行验证和优化。

一是开放一批政府治理场景。在智慧政务、交通治理、城市安全、城市应急、市场监管、生态治理等领域推动公共数据共享。开放一批政府应用场景，为社会提供高效便捷的数字服务。

二是挖掘一批社会民生场景。围绕社会治理，在智能网联汽车、智慧教育、智慧医疗、智慧城市、智慧养老等领域挖掘一批典型的场景，推出“AI+自主学习”、“AI+教学助手”、辅助手术机器人、护理机器人等智能场景，促进数字化社会建设。

三是打造一批产业升级场景，围绕湖北光电子信息、生物医药、高端装备制造等支柱产业智能化升级需求，重点在光芯片、汽车、高端数控机床等领域，打造一批基于自主可控的产业升级湖北场景。

四是策划一批科技创新场景。围绕湖北省未来产业，如人形机器人、量子通信等，打造一批可示范、可体验、可推广的科技使用场景样板。

五是建设一批场景服务平台。在智能芯片、智能终端、新一代网络与通信等优势特色领域，布局更多高能级别的技术创新平台。

四、构建全国创新生态新高地

（一）聚天下英才兴鄂

人才是第一资源，加快建成中部地区崛起的重要战略支点，提升支点的综合实力、核心竞争力，需要把战略人才力量作为重中之重，引进培养一大批与支点建设相匹配、相适应的高素质人才。

湖北省委、省政府高度重视人才建设。2020 年 6 月，省委人才工作领导小组印发《人才工作支持营商环境建设的具体措施》，着重从六个方面推进人才工作在营商环境建设中发挥积极作用。2021 年 8 月，湖北省出台《关于加强人才发展激励促进科技创新的若干措施》，提出 16 条措施，以人才驱动推动创新发展，加快推动科技强省建设。2024 年 5 月，省委组织部、省人力资源和社会保障厅等单位印发《关于加强新时代博士后工作的若干措施》。2024 年 11 月，省人力资源和社会保障厅等部门印发《湖北省关于加快数字人才培育支撑数字经济发展的若干措施》。

2025 年 3 月，省委办公厅、省政府办公厅印发《湖北省战略人才力量“十百千万”行动方案》。通过实施战略科学家引领、科技领军人才登峰、卓越工程师壮大、优秀青年科技人才腾飞“四大行动”，全力打造各展其能的全球高端人才集聚地，充分发挥人才在推进科技创新和产业创新深度融合中的引领驱动作用，为支点建设厚植人才新优势。

战略科学家是战略人才力量中的“关键少数”。当前全球进入大科学时代，战略科学家的重要性日益凸显。为聚焦事关国家命脉的关键领域、战略领域，集聚能够抢占世界科技最前沿、制高点的战略帅才，湖北省将依托以“国家实验室 + 全国重点实验室 + 湖北实验室 + 大科学装置”为主体的高能级科技力量矩阵，“一人一策”引进，实行顶格支持、上不封顶。

科技领军人才是科学研究、科技创新的主力军。湖北省将实施科技领军人才登峰行动。聚焦推进“61020”全链条攻关、“71020”高校创新体系建设，集聚具有卓越才能、取得突出成就，能够解决“卡脖子”技术难题的领军将才。培育方面，推动用人单位加大科技领军人才跟踪培养力度，按照 1∶1 比例给予用人单位配套经费补助；加强科技领军人才后备力量建设，每年择优推选 30 人，在平台搭建、金融赋能、宣传推介等方面，实行“精准滴灌”保障。

卓越工程师是驱动产业升级的重要力量，是发展新质生产力的重要资源。湖北省将实施卓越工程师壮大行动。聚焦做大做强“51020”先进制造业产业集群，构建体现湖北优势的现代化产业体系，培养能够突破行业急需技术的产业英才。将省卓越工程师专项由每年培养 20 人扩容至每年培养 150 人，给予每人 30 万元经费资助，支持开展工程技术项目研究。深化专项改革试点，每年新培育 100 名工程硕博士，每年遴选支持 50 个工程硕博士在企实践项目，每个项目资助 20 万元。

青年人才是战略人才力量的源头活水。湖北省将实施优秀青年科技人才腾飞行动。聚焦光电子信息、智能网联汽车、生命健康、高端装备、北斗、人工智能、量子科技、低空经济、生物育种、新能源等重点领域，数学、物理、化学、生物等基础学科，集聚专业潜力强、创新活力足、成长空间大，能够挑大梁、当主角的青年俊才。放眼全球，用好“轻舟行 · 全球英才猎聘行动”等平台资源，每年全职引进

800 名具有博士学位、STEM（科学、技术、工程、数学）专业优秀青年人才。立足本土，扩容实施省青年拔尖人才专项，每年遴选培养不少于 200 名青年拔尖人才，周期内按照每人 60 万元标准进行资助；深入推进“才聚荆楚”，大力推进以科技为支撑的创新创业；持续实施“博聚楚天”项目，实现每年新进站自然科学领域博士后 2000 人以上。

（二）推进教育、科技、人才一体化发展

党的十八大以来，中国围绕统筹教育、科技、人才进行了不懈探索，坚持把教育、科技、人才作为全面建设社会主义现代化国家的基础性、战略性支撑，明确了新时代统筹教育、科技、人才的战略地位。中央和国家部委层面出台的教育、科技、人才联动的重要文件超过 50 项。这些文件及重大举措表明我国已经具有推动一体化发展的强烈意识，三者间的内在逻辑越来越清晰，一体化发展的路径也越来越清晰。

湖北省积极跟随党中央的脚步，将教育、科技、人才的融合发展视为实现“科技强国战略支点”的核心路径。2024 年湖北教育服务发展的“精准度”、教育公共服务的“满意度”、教育综合改革的“辨识度”、教育对外交流的“开放度”持续提升。

2024 年湖北省发布的《关于统筹推进教育科技人才一体化发展的意见》明确提出，需形成“教育培养人才、人才支撑科技、科技引领教育”的良性循环机制，目标是到 2029 年构建“政策互通、资源互通、体系互通”的发展格局，2035 年全面建成教育强省、科技强省、人才强省，建成科技强国重要战略支点。这一战略定位体现了湖北省以系统思维破解“供需错配”“转化不畅”等结构性矛盾的决心。除此之外，湖北省还开展了创新体系“强核”行动，深化武汉科创中心建设，推进东湖科学城七大功能区建设，打造省域创新“金三角”格局。启动“71020”高校学科创新体系建设，服务“51020”现代产业集群。

建设“71020”高校学科创新体系是湖北省推进教育强省的战略部

署，也是教育科技人才一体推进的战略要求。目标是“创新”，发挥高校创新策源功能；基础是“学科”，做强优势特色学科；关键是“体系”，引导高校系统性重塑学科布局和结构。2025 年，湖北将以“71020”高校学科创新体系建设为驱动，在提升高校综合竞争力上取得新突破。

在建成支点的过程中，湖北省要着力破解人才培养与科技创新供需不匹配、科技创新牵引教育改革成效不显著、教育科技人才一体贯通不顺畅等结构性矛盾问题，建立教育培养人才、人才支撑科技、科技引领教育的良性循环机制，为建成中部地区重要战略支点提供坚实支撑。完善支持全面创新的机制，进一步畅通教育科技人才良性循环，推动协同发展。

建立宏观统筹协调机制。充分发挥湖北省委科技委员会在战略规划、政策措施、重大任务、资源平台等方面的统筹作用，实施常态化协商机制，加强部门间共商共研、协作联动。

完善资金投入保障机制。优化财政支出结构，统筹配置科技投入、教育投入、人才培养和发展投入，全面落实教育投入两个“只增不减”，重点支持科教融汇、产教融合领域的创新举措。构建与科技创新相适应的科技金融体制，发挥政府和国资基金作用，加强财政金融协同服务科技创新，实施资本市场建设“楚天行动”，提升科技信贷服务效能，引导投资基金投早、投小、投长期、投硬科技。

健全人才工作联动机制。完善人才激励机制，深化高校、科研院所收入分配改革，扩大工资分配自主权，健全绩效工资分配机制，继续实行自贸区高端人才专项奖励政策。改革人才评价机制，深入推进科技人才评价改革试点，建立以创新能力、质量、实效、贡献为导向的人才评价体系。完善人才流动机制，打通高校、科研院所和企业人才交流通道，优化实施专业人才智汇基层活动，推广实施“科技副总”“产业教授”项目。优化人才引进机制，精准引进急需紧缺人才。

（三）优化创新生态环境

湖北高度重视优化营商环境。2025 年 2 月 18 日，湖北省优化营商环境大会举行。会议提出推动湖北省营商环境建设再上新台阶、再上新水平，为加快建成中部地区崛起的重要战略支点营造良好发展环境。具体要打造“五大生态”。一是打造智慧赋能、高效服务的政务生态。以“高效办成一件事”为抓手，推动政务服务数字化、智能化转型，进一步优化政务服务、提升行政效能、降低企业成本。二是打造公平竞争、循环畅通的产业生态。健全完善产业政策体系、服务体系、“链长 + 链主 + 链创”工作体系，着力延链、补链、强链，塑造功能完善、高效协作的产业生态圈。三是打造才智涌流、活力迸发的创新生态。大力实施人才培育引进“十百千万”行动，完善“政产学研金服用”“北斗七星式”创新支持体系，加大科技金融发展力度，激发创新创业创造活力。四是打造功能完善、自由便利的开放生态。着力提升自贸区、综合保税区[①]等开放平台能级，完善城市经贸功能、口岸功能、生活功能，加快构建高效便捷的现代综合交通运输体系。五是打造依法办事、公正透明的法治生态。坚持和落实“两个毫不动摇”，全面实行市场准入负面清单制度，持续规范涉企执法监管行为，切实推进诚信建设，让法治成为湖北核心竞争力的重要标志。

加快建成中部地区崛起的重要战略支点，需要坚实的发展支撑，离不开优良的营商环境。营商环境就是生产力、竞争力，优化营商环境就是解放生产力、发展生产力。

1. 全周期服务，打造热带雨林式创新生态

要聚焦企业从初创到成熟壮大的全过程，丰富全周期服务举措，帮助企业解决不同发展阶段的问题，打造高效服务的政务生态和开放

① 综合保税区，以下简称“综保区”。

透明的法治生态，助力企业健康成长。

开放“破冰”“引进来”。公平是营商环境的重要特征。建立市场准入隐性壁垒季度清理机制，支持民营企业平等进入市场化经营各行业领域。通过制度创新降低系统交易成本，如全面推行“一照多址”“一业一证”改革，推进“证照分离”全覆盖，对涉企经营许可事项实行清单管理，动态调整审批权限下放至市州，不断提升企业开办便利度。

减负支持“成长好”。扎扎实实落实中央促进民营经济发展的税收、财政、融资等一揽子支持政策，帮助企业降本增效。深化“银税互动”，推动银行机构将纳税信用转化为信贷额度。探索“链式授信”模式，通过核心企业信用辐射带动上下游融资。通过设立专项资金、提供研发补贴等方式，支持鼓励企业进行技术创新和产品升级，提升竞争力。

保障无忧“留得住”。强化要素保障，持续降低用地、能源、物流成本。优化土地资源配置，着力解决民营企业厂房用地需求。加强水电气等能源供应，强化电力保障，确保企业能源供给稳定。强化用工保障，聚焦产业发展需求，加强技能人才培养，保障企业用工需求。规范涉企执法行为，加强市场监管，着力解决拖欠民营企业账款问题，维护公平有序的市场竞争环境。提供应用场景，加强对企业首台（套）重大装备、首批次关键材料、首版次软件等创新产品的推广应用。

2. 全社会参与，营造多方共建强大气场

聚焦营造利于经济长期健康发展的良好环境，促进政府、企业、高校、金融机构和中介组织等各方协同联动，打造功能完善、自由便利的开放生态，凝聚支持民营经济蓬勃发展的社会合力。

全员当好动能触点。优化营商环境没有旁观者，服务民营经济没有局外人，人人都有责任，个个都是关键变量。全省广大党员干部要当好政策措施“宣传员”，及时主动宣传党和国家关于营商环境的政策

措施；做好发展“参谋员”，为企业制定战略规划提供建议，助力企业更好地融入国家战略；当好合作“推动者”，推动企业之间、企业与政府之间在国家战略框架下的合作，实现资源共享、优势互补。

机构当好护航智脑。鼓励支持科研机构积极与民营企业合作开展技术研发和创新活动，推动科技成果转化和应用。围绕科技创新和人才培养，引导民营企业加强与高校等科研机构的合作与交流，共同培养符合市场需求的高素质人才。学习杭州等地区先进经验，发展耐心资本，加强金融产品和服务创新，加大对民营企业的信贷支持力度，提供多元化的融资渠道和金融服务。

中介当好服务桥梁。围绕行业、产业、企业需求，大力发展生产性服务业，使中介组织成为政企沟通的桥梁和民营企业市场经济活动的润滑剂。发挥行业协会、商会、律师事务所、会计师事务所等中介组织作用，积极为民营企业提供政策咨询、法律援助、财务审计等服务，精准对接需求，提升民营企业竞争力。

深度阅读

习近平:《论科技自立自强》，中央文献出版社2023年版。

中共中央文献研究室编:《习近平关于科技创新论述摘编》，中央文献出版社2016年版。

习近平:《努力成为世界主要科学中心和创新高地》，《求是》2021年第6期。

习近平:《加快建设科技强国，实现高水平科技自立自强》，《求是》2022年第9期。

习近平:《加强基础研究　实现高水平科技自立自强》，《求是》2023年第15期。

习近平:《扎实推动教育强国建设》，《求是》2023年第18期。

习近平：《朝着建成科技强国的宏伟目标奋勇前进》，《求是》2025 年第 7 期。

《习近平：坚定不移全面深化改革开放　脚踏实地推动经济社会发展》，《人民日报》2013 年 7 月 24 日。

《习近平：坚持新发展理念打好“三大攻坚战”　奋力谱写新时代湖北发展新篇章》，《人民日报》2018 年 4 月 29 日。

《习近平在湖北武汉考察时强调　把科技的命脉牢牢掌握在自己手中　不断提升我国发展独立性自主性安全性》，《人民日报》2022 年 6 月 30 日。

《习近平在湖北考察时强调　鼓足干劲奋发进取　久久为功善作善成　奋力谱写中国式现代化湖北篇章》，《人民日报》2024 年 11 月 7 日。

《湖北省人民政府办公厅关于统筹推进教育科技人才一体化发展的意见》（鄂政办发〔2024〕39 号），2024 年 8 月。

《中共湖北省委　湖北省人民政府关于加快建成中部地区崛起重要战略支点的实施意见》（鄂发〔2025〕3 号），2025 年 2 月。

中共湖北省委、省人民政府：《湖北省战略人才力量“十百千万”行动方案》，2025 年 3 月。

中共湖北省委、省人民政府：《关于实施科创引领战略　整体提升支点创新策源力的行动方案》，2025 年 3 月。

《全省加快建成中部地区崛起重要战略支点推进大会举行》，《湖北日报》2025 年 2 月 5 日。

第四章

产业倍增：挺起经济大省坚韧脊梁

产业，不仅是经济增长的引擎、创造就业的基石，还是技术创新的平台、国际竞争力的体现以及社会进步的推动者。现代化产业体系是现代化国家的物质技术基础，是实现经济现代化的重要标志。

2013 年 7 月，习近平总书记考察湖北时指出，“着力在推进经济发展方式转变和产业结构调整上取得新突破”。2024 年 11 月，习近平总书记考察湖北时强调：“坚持传统产业转型升级和培育壮大新兴产业、未来产业齐头并进，因地制宜发展新质生产力，打造更多叫得响的品牌。”

湖北要牢记习近平总书记的嘱托，坚定不移把产业发展作为支点建设的战略支撑，加快构建以先进制造业为支撑、以战略性新兴产业为引领、以现代服务业为驱动，体现湖北优势的现代化产业体系。

现代化产业体系是高质量发展的重要基础。党的二十大报告强调，要建设现代化产业体系。党的二十届三中全会围绕推进中国式现代化的核心目标，对构建现代化产业体系提出了系统性改革部署，强调通过科技创新驱动、数实深度融合、区域协同攻关、优化要素配置等实践探索，加快形成先进制造业筑基固本、战略性新兴产业聚势成链、未来产业开新拓局的现代化产业新格局，在百年变局中推动“制造大国”向“智造强国”跃升，为推进中国式现代化夯基垒台、立柱架梁。

2025 年 2 月，湖北“新春第一会”明确了重点实施七大战略、整体提升七个能力的路线图和任务书。锚定加快建成支点目标，湖北省将继续坚持以“51020”现代产业集群为重要抓手，加快构建体现湖北优势的现代化产业体系，为加快建成中部地区崛起重要战略支点夯实底盘支撑。

2025 年 3 月 28 日，湖北省委常委会审议通过了《关于实施产业倍增战略　整体提升支点产业竞争力的行动方案》。

一、推动“三线并进”转型抢滩

作为产业大省，湖北拥有加快建成支点的坚实产业支撑。湖北工业门类全国最全，是全国少数拥有 41 个工业大类的省份，66 种工业重点产品产量居全国前列；拥有四大国家级产业基地（存储器、商业航天、网络安全、新能源与智能网联汽车），4 个国家级战略性新兴产业集群（集成电路、新型显示器件、下一代信息网络、生物医药），数量居全国第一；有 16 个国家创新型产业集群，数量居全国第三。

湖北已经成为全球最大的光纤光缆生产基地、全国最大的光电子芯片研发生产基地、全国最大的中小尺寸显示面板生产基地、全国重要的商业航天基地和新能源与智能网联汽车基地。

湖北省的现代化产业体系正在加快构建。湖北省委十一届九次全会提出构建“51020”现代产业体系，以此推动产业集群化、高端化、数字化、融合化、绿色化发展，加快构建战略性新兴产业引领、先进制造业主导、现代服务业驱动的现代化产业体系。其中，5个万亿级支柱产业，指新一代信息技术（“光芯屏端网”）、汽车制造、现代化工及能源、大健康、现代农产品加工产业。10个五千亿级优势产业，指高端装备、先进材料、节能环保、现代纺织、绿色建材、低碳冶金、现代金融、现代物流、研发设计和科技服务、商务服务产业。20个千亿级特色产业集群，指新能源与智能网联汽车、新能源、北斗及应用、航空航天、高技术船舶与海洋工程装备、高端数控装备、轨道交通装备、智能制造装备、智能家电、安全应急10个先进制造业集群，以及光通信及激光、集成电路、新型显示、智能终端、信息网络、软件及信息服务、人工智能、电子信息材料、生物医药及医疗器械、数字创意10个战略性新兴产业集群。

截至2024年底，“光芯屏端网”、汽车制造与服务、大健康3个产业集群产值达到万亿级规模，19个重点产业产值达到千亿级，以实体经济为支柱的“51020”现代化产业体系加快构建，全省产业体系建设正加速长出现代化“骨架”。

加快建成支点，要打造“51020”现代产业集群升级版。新增2～3个万亿级支柱产业，加快培育新质生产力。要在做大规模上狠下功夫。着力培育壮大领军企业、龙头企业，打造企业“雁阵”梯队。加强重大产业项目谋划布局，精准招引一批能级高、牵引强的重大项目。要在提升产业整体效能上狠下功夫。加快推进传统产业转型升级、新兴产业培育壮大、未来产业前瞻布局“三线并进”，推动中小微企业“智改数转”。要在链群协同上狠下功夫。树牢集群发展意识，更好发挥“链长＋链主＋链创”三链融合机制作用，推动上下游协同、大中小企业融通，实现产业从“点的突破”“链的协同”到“群的跃升”。要在融合赋能上狠下功夫。坚持以科技创新引领产业创新，完善体制机制，加速推动科技成果高质量转化，打通从科技强到产业强、经济强的通道。要在强化产业支撑上狠下功夫。夯实现代化基础设施体系硬支撑、供应链体系新支撑、产业发展空间强支撑，不断塑造产业集群发展新优势。要在优化发展环境上狠下功夫。各产业链牵头部门要健全完善工作机制，强化政策保障，加强监督考核，清单化推动任务落地见效。

（一）传统产业焕新：激活存量大动能

湖北是中国近代工业文明的发祥地之一，也是国家老工业基地、制造业重地。工业门类齐全，是全国少数拥有全部工业大类的省份之一，主要工业产品 2000 多种。汽车、冶金、化工、机械制造、纺织等传统产业占工业总量的 80%。这些产业不仅历史悠久，而且基础雄厚，是推动湖北经济持续发展的重要力量。同时，湖北也面对着设备老化、成本攀升等挑战，必须加快传统产业转型升级，大力实施技改提能，推动传统产业高端化、智能化、绿色化升级改造。

1. 智能化改造

对于汽车、钢铁、化工、纺织食品、建材等主流传统产业，要进行智能化改造和数字化转型，以“智改数转”破除传统路径的依赖。针对设备老化、工艺迭代滞后等痛点，构建“标准牵引—平台支撑—标杆示范”推进体系。分行业出台智能制造能力成熟度评估标准，建立涵盖设备互联率、数据采集密度、系统集成度的三级评价指标，为汽车、冶金等十大行业提供改造基准。打造省级工业互联网平台，集成制造执行系统（MES）、数字孪生等通用模块，开发轻量化改造工具包，使企业通过“菜单式选购”实现低成本技改。设立设备换新专项贴息贷款，对采购工业机器人、智能检测设备的企业给予购置补贴；建立“智改数转”服务商分级认证制度，引进智能化改造头部服务商提供“诊断—实施—运维”全周期服务。

2. 数字化转型

以国家级和省级中小企业数字化转型城市试点工作为抓手，落实《湖北省数字化赋能中小企业转型行动方案（2023—2025年）》《湖北省制造业数字化转型行动方案（2024—2027年）》，充分发挥总规模100亿元的省数字经济产业基金作用，设立5亿元数字经济专项资金，设立中小企业数字化转型专项贷款，发放企业上云服务券，遴选云服务提供商，建设企业数字化转型工作站，构建企业数字化转型“评估—诊断—实施—验收—补贴”全流程服务机制，切实激发中小企业数字化转型的内生动力，推动传统产业稳步转型升级。

3. 绿色化发展

围绕“双碳”目标，构建“技术替代—循环利用—制度创新”三位一体解决方案，支持企业节能降碳技术改造。在钢铁行业推广氢基竖炉、全氧燃烧技术，化工领域实施磷石膏无害化处理及分子筛吸附工艺，推动重点行业单位产值能耗下降。建设跨园区物料交换网络，建立废钢、废铝等再生资源交易平台，配套智能分拣中心和逆向物流系统，提升资源综合利用率。试点用能权跨区域交易，允许传统产业密集地区向新兴产业集聚区转让能耗指标，转让收益专项用于绿色技改；推行环评审批“预审代办”制度，建立行业环境准入正面清单。

（二）新兴产业育强：竞逐发展主赛道

战略性新兴产业是以重大技术突破和重大发展需求为基础，对经济社会全局和长远发展具有重大引领带动作用，知识技术密集、物质资源消耗少、成长潜力大、综合效益好的产业。国家高度重视培育和发展战略性新兴产业。2010年10月，国务院颁布了《关于加快培育和发展战略性新兴产业的决定》，提出了加快培育和发展战略性新兴产业的目标、重点任务和重大措施。湖北也高度重视战略性新兴产业发展，相继出台了《湖北省战略性新兴产业发展“十二五”规划》《湖北省战略性新兴产业发展“十三五”规划》《湖北省战略性新兴产业发展“十四五”规划》。其中，《湖北省战略性新兴产业发展“十四五”规划》部署了湖北要大力发展新一代信息技术、大健康、高端装备、先进材料、新能源、新能源与智能网联汽车、节能环保、数字创意及科技服务 8 个重点领域的 37 个细分行业。

1. 深入实施“人工智能 +”行动

人工智能是一个集大成的领域，专注于运用计算机程序和算法来模拟与扩展人类的智能行为。人工智能是新一轮科技革命和产业变革的重要驱动力量。2023 年，湖北省制造强省建设领导小组印发《湖北省推进人工智能产业发展三年行动方案（2023—2025 年）》。近几年，湖北武汉先后获批国家新一代人工智能创新发展试验区、国家人工智能创新应用先导区等“国字号”应用基地，建设起人工智能计算中心和超算中心“双中心”，成立了武汉人工智能研究院、北京大学武汉人工智能研究院、武汉市数字经济发展研究院等一批新型研发机构，构建了人工智能产业发展的多维优势。但与广东、浙江、北京、上海、江苏等发达地区相比，湖北人工智能产业规模不大，仍有较大的差距和发展空间。

一要加快发展人工智能新兴产业。湖北要以三大区域载体为先导引领，推动“光谷”（武汉东湖新技术开发区）、“车谷”（武汉经济技术开发区）、“网谷”（武汉临空港经济技术开发区）“三谷融通”，统筹产业优势和科教资源，完善创新发展机制，增强协同创新发展能力，打造世界级产业集群。

二要加强关键技术创新研究。以突破人工智能基础机理、模型和算法瓶颈为重点，布局开展人工智能前沿与应用基础理论研究；在多模态大模型、自然语言处理、视听觉信息智能识别、自动驾驶等重点领域开展研究。

三要实施智能产品转化应用。着力开发智能软件、数控产品、智能芯片和传感器、智能运载工具、智能机器人、智慧医疗装备、智慧教育终端七大智能产品。

四要加快推进场景应用。推进智慧交通、智能制造、智慧医疗、智慧教育、智慧文旅等领域场景建设，提升养老、家政等社会服务的智能化、数字化水平。

2. 聚焦光电子信息核心，打造世界级新兴产业引领地

光电子信息产业是应用广泛的战略性新兴产业。光电子信息产业是湖北省突破性发展的五大优势产业之一，也是重点打造的特色优势产业和高技术产业。30 多年来，东湖高新区不断聚“光”成“链”、集“链”成“群”，实现了“独树一帜”的跨越发展。目前，东湖高新区光电子信息世界级产业集群竞争力不断增强，成为我国参与全球光电子信息产业竞争的主力军，已建成全球领先的光纤光缆生产基地，全国领先的光电器件生产基地、中小尺寸显示面板研发生产基地、激光产业基地。2022 年，武汉光电子信息产业集群被工信部评定为国家先进制造业集群。

党的十八大以来，习近平总书记多次到东湖高新区考察。2022 年 6 月，习近平总书记考察光谷时，指出湖北武汉东湖新技术开发区在光电子信息产业领域独树一帜，要加强技术研发攻关，掌握更多具有自主知识产权的核心技术，不断延伸创新链、完善产业链，为推动我国光电子信息产业加快发展作出更大贡献。①

推动光电子信息核心领域率先突破。紧跟全球光电子产业发展趋

①《习近平在湖北武汉考察时强调　把科技的命脉牢牢掌握在自己手中　不断提升我国发展独立性自主性安全性》，《人民日报》2022 年 6 月 30 日。

势，重点发力存储器芯片、三维集成、化合物半导体和硅光芯片等关键技术攻关。强化光纤光缆领跑优势，加强光纤光缆、光芯片、光模块和光器件研发。做强新型显示面板，打造全国新型显示器件先进制造高地。巩固激光加工设备发展优势，大力发展中高端激光设备及系统。

打造世界级光电子信息产业链条。发挥光电子信息核心领域引领带动作用，加快培育和完善集成电路、光通信、新型显示、激光、光电传感、智能终端、软件及信息服务、数字健康、新能源与智能网联汽车、数字建造等细分产业链条，汇聚形成具有全球竞争力的光电子信息产业链。

以头部企业打造创新型产业集群。光通信领域，依托中国信息科技通信集团、长飞光纤光缆股份有限公司、武汉华工正源光子技术有限公司、华为技术有限公司武汉研究所等龙头企业，加强超大带宽、超低时延光纤光缆及海光缆、特种光缆等热点应用光纤光缆产品技术研究，进一步巩固湖北光通信产业全国领先地位，打造世界一流的光通信产业高地。激光领域，依托武汉华工激光工程有限责任公司、武汉锐科光纤激光技术股份有限公司、武汉帝尔激光科技有限公司等龙头企业，加强高功率超快激光器、光纤激光器等产品研发，建设国内领先、具备全球竞争力的激光产业基地。集成电路领域，依托武汉新芯集成电路制造有限公司、武汉高德红外股份有限公司、武汉光迅科技有限公司等龙头企业，以及湖北江城实验室等创新平台，形成以芯片制造为引领，芯片设计、封装测试为支撑，设备、材料为配套的较为完善的集成电路产业链。

（三）未来产业布局：抢滩战略制高点

未来产业是由前沿技术驱动，当前处于孕育萌发阶段或产业化初期，具有显著战略性、引领性、颠覆性和不确定性的前瞻性新兴产业。大力发展未来产业，是引领科技进步、带动产业升级、培育新质生产力的战略选择。

2024 年 1 月 29 日，工业和信息化部（简称“工信部”）等七部门印发《关于推动未来产业创新发展的实施意见》。该意见提出，要把握全球科技创新和产业发展趋势，重点推进未来制造、未来信息、未来材料、未来能源、未来空间和未来健康六大方向产业发展。

知识链接

工信部公布的六个未来产业

未来制造。发展智能制造、生物制造、纳米制造、激光制造、循环制造，突破智能控制、智能传感、模拟仿真等关键核心技术，推广柔性制造、共享制造等模式，推动工业互联网、工业元宇宙等的发展。

未来信息。推动下一代移动通信、卫星互联网、量子信息等技术产业化应用，加快量子、光子等计算技术创新突破，加速类脑智能、群体智能、大模型等深度赋能，加速培育智能产业。

未来材料。推动有色金属、化工、无机非金属等先进基础材料升级，发展高性能碳纤维、先进半导体等关键战略材料，加快超导材料等前沿新材料创新应用。

未来能源。聚焦核能、核聚变、氢能、生物质能等重点领域，打造“采集—存储—运输—应用”全链条的未来能源装备体系。研发新型晶硅太阳能电池、薄膜太阳能电池等高效太阳能电池及相关电子专用设备，加快发展新型储能，推动能源电子产业融合升级。

未来空间。聚焦空天、深海、深地等领域，研制载人航天、探月探火、卫星导航、临空无人系统、先进高效航空器等高端装备，加快深海潜水器、深海作业装备、深海搜救探测设备、深海智能无人平台等研制及创新应用，推动深地资源探采、城市地下空间开发利用、极地探测与作业等领域装备研制。

未来健康。加快细胞和基因技术、合成生物、生物育种等前沿技术产业化，推动 5G、6G、元宇宙、人工智能等技术赋能新型医疗服务，研发融合数字孪生、脑机交互等先进技术的高端医疗装备和健康用品。

2024年6月，湖北根据工信部发布的六个未来产业部署以及湖北省科技产业的优势，发布《湖北省加快未来产业发展实施方案（2024—2026年）》，提出湖北将以创新为动力，以场景应用为牵引，以企业为主体，以“未来技术学院—未来产业科技园—未来产业先导区”为载体，构建“新技术突破—新场景应用—新物种涌现—新赛道爆发”的未来产业生态，建设具有全国影响力的未来产业发展高地，为湖北加快建成中部地区崛起重要战略支点提供新的科技和产业支撑。

该实施方案提出，到2026年，未来产业技术创新、企业培育、产业发展、载体建设等取得突破性进展，将组织100项原创性、颠覆性技术攻关，培育100个引领性、创新性产品，制定100项关键标准和规范，打造100个标志性应用场景，发展壮大100家科技领军企业和创新型龙头企业，建设10家未来产业科技园和未来产业先导区，未来产业总体规模达到1000亿元。

为实现未来产业加快发展，首先要围绕工信部发布的六个未来产业培育重点领域，其次要实施六大行动，即颠覆性技术策源行动、应用场景牵引行动、未来产业企业培育行动、未来产业先导区建设行动、未来产业人才引育行动、未来产业生态营造行动。

二、促进“三链融合”聚链成群

习近平总书记考察湖北时要求，湖北“在推进科技创新和产业创新上开拓进取”①。2024年中央经济工作会议提出要“推动科技创新和产业创新融合发展”。2025年全国两会期间，习近平总书记在参加江苏代表团审议时指出，要“让创新链和产业链无缝对接”②。

①《习近平在湖北考察时强调　鼓足干劲奋发进取　久久为功善作善成　奋力谱写中国式现代化湖北篇章》，《人民日报》2024年11月7日。

②《习近平在参加江苏代表团审议时强调　经济大省要挑大梁为全国发展大局作贡献》，《人民日报》2025年3月6日。

在全球产业链深度调整背景下，湖北作为国家战略腹地，必须深刻把握创新驱动发展战略要求，既要筑牢技术攻关阵地，更要提升产业链整体效能，着力打通阻碍创新链、产业链无缝对接的堵点，在技术攻关、集群发展、“三链融合”方面再下力气，助推湖北现代化产业攀高向新。

（一）实施重点领域和关键环节技术突破

核心技术突破是产业链现代化的“咽喉要道”，更是湖北建设制造强省的关键动能。面对仍存在的“卡脖子”技术等现实瓶颈，必须进一步强化科技攻关，实施科技创新与产业创新融合工程，打破“产学研用”之间的制度壁垒，让创新要素在产业链上自由流动、高效配置，增强产业发展动力。

1. 推进创新能级跃升

重构“国家级—省级—企业级”三级创新载体矩阵，重点支持链主企业牵头组建光电集成、智能网联等 5 家省级制造业创新中心，力争突破性创建国家光电子产业创新中心等“国字号”平台。推动武汉光电国家研究中心等重大设施向产业链开放共享，建立创新平台与科创供应链平台“双向揭榜”机制。依托武汉大学、华中科技大学等组建专家委员会，分产业绘制核心技术攻关路线图，重点突破智能网联汽车操作系统、工业软件等领域瓶颈。启动规上工业企业研发机构“倍增计划”，实行“一企一策”精准培育，力争建有率突破 50%、总数过万家，3 年实现研发活动全覆盖，打造长江中游企业研发总部集聚区。

2. 强化技术协同攻坚

争取承担工业母机、智能制造系统和机器人、新材料、移动信息网络等国家科技重大专项，聚焦高端芯片、关键设备、基础原材料、基础软件等领域，突破存储芯片、超高速光收发模块专用芯片、功率半导体芯片、传感芯片、光纤传感网络用特种光芯片与器件、OLED有机发光材料、超快激光器种子源、工业基础软件等一批产业关键核心技术，加快推动关键核心技术攻关。建立“国家重大专项＋省级重点研发＋企业揭榜攻关”三位一体研发体系，每年实施40个左右省级“揭榜挂帅”的技术攻关项目。强化企业科技创新主体地位，制定创新型中小企业、“瞪羚”企业、独角兽企业等优质企业培育方案，力争独角兽企业创新发展大会、全球独角兽企业大会落地武汉。创新“技术攻关＋金融赋能”协同模式，持续推进技术创新专项贷，支持企业研发创新和技术改造。

3. 打通成果转化闭环

制定《省级制造业中试平台培育建设工作指引》，建设若干个省级制造业中试平台，力争国家制造业中试平台在鄂布局，在武汉建设科技成果转化加速器集群，集成概念验证、小试中试、检测认证等功能模块。持续选派“科技副总”服务企业创新，分批次组织企业入驻湖北科创供应链平台。发布《湖北省创新产品应用示范推荐目录》，选择推广若干项先进适用技术、创新产品。制定首台（套）重大技术装备支持政策，发布一批省级首台（套）重大装备目录，持续做好首台（套）重大技术装备保险补偿工作，推动首版次软件产品独立研发政策落地，让更多科技成果走出实验室、走向生产线。

（二）壮大产业集群

产业集群是指在特定地理区域内，围绕某一主导产业或产业链，集聚大量上下游企业、配套服务机构、科研平台等主体，通过专业化分工、资源共享和创新协同形成的紧密关联、相互依存的产业生态系统。它不仅是企业的空间聚集，更是技术、资本、人才等要素的有机整合，具有共生共赢的特征。壮大产业集群是推动区域经济高质量发展的重要战略，其核心价值在于通过资源整合、协同创新和生态构建，将生产要素重新组合为“创新共同体”，形成“1+1 ＞ 2”的聚合效应。

1. 加快创新型产业集群培育发展

创新型产业集群是区域经济社会发展的有力支撑。湖北高度重视国家创新型产业集群发展。2025 年《湖北省创新型产业集群管理办法》出台，对产业集群的申报条件、职责分工、绩效评价等方面作出了明确规定，旨在加速推进湖北省创新型产业集群培育建设，初步形成国家级、省级创新型产业集群梯次培育建设体系。

截至 2025 年 3 月，湖北共有国家创新型产业集群 16 家（见表 4–1），总数位列全国第三、中部第一，涵盖电子信息、航空航天、汽车、节能环保、纺织、新材料、生物医药、智能制造装备等多个产业领域。省级创新型产业集群聚焦汽车制造、高端装备制造、电子信息、大健康、现代化工、新能源、高端纸基材料、低碳冶金、硒产业等行业产业，集聚企业 7655 家。2024 年，湖北省级创新型产业集群实现营业收入逾 13706 亿元。

表 4–1　湖北省国家创新型产业集群

序号	产业集群名称	批准年度
1	武汉东湖高新区国家地球空间信息及应用服务创新型产业集群	2013
2	十堰商用车及部件创新型产业集群	2014
3	襄阳新能源汽车创新型产业集群	2017
4	荆门城市矿产资源循环利用创新型产业集群	2017
5	咸宁高新区智能机电创新型产业集群	2017
6	天门生物医药产业集群	2017
7	黄石先进电子元器件国家创新型产业集群	2021
8	随州移动应急装备创新型产业集群	2021

续表

序号	产业集群名称	批准年度
9	仙桃高新区非织造布创新型产业集群	2021
10	孝感高新技术产业开发区高端装备制造创新型产业集群	2021
11	武汉东湖高新区新型电子元器件及设备制造创新型产业集群	2022
12	襄阳航空装备制造创新型产业集群	2022
13	黄石大冶湖高新区高效节能装备制造创新型产业集群	2022
14	荆州高新区重大成套设备制造创新型产业集群	2022
15	孝感高新区（应城）生物农业创新型产业集群	2022
16	咸宁高新区先进无机非金属材料创新型产业集群	2022

各集群依托区域优势，因地制宜，做强产业链、优化价值链、提升创新链，依托龙头企业，实现组团发展。集群提高了上下游企业的配套能力，充分利用企业之间的优势互补，使集群产业结构更加科学、合理。如荆门高新区动力储能电池产业集群通过荆门市格林美新材料有限公司、湖北亿纬动力有限公司等 28 家龙头企业的组团带动，构成涵盖循环再造三元前驱体原料、锂盐、正极材料等领域，关联其他生产、服务企业近 120 家。集群还依托基础优势，突出特色发展，充分发挥头部企业在技术创新、品牌建设、市场开拓等方面的引领作用，促进大中小企业集群化发展，加速形成全产业链条和产业生态。如宜昌生物医药集群依托本土龙头企业人福医药集团股份有限公司、湖北安琪生物集团有限公司等的带动作用，重点招引上下游关联企业落户宜昌，实现本土产业发展闭环。

2. 争创国家先进制造业集群

发展先进制造业集群，是我国推动产业迈向中高端、提升产业链供应链韧性和安全水平的重要抓手。自 2019 年起，工信部开始实施先进制造业集群发展专项行动，通过集群竞赛的方式，在全国范围内遴选出具有较强竞争力和影响力的先进制造业集群。2022 年公布了 45 个国家先进制造业集群，2024 年公布了 35 个先进制造业集群竞赛胜出集群名单，截至 2024 年 12 月，一共是 80 个。

从省市分布来看，80 个先进制造业集群分布在 25 个省份。其中，江苏累计 14 个集群入选“国家队”，总数第一；广东和浙江并列第二，均有 8 个集群；北京、河北、山东并列第三，均有 6 个集群。湖北有两个集群，一个是武汉光电子信息集群，另一个是“武襄十随”汽车产业集群。中部地区的湖南有 5 个，江西有 3 个，河南有 2 个，安徽有 2 个。

从产业分布来看，80 个国家先进制造业集群中，高端装备领域集群数量最多，为 29 个，占比 36.25%，包括长三角（含江西）大飞机集群、京津冀安全应急装备集群、浙东工业母机集群等；其次是新一代信息技术领域，拥有 16 个集群，占比 20%，包括京津冀新一代信息技术应用创新集群、北京海淀人工智能集群等；原材料领域集群数量为 15 个，占比 18.75%，包括包头稀土新材料集群、鹰饶抚昌铜基新材料集群等。

在未来支点建设中，还需要进一步提升湖北在汽车制造、光通信、高端装备、北斗及应用等重点领域和关键环节的全球影响力，提高在全球价值链分工中的地位，打造全国重要的先进制造业基地。要聚焦工业母机、光电子、现代化工等优势领域，坚持省市县联动，加强对上争取，打好国家先进制造业集群创建翻身仗。还要实施先进制造业集群跃升计划，按照“一集群一策”原则推进现代化工、北斗导航等五大领域国家级集群创建，加快布局建设武汉、十堰等中部地区工业母机备份基地。另外，对接国家制造业重点产业链高质量发展行动，实施一批国家级、省级产业基础能力提升标志性重大项目，推动全省制造业向价值链高端迈进。

知识链接

他山之石：浙东工业母机产业集群

近年来，浙东工业母机产业凭借完整的产业链和显著的集聚效应，成为全国工业母机发展的重要引擎。台州、宁波、杭州、嘉兴等地现已集聚了数千家数控机床企业，形成了整机及电主轴、滚珠丝杆、直线导轨等零部件企业协作共生的产业生态体系。2023 年，浙江工业母机实现产值 1023.6 亿元，占全国总产值的 27.75%，居国内领先地位。浙东工业母机产业在区域内形成了各有侧重的发展格局：台州依托民营经济，以数控机床、专用机床及工量刃具为核心，集聚了浙江海德曼智能装备股份有限公司、浙江杰克机床股份有限公司等 2000 多家企业，构建高密度产业链；宁波专注于中高端工业母机及关键零部件制造，确立了以减材制造、等材制造为核心，增材制造为补充的发展格局；嘉兴通过引入国际龙头企业，带动区域整体提升，打造了数控机床整机和核心零部件的生产中心；杭州则以数实融合和创新驱动为导向，推动产业向新型工业化迈进。这一分工协作模式，使浙东区域在整机、核心零部件及相关配套产业的协同发展上形成显著优势，大幅提升了整体产业竞争力。

（三）抓好“三链融合”

“三链融合”的本质是重构产业治理的底层逻辑。2023 年，湖北印发《关于进一步深化制造业重点产业链链长制实施方案》。“链长 + 链主 + 链创”是对“链长制”的提标提质。该实施方案明确指出，在算力与大数据、人工智能等 8 个产业实施链长领导协调、链主导航引领、链创协同攻关的“链长 + 链主 + 链创”融合工作机制，推动“链长制”工作走深走实、提标提质，促进产业加快发展。其中，链长领导协调采取“七个一”工作模式，即一个产业、一位省领导、一个牵头部门、一支专家团队、一个行动方案、一套支持政策、一个工作专班。链主企业选取产业链上产业生态主导作用强的领航企业担任。“链创”以省内外重点实验室、产业创新联盟、高校院校、创新中心等研究机构为依托，围绕“730目标”① 和“三链融合”工作机制，实施协同创新、集聚集约发展、市场主体培育、补链强链、开放合作、产融合作六大行动，攻克一批“卡脖子”关键技术、打造一批产业链龙头企业、落地一批标志性重大项目。

湖北省以“三链融合”促进产业体系建设，在新能源汽车产业链方面，通过链长破局、链主突围、链创赋能，突破“卡脖子”难题。如武汉理工大学与东风汽车集团有限公司共建“新能源与智能网联汽车研究院”，研发固态电池技术，将固态电池能量密度提升至400瓦时/千克；跨界引入小米集团、湖北亿咖通科技有限公司等科技企业，开发智能座舱操作系统，推动“软件定义汽车”的深度转型。再如2024年东风汽车销售新能源汽车86万辆，同比增长64%，高于行业29个百分点，“车谷”集聚零部件企业超500家，智能网联汽车产业规模达千亿级。下一步，将总结发挥“三链融合”经验，进一步深化融合机制，推动更多产业链提质增效发展。

1. 深化“链长制”改革

湖北落实“七个一”工作模式，由分管副省长领衔量子科技产业链，组建战略咨询委员会。建立产业链发展“双清单”制度，每年发布重点任务清单、问题破解清单。借鉴安徽“群长制”破解跨链协同难题做法，在襄阳新能源汽车产业示范区试点“链长+群长”双轨制，破解汽车与电子信息跨链协同难题。将产业链本地配套率、断链风险处置时效等指标纳入市县高质量发展考核。

① “730”目标，即全省制造业产值达到7万亿元，制造业增加值占地区生产总值比重稳定在30%左右，制造业在全省经济社会发展中的支撑地位进一步巩固，初步建成制造强国高地。

2. 强化链主企业培育

明确链主企业技术扩散、生态构建等六大主体责任。实施链主企业“四个一”工程（建设一个创新平台、带动一批配套企业、制定一项行业标准、培育一个知名品牌），开展产业链认证试点。发挥链主企业引领作用，吸引更多上下游企业集聚，推动湖北汽车产业延链、补链、强链，助力湖北加快打造全国重要的新能源与智能网联汽车创新中心和生产基地。建立链主企业“白名单”制度，对入围企业给予用地用能等指标倾斜。

3. 完善链创生态建设

深入推进教育、科技、人才一体化改革，探索构建“产学研用”一体化机制。建立以“用”为导向的科技创新供应链平台，促进产业链、创新链、资金链、人才链“四链融合”。做好链主出题、链创答题，推动武汉大学、华中科技大学等高校与民企共建中试基地，实施“揭榜挂帅”项目，加速科技成果从实验室走向生产线。在武汉经济技术开发区创建国家级中试基地，探索“研发在高校、中试在基地、量产在园区”接力模式。

三、形成世界一流企业“雁阵”梯队

世界一流产业必须有世界一流企业梯队。现代化经济体系是一个有机整体，既要有领军企业、龙头企业这样的参天大树，也要有广大中小企业万木竞秀；既要有“大象军团”，也要有“蚂蚁雄兵”。2024年，湖北6家地方国企进入中国企业500强；高新技术企业达到3万家，高技术制造业增加值比2023年增长22.7%，科技型中小企业达到4.5万家，连续4年保持20%以上的增长；经营主体连续4年每年新增百万户以上。企业“雁阵”梯度雏形已现，形成了大企业顶天立地、中小企业遍地开花的发展局面。未来，湖北仍需进一步锚定目标、夯实底盘、奋勇争先，大力实施“头雁＋强雁＋提雁”工程，构建完善的现代化产业体系，加速实现从产业大省向产业强省的跨越，为中部崛起提供硬核产业支撑。

（一）实施“头雁”工程，万亿先锋向高而攀

产业发展中，“头雁”起到定方向、强带动的作用。头雁强，雁阵才能飞得更高更远。因此，着力培育壮大领军企业、龙头企业，打造企业“雁阵”梯队，是形成现代化产业体系的重要支点。湖北省产业发展要大力实施“头雁”工程，增强产业带动作用，推动中国信科、东风汽车等企业加快发展，通过技术突破、产业链协同、政策创新和区域联动，推动“光芯屏端网”和汽车产业向高端化、智能化、全球化迈进，打造全国重要的新能源与智能网联汽车创新中心和生产基地，推动“中国车谷”加速迈向“世界车谷”。2025 年起，未来 3 年内力争打造 10 家千亿级的制造业企业、20 家 500 亿级的制造业企业、60 家百亿级的制造业企业。

首先，要支持技术攻坚。发展新质生产力关键是要进一步强化科技与产业的深度融合，即必须加强以原创性、颠覆性科技创新推动现代化产业体系建设。针对光通信、新能源汽车、高端装备等支柱产业链，设立“头雁技术攻坚专项基金”，重点支持高精度光纤预制棒、车规级芯片、工业母机等“卡脖子”技术研发，对突破国际技术封锁的项目给予研发费用补贴。支持龙头企业联合武汉大学、华中科技大学等高校，在光谷等创新高地建设跨区域联合实验室；鼓励企业设立海外研发中心，对引进国际顶尖人才或团队的企业给予引智奖励。完善知识产权保护，建立专利快速审查通道，进一步缩短光电子、新能源等领域发明专利审查周期；组建知识产权维权联盟，维护企业自主创

新生态。

其次，要支持产业提能。在推进智能化改造升级中，鼓励“头雁”企业带头开展智能化改造，对龙头企业建设工业互联网平台、数字孪生车间等智能化项目，按投资额一定比例给予补贴。推进绿色化转型示范，在钢铁、化工等传统行业打造“零碳工厂”标杆，对减排达到一定标准的改造项目，按减排量给予奖励。还要提高产业外向度，支持企业面向全球市场需求，加强品牌推广，完善企业出海营销体系，利用武汉东湖综保区通道多渠道扩大汽车出口，提升海外产品覆盖率和国际市场竞争力；建立跨境物流补贴机制，降低国际供应链成本。

最后，要支持链式协同。梳理绘制新能源与智能网联汽车产业链图谱，精准开展上门招商、以商招商，推动上下游协同、大中小企业融通、产供销联动，提升产业链供应链韧性和安全水平。制定产业链强链、补链清单，对采购本地中小企业产品的“头雁”企业给予奖励。

湖北将围绕打造万亿级产业集群构建链主生态圈，由龙头企业牵头组建光电子信息、新能源与智能网联汽车等10个产业链联盟，推动配套企业入驻供应链协同平台，实现研发、采购、生产全流程数据实时共享，提高产业链整体协同性和竞争力。

同时，建立“链式技改联动机制”，发挥链主企业作用，带动产业链上下游企业同步转型升级，进一步联动湖北省内资源。如襄阳聚焦半导体与电子元器件，“宜荆荆”发展电子材料，潜江配套化工材料，形成“一核多极”产业带格局。在武汉、襄阳等产业集聚区试点“链主+园区”共建模式，龙头企业主导园区规划，政府配套产业基金，形成研发在龙头、制造在园区、配套在县域的协同网络。

（二）实施“强雁”工程，千亿主力强筋壮骨

打造产业体系、建设产业集群，旨在引导资源集中、发挥集聚效应、形成规模经济。湖北产业集群要形成聚合力、聚变力、核心竞争

力，既要优选“领头羊”，也要配强“主力军”。当前，一大批“主力军”向千亿级产业发起冲刺，目标是建成10个五千亿级优势产业、20个千亿级特色产业集群，成为湖北产业体系多元化的坚固基石。要坚持聚焦“专精特新—单项冠军—高新技术”三大赛道，通过靶向培育、要素保障、创新驱动三管齐下，力争未来3年单项冠军企业达到100家，国家级专精特新企业达到10000家，夯实产业中坚力量。

首先，实现靶向培育跃升。制定专精特新企业培育计划，构建“中小创新型—专精特新—单项冠军”培育链条。依托省级近6000家专精特新企业、700多家国家级“小巨人”企业，分层建立动态培育库，推动企业从中小创新型向专精特新跃升，再向单项冠军冲刺。

跃升过程中，要瞄准细分领域深耕，借鉴潜江小龙虾、随州香菇等县域特色产业集群经验，在光电子、新能源、新材料等领域培育“隐形冠军”。培育未来产业潜力赛道上，加快量子科技、人形机器人、6G等前沿领域布局，推动“天问”“神农”等人形机器人商业化应用，将工业机器人减速器、生物医用材料等“强雁”产品纳入政府采购目录，在重大项目中预留采购份额，打造专精特新赛道的新增长极。

其次，实现要素保障赋能。在企业突破性发展的关键阶段，必须给予充足、优惠的要素资源，全力保障企业发展所需。在人才方面，实施“强雁工程师共享计划”，通过省级人才服务平台，实现关键研发人才、高级工程师在企业、院校、科研机构之间自由流动、才智共享；鼓励企业引进省级急需紧缺人才，对他们给予人才补贴。在用地方面，推行“标准地 + 承诺制”改革，对单项冠军企业项目用地实行“拿地即开工”；因地制宜推广“工业上楼”，提升土地集约利用率。在资金方面，设立“专精特新贷”，对获得国家级认定的企业提供贴息贷款；推行“专利贷”“订单贷”等创新产品，允许以未来应收账款、知识产权质押融资。

最后，实现强化创新驱动。要集聚创新资源、提升创新能力、营造创新生态，激活企业发展内生动力。如建设创新联合体，支持各行业领域组建“强雁创新联合体”，政府给予配套资金；建立科技成果转化收益分配机制；进一步改革职称评审政策，允许专精特新企业急需紧缺人才通过举荐直接申报高级职称，大力吸引战略科学家、卓越工程师等以各种形式加入专精特新企业的研发团队；加大研发税收激励，提高制造业企业研发费用加计扣除比例，对研发投入强度靠前的单项冠军企业，再给予地方留存税收返还。

（三）实施“提雁”工程：产业倍增夯实底盘

“不能只见金字塔尖，而不构建金字塔底。”产业发展不能只注重“头雁”的带动，还必须依靠“群雁”的大力支撑。在“头雁”的引领作用下，必须有“群雁”的合力协同，才能支撑起现代化产业体系的“底盘”。湖北要突出前瞻性、精准性、有效性，支持有条件的市州打造 1 ～ 2 个千亿元级的产业，重点县市形成 1 ～ 2 个百亿元级的产业，培育 2 ～ 3 个产值过千亿元的工业强县，通过完善链条、营造生态、优化布局三措并举，奋力跑出产业倍增的速度，推动支点建设根基稳固。

首先，完善培育链条。要构建县域产业成长阶梯，制定县域企业梯度培育方案，按照“初创企业（规下）—规上企业—专精特新—上市企业”四级制定成长路线图，对企业给予奖补和全成长周期服务。发展特色产业集群，编制县域产业定位清单，支持襄阳聚焦新能源汽车零部件、宜昌深耕磷化工全产业链、十堰发展绿氢装备制造，每个县域集中培育 1 ～ 2 个主导产业。推动服务资源下沉，建设“县—镇—园”三级企业服务中心，整合政策申报、法律咨询等企业高频服务，帮助中小企业开展数字化转型诊断和改造，提升全省规上工业企业关键工序数控化率、数字化研发设计工具普及率。

其次，营造创业生态。好的创业生态是经济活力的象征，也是孕育新质生产力的必要土壤。在重点县市建设“产业创新综合体”，集成孵化器、检测认证、中试基地等功能；设立县域天使基金，对种子期项目进行投资孵化。创新融资支持模式，推行“县域供应链金融”，以核心企业应付账款为质押，为上下游中小企业提供低成本融资。

最后，优化产业布局。立足区域资源禀赋与产业发展基础，需以全局思维打破地域分割，推动产业发展串珠成链、织链成网，促进要素高效配置与产业链深度融合，加快构建“区域联动、优势互补”的协同发展格局。如建设跨区域产业走廊，打造“襄十随神”新能源汽车走廊、“宜荆荆”绿色化工走廊，建立园区共建、税收分成机制；支持县域间共建“飞地园区”，对跨区产业转移项目实行 GDP 分成。推进基础设施联通，实现省级开发区 5G 全覆盖、重点园区双回路供电。发挥“九省通衢”优势，建设多式联运物流枢纽，加快构建高效便捷的现代综合交通运输体系，组织企业加强对接合作，持续降低物流成本、交易成本。

四、加快建设国内一流产业园区

（一）产业园区是推动区域经济发展的重要载体

产业园区是指由政府或企业主导规划，在一定地理范围内集中布局特定产业或相关产业链的专业化区域，通过提供基础设施、政策支持、资源共享等条件，促进企业集聚、协同创新和产业升级。其核心目标是实现资源高效配置、产业规模化发展和区域经济竞争力提升。

产业园区根据功能、产业方向和运营模式可分为以下几类：高新技术产业开发区（高新区），如北京中关村高新区、上海张江高新区、武汉东湖高新区；经济技术开发区（经开区），如苏州工业园区、天津经开区；特色产业园区，如贵州仁怀酱酒产业园；物流与保税园区，如重庆果园港物流园、深圳盐田港保税区；文化创意产业园，如杭州之江文化产业园；现代农业园区，如山东寿光蔬菜产业园、陕西杨凌农业高新技术示范区。

产业园区对于区域发展来说，具有产业集聚效应、创新驱动引擎、就业与人才培育、资源优化配置、对外开放窗口等作用。

高新技术产业开发区是落实国家创新驱动发展战略的“试验田”和“排头兵”，不仅是经济发展的重要引擎，也是产业科技创新、形成新质生产力的前沿阵地。在新一轮科技革命与产业变革深入演进的驱动下，高新技术产业开发区的战略重心持续向新一代信息技术、人工智能、生物技术等前沿领域动态迁移，其产业布局呈现出鲜明的时代响应性与技术迭代特征。2025 年 1 月，工信部发布的《国家高新区新赛道培育行动方案》明确要求，为了抓住全球产业结构和布局调整过程中孕育的新机遇，支持国家高新区聚焦国家战略需求，瞄准新一轮科技革命和产业变革的突破方向，要面向传统产业升级衍生新赛道、面向新兴产业拓展新赛道、面向未来产业前瞻布局新赛道，形成一批具有战略性、成长性和带动性的“新型高新区”，打造区域经济增长新引擎，推动我国经济高质量发展。

（二）开发区是支点建设的重要引擎

湖北省积极响应国家要求，以高质量发展为核心，覆盖创新链、产业链、资金链和人才链，通过国家级政策引领、省级专项行动和地方配套措施，形成多层次开发区政策体系，不断推动科技与产业深度融合，强化区域协同，应对全球科技竞争挑战。近几年，湖北省委、省政府出台了一系列开发区有关规划和文件。

2021 年 1 月 20 日，湖北省政府发布《促进湖北高新技术产业开发区高质量发展若干措施》，从构建全域发展新优势、打造自主创新新高地、培育经济发展新动能、构筑现代产业新体系、营造活力开放新生态、构建区域协同发展新模式、探索园区治理新机制等七个方面提出 24 条举措，并探索建立省级高新区动态管理与退出机制。

2021 年，发布《湖北省开发区改革和创新发展三年行动方案》。该方案提出要推动开发区（含高新区）优化空间布局，提升亩均效益；强化创新驱动，支持高新区建设科技创新平台和中试基地；深化“放管服”改革，赋予高新区更多自主权。

2021 年 10 月，发布《湖北省科技创新“十四五”规划》，明确将高新区作为全省创新驱动发展的重要载体，提出“支持东湖科学城建设，打造光谷科技创新大走廊”。

2022 年 2 月，省开发区工作小组印发《关于促进开发区高质量发展若干措施》。措施提出，要优化开发区功能布局，加强对开发区的统筹规划，聚焦构建“51020”现代产业集群，按照“一区一战略产业”“一园一特色产业”原则，打造开发区特色优势产业集群，推动关联产业、上下游配套企业和资源要素加快集聚。

2022 年 5 月，发布《湖北省省级高新技术产业开发区认定管理暂行办法》，以推动省级高新区向国家高新区升级，支持“一主引领、两翼驱动、全域协同”区域发展战略。

截至 2024 年底，湖北省现有 103 个开发区，其中国家级开发区 21 个（见表 4-2），省级开发区 82 个。湖北省共有国家级高新区 12 家，省级高新区 20 家。其中国家级高新区数量仅次于江苏、广东、山东，位居全国第四、中部第一。12 个国家级高新区分别位于武汉、襄阳、宜昌、孝感、荆门、随州、仙桃、黄冈、咸宁、荆州、黄石、潜江。近年来，湖北省 32 家高新区以占全省 2.4% 的面积，创造了全省近 30% 的地区生产总值、40% 的技术合同成交额、50% 的高新技术企业以及 50% 的高新技术产业增加值，为经济社会发展作出重要贡献。

表 4–2　湖北 21 个国家级开发区基本概况

地区	开发区名称	主导产业 / 特色定位
武汉市（3 家）	武汉东湖新技术开发区	光电子信息、生命健康、节能环保、高端装备制造、高技术服务、集成电路和新型显示、大数据
	武汉经济技术开发区	新能源与智能网联汽车、智慧家居、智能制造、软件及信息技术
	武汉临空港经济技术开发区	网络安全、大数据、电子信息、智能制造、食品健康、现代商贸物流
黄石市（2 家）	黄石经济技术开发区	高端装备制造、光电子信息、生物医药
	黄石大冶湖高新技术产业开发区	新能源与智能网联汽车、电子信息、生命健康
十堰市	十堰经济技术开发区	智能制造、新材料、新能源汽车及关键零部件、生物医药
襄阳市（3 家）	襄阳高新技术产业开发区	汽车及零部件、高端装备制造、新能源新材料
	襄阳经济技术开发区	高端装备制造、电子信息、智能制造、新能源汽车零部件、通信器件
	枣阳经济技术开发区	新能源新材料、汽车装备制造、农产品深加工
宜昌市	宜昌高新技术产业开发区	现代化工新材料、生命健康、新能源及高端装备、大数据及算力经济、文化旅游
荆州市	荆州经济技术开发区	智能家电、汽车零部件、化工新材料、纺织印染
	荆州高新技术产业开发区	光电子信息、现代农业科技、食品加工、生物技术
荆门市	荆门高新技术产业开发区	资源循环利用、绿色产品、通用航空、装备制造、光电子信息
鄂州市	鄂州葛店经济技术开发区	光电子信息和新材料、生命健康、高端装备制造、低碳冶金、航空物流
孝感市（2 家）	孝感高新技术产业开发区	生物医药、健康护理、建材家居、高端装备制造、新材料
	汉川经济技术开发区	纺织服装、食品加工、装备制造
黄冈市	黄冈高新技术产业开发区	农产品加工、文化旅游、现代服务业、光电子信息
咸宁市	咸宁高新技术产业开发区	食品饮料、智能制造、新材料
随州市	随州高新技术产业开发区	专用汽车、生物农业、生物医药、电子信息
仙桃市	仙桃高新技术产业开发区	新材料、生物医药、环保新能源、电子信息
潜江市	潜江高新技术产业开发区	小龙虾产业、绿色化工、光电子信息、户外服装

资料来源：根据网络报道整理。

2024 年 12 月，工信部根据《关于印发〈国家高新技术产业开发区综合评价指标体系〉的通知》，完成了对 178 家国家高新区的综合评价工作。根据评价结果，综合排名前 50 的国家级高新区中，湖北有 3 家上榜，分别为武汉东湖新技术开发区、襄阳高新技术产业开发区、宜昌高新技术产业开发区，入围数量居全国第四、中部第一。其中，东湖高新区综合评价位居全国第 6 位，襄阳高新区、宜昌高新区排名分别为第 34 位和第 50 位。

武汉东湖高新区又称“中国光谷”，创立于 1988 年，是中国首批国家级高新区、仅次于北京中关村的第二个国家自主创新示范区，是全国 10 家重点建设的“世界一流高科技园区”之一。目前，东湖高新区正加快构建“两强带动、两新融合、抢抓未来”的“221”产业体系。聚焦“光芯屏端网”、生命健康两大产业集群，深入推进延链、补链、强链；聚力推进数字经济与新消费深度融合，大力发展 5G、6G、人工智能、物联网等数字化产业；前瞻布局一批未来产业，抢占未来产业制高点。2024 年，武汉东湖高新区地区生产总值突破 3200 亿元，综合实力排名全国高新区第六。

襄阳高新区近年来紧紧围绕打造襄阳都市圈高质量发展先行区、高质量发展示范区、新型工业化引领区，在发展新质生产力的创新实践上率先探路、勇挑大梁。2024 年，襄阳全市高新技术企业总量达 2001 家，居全省第二位；全市“瞪羚”企业总量达 167 家，居全省第二位；科技型中小企业达 3507 家，居全省第二位。

宜昌高新区主导产业聚链成群，现代化工新材料、生命健康、新能源及高端装备 3 个主导产业产值持续增长，占规上工业总产值比重不断提升。2024 年，宜昌全市高新技术产业统计在库企业达到 1426 家，同比增长 16.31%。宜昌全市高新技术产业增加值达 1358.98 亿元，同比增长 13.5%。建筑业领域高新技术增加值 198.91 亿元，同比增长 10.7%；服务业领域高新技术增加值 101.95 亿元，同比增长 16.7%。

（三）加快推进园区高质量发展

当前湖北省开发区建设过程中也存在一些问题，如管理体制机制僵化、发展导向偏离“创新内核”、产业规划趋同削弱比较优势。进一步深化产业园区管理体制机制改革，聚焦产业集聚、科技创新、绿色转型、开放协同，积极打造新质生产力的成长地、现代产业集群的承载地、产业生态的涵养地，系统性推进产业园区高质量发展，为中部崛起提供强劲引擎。

一是深化体制机制改革，释放产业园区发展活力。精准赋权激发活力，建立省级高新区授权事项清单制度，系统下放省级、市级管理权限。推行“国家高新区与省级部门直通车”制度，简化跨层级审批流程。在自贸试验区、综保区等平台开展制度型开放试点，推行“负面清单”“承诺制”等改革。支持高新区内设机构改革，建立“一站式”企业服务窗口，实现“区内事项区内办结”；探索“管委会＋公司”模式升级，推动开发区管理机构与运营平台分离，形成“小政府、大市场”的高效治理架构。重构考核评价体系，建立“基础指标＋特色指标”双轨考核机制，将研发投入强度、高价值专利产出、科技成果转化率等指标纳入核心考核，弱化对经济增速的单一考核权重，推动高新区考核从“GDP 导向”向“创新效能导向”转型。

二是明确产业发展定位，构建现代产业集群体系。聚焦“51020”先进制造业产业集群和五大现代服务业产业集群建设，构建集约化、差异化、协同化发展产业园区体系。实施“一园一链”“一园一特色”行动计划，引导产业园区立足本地资源禀赋、产业基础与要素特征，制定差异化发展规划。每个重点园区聚焦 1 ～ 3 个主导产业，构建“研发—制造—服务”全链条生态，形成错位发展格局。实施产业链精准招商工程，建立“链长制”招商体系，绘制重点产业链“全景图”和“招商地图”，聚焦新能源与智能网联汽车、工业母机、生物医药等 35

个关键领域，对产业链“断点”“堵点”实施清单化管理，开展靶向招商，促进产业链延链、补链、强链。实施“链式升级”行动，加大人工智能、脑科学、量子信息、再生医学等战略性新兴产业、未来产业赛道布局，支持建设“未来产业先导区”，推动产业链向价值链中高端延伸。加快推动武汉具有全国影响力的科技创新中心建设，重点围绕存储、设计、工业软件、光电子四大战略产业，打造具有全球影响力的科技创新策源地，推动“中国光谷”进阶“世界光谷”。

三是坚持科技创新引领，激活产业发展引擎。构建“政产学研用”协同创新体系，推进产业链、创新链融合。推动每个重点园区联合高校院所共建 1 ～ 2 个新型研发机构，组建产业技术创新联盟。实施“揭榜挂帅”制度，产业园区聚焦本地核心和特色产业，定期发布关键核心技术攻关清单，重点支持“卡脖子”技术逐个突破，积累产业优势。完善科技企业梯度培育机制。实施高新技术企业倍增计划，建立“科技型中小企业—高新技术企业—‘瞪羚’企业—独角兽企业”培育链条，设立科创引导基金，建设园区中试基地和成果转化平台，扶持科技型企业成长。推行“双聘制”“周末科学家”等柔性引才模式，建设青年友好型园区，构建开放型人才社区，打造人才集聚“强磁场”。

四是践行绿色发展理念，打造绿色产业示范区。以“生态优先、绿色发展”为引领，将产业园区打造为长江大保护示范区和“双碳”战略实践高地。在钢铁、化工、建材等传统行业推行绿色生产改造，创建国家级绿色工厂。用好“中碳登”全国碳市场注册登记结算功能平台“主场”优势，在开发区试点推行“园区碳账户”制度，建立覆盖企业、产业、园区的三级碳排放监测体系，建设“碳大脑”监管平台，实施园区循环化改造工程，建立绿色制造标准体系，建设生态工业园区。推进能源结构低碳转型，建设武汉氢能产业园，建设近零碳园区试点。大力发展循环经济，在武汉经开区打造汽车循环经济产业园，构建“动力电池回收—梯次利用—材料再生”闭环体系，推进再制造产业发展。

五是强化开放协同发展，拓展产业发展空间。在“双循环”新发展格局下，推动高新区产业链精准定位，构建全域协同产业园区布局，深化跨区域产业协作，通过技术共享、资本联动、人才流动等方式增强协同发展效能，形成“优势互补、错位发展”的区域创新共同体。支持武汉都市圈打造“光芯屏端网”产业集群，建设“襄十随神”汽车产业走廊，打造“宜荆荆”磷化工产业集群，建设长江中游绿色化工示范区。构建开放型经济新体制，加快武汉、襄阳、宜昌自贸片区联动发展，建设中部国际物流枢纽。建设中德、中法等国际产业合作园，搭建“一带一路”产能合作平台。

五、建构全国领先数智经济先导区

习近平总书记深刻指出，世界经济数字化转型是大势所趋①。党的二十大把“数字中国”作为强国建设的战略目标之一，党的二十届三中全会提出健全促进实体经济和数字经济深度融合制度，把实数融合摆在更加突出位置。习近平总书记对湖北实数融合寄予厚望，在2020年致中国5G+工业互联网大会的贺信中，殷切寄望湖北大力推动数字经济发展。②

对湖北而言，数字经济不仅是突破地理约束、重塑竞争优势的战略选择，更是实现加快建成中部地区崛起重要战略支点的关键动能。湖北省近年来出台了一系列文件（见表4-3），以打造全国数字经济发展高地为目标，通过政策创新、技术赋能与产业协同，构建起数字经济与实体经济深度融合的生态体系。

---

① 习近平：《登高望远，牢牢把握世界经济正确方向——在二十国集团领导人峰会第一阶段会议上的发言》，《人民日报》2018年12月1日。

②《习近平向2020中国5G+工业互联网大会致贺信》，《人民日报》2020年11月21日。

表 4-3　湖北省数字经济发展相关文件

文件名称	颁布机构	颁布时间
《加快发展数字经济培育新的经济增长点的若干措施》	湖北省人民政府办公厅	2020 年 6 月 1 日
《湖北省服务业发展“十四五”规划》	湖北省人民政府	2021 年 10 月 29 日
《湖北省制造业高质量发展“十四五”规划》	湖北省人民政府	2021 年 10 月 29 日
《湖北省大数据产业“十四五”发展规划》	湖北省经济和信息化厅	2021 年 12 月 31 日
《湖北省 5G + 工业互联网融合发展行动计划（2021—2023 年）》	湖北省人民政府办公厅	2021 年 12 月 31 日
《湖北数字经济强省三年行动计划（2022—2024 年）》	湖北省人民政府办公厅	2022 年 8 月 3 日
《湖北省突破性发展新能源与智能网联汽车产业三年行动方案（2022—2024 年）》	湖北省突破性发展优势产业工作领导小组办公室	2022 年 11 月 26 日
《湖北省突破性发展光电子信息产业三年行动方案（2022—2024 年）》	湖北省突破性发展优势产业工作领导小组办公室	2022 年 12 月 30 日
《湖北省突破性发展高端装备产业三年行动方案（2023—2025 年）》	湖北省突破性发展优势产业工作领导小组办公室	2023 年 1 月 6 日
《湖北省政务数据资源应用与管理办法》	湖北省人民政府	2023 年 1 月 25 日
《湖北省突破性发展北斗产业三年行动方案（2023—2025 年）》	湖北省突破性发展优势产业工作领导小组办公室	2023 年 1 月 28 日
《湖北省数字经济高质量发展若干政策措施》	湖北省人民政府办公厅	2023 年 5 月 5 日
《湖北省数字经济促进办法》	湖北省人民政府	2023 年 5 月 10 日
《湖北省加快发展算力与大数据产业三年行动方案（2023—2025 年）》	湖北省发展和改革委员会	2023 年 8 月 17 日
《湖北省数字化赋能中小企业转型行动方案（2023—2025 年）》	湖北省人民政府办公厅	2023 年 12 月 16 日
《湖北省突破性发展商业航天行动计划（2024—2028 年）》	湖北省人民政府办公厅	2024 年 5 月 1 日
《湖北省关于加快数字人才培育支撑数字经济发展的若干措施》	湖北省人力资源和社会保障厅等部门	2024 年 11 月 12 日

资料来源：湖北省人民政府网站。

由中国科学技术信息研究所、湖北省科技信息研究院、武汉大学共同研制的《全球数字经济发展指数2024》显示，2024年湖北数字经济发展水平跃居全国第七、中部地区第一，较2023年上升了一位。近年来，湖北数字经济规模稳步提升，2020年为1.8万亿元，2023年达到2.6万亿元，年均增长率为14.7%，占湖北地区生产总值比重由40.3%增长到47%，高于全国平均水平（42.8%），数字经济已成为湖北省经济发展的重要引擎。

湖北要加快建成中部地区崛起重要战略支点，就要在数字经济和实数融合上全面发力，形成优势引领。要坚持数字产业化和产业数字化双轮驱动，构建现代化产业体系，通过新基建筑基、新集群聚能、新场景拓维、新机制护航四大战略，激活数据要素的乘数效应，促进数字经济和实体经济深度融合，强化支点的产业支撑力。

（一）完善数字新基建

数字新基建是数字经济时代的“水电煤”，其核心在于通过算力、运力、存力等新型基础设施的互联互通，构建数据要素高效流通的底层支撑体系，是实体经济和数字经济深度融合的先决条件。

通过近年来的大力布局，湖北目前拥有了一流的信息基础设施，已经建成了武汉超算中心、武汉人工智能计算中心等重大算力平台15个，算力总规模达到6E，其中智算、超算等先进算力超过3E，占比超过50%，排名全国第五；拥有全国唯一的国家存储器基地；武汉是中部唯一的工业互联网国家顶级解析节点，建成5G基站15.8万个；打造了以三峡东岳庙数据中心（华中最大的零碳数据中心）为龙头的144个数据中心矩阵，数据归集和处理能力中部第一。

湖北需把握国家“东数西算”战略机遇，以系统思维推进数字基建体系化布局，进一步破解“数据孤岛”、算力碎片化等瓶颈，为实体经济数字化转型提供坚实底座。

一是构建“智能心脏”算力网。2024年，武汉市人工智能核心产业规模已突破500亿元。要坚持原创性技术创新，依托武汉国家新一代人工智能创新发展试验区，重点突破智能算法、自然语言处理等关键技术。加快大数据中心高水平建设，以武汉、襄阳、宜昌为核心节点，打造“核心集群—边缘节点—终端接入”三级算力架构。重点建设长江中游人工智能计算中心，推动算力资源跨区域协同调度，实现科研算力、产业算力、公共算力的弹性供给。运用“算力券”举措，引导制造企业按需调用智能算力资源，降低中小企业算法开发门槛。

二是铺设“数据轨道”运力网。通过构建“云—边—端”协同的数据运力网络，形成覆盖全省、辐射中部的数据要素高速公路。紧盯下一代宽带网络技术演进方向，加速推进5G-A① 和万兆光网“双万兆”网络建设部署，推进全省信息基础设施实现“双千兆”向“双万兆”规模化跃升。在光谷科技创新走廊等重点区域率先实现万兆园区全覆盖。探索量子通信技术在更多领域的试点应用，构建“空天地海”一体化通信网络。

三是打造“数据粮仓”存力网。数据存储能力的层级化布局与全生命周期管理是激活数据资产战略价值的前提条件。依托国家网络安全基地，建设长江存储灾备中心，形成冷热数据分层存储体系。探索数据银行模式，激活“沉睡”数据价值。全力攻坚“卡脖子”技术，针对光电子、芯片材料等领域，支持长江存储、烽火通信等企业研发3D NAND闪存、量子点激光器等产品。

四是编织“感知神经”物联网。把握武汉市全国首批“5G＋工业互联网”融合应用试点城市建设契机，大力推进“5G＋工业互联网”建设，将工业互联网标识解析时延压缩至毫秒级，支撑智能制造实时控制需求，在汽车、钢铁等重点行业部署百万级工业传感器，构建行业级物联感知体系。推进城市道路、管廊、建筑等市政设施的智能化

① 5G-A，一种介于5G和6G之间的移动通信技术。

改造，实现城市运行全域监测。

（二）打造产业新集群

实数融合的本质是数字技术与实体经济在研发、生产、流通等环节的深度耦合。湖北在实数融合发展上拥有深厚的产业基础，目前拥有5家工业母机链主企业，数量居全国第二；软件和信息服务业规模占中部六省之和的50.3%；光电子信息、北斗等数字经济核心产业取得突破性发展，占规上工业营收比重逐年提升。产业根基的持续夯实，为湖北省数实融合发展提供了广阔前景。

湖北要把握数字产业化与产业数字化双轮驱动规律，既要做强数字技术供给端，又要激活传统产业需求端，形成双向赋能的产业生态闭环。

一是推动数字产业化。聚焦光电子、北斗导航、量子科技等优势领域，建设国家数字技术创新策源地。支持高校院所与企业共建数字技术开源社区，突破工业软件、智能算法等“根技术”。建立数字技术转化中试基地，完善从实验室到生产线的技术熟化机制，加速创新成果产业化进程。激活数据要素，构建市场化流通体系，加大公共数据平台建设力度，建设华中数据交易中心，推动政务、医疗、交通等领域数据开放共享。试点数据资产入表，探索跨境数据流动规则，支持企业利用开放数据开发应用场景。要推进数据要素市场化改革，完善数据确权、交易、收益分配机制。

二是推动产业数字化。全面推进企业数字化转型，开展“技改提能、制造焕新”行动，开展企业数字化转型成果评估、诊断，完善全链条转型服务体系建设，对工业企业数字化转型按投资额进行补贴，提升工业企业数字化转型覆盖率。打造工业互联网平台体系，培育省级“双跨”平台，推动5G全连接工厂建设。开展“数字领航者”培育工程，打造一批智慧园区、数字孪生车间，形成“灯塔工厂—智能车间—云端企业”的转型梯队。对汽车、装备制造等支柱产业实施全链条数字化改造，推动研发设计云端协同、生产制造柔性重构、供应链智能匹配，以数智赋能推动传统产业“老树发新芽”。大力推进县域经济数字化转型，在鄂州、荆州等地布局智慧物流、绿色数据中心等特色节点。支持襄阳、宜昌建设沿江数字经济连绵带，承接武汉算力与产业溢出效应。培育智慧物流、数字文旅等新业态，推进数字赋能千行百业。

（三）拓宽应用新场景

应用场景是实数融合从技术可行性走向经济有效性的关键转化器，应用场景有多丰富，市场空间就有多大。湖北在应用方面积累了坚实的技术基础，人造太阳核聚变、植入式脑机接口、大跨度桥梁建造等技术世界领先，聚芯微电子的屏下光学传感器芯片、锐科激光的超高功率光纤激光、联影集团的人体肺部磁共振成像等高端装备技术打破国外垄断，2024 年湖北省技术合同成交额 5504.29 亿元，居全国第 3 位，科技成果加速向应用场景转化，一批技术领先的产品迅速占据新质生产力赛道。

湖北需坚持需求牵引、场景驱动的创新逻辑，在重点领域打造示范性强、带动力大的标杆场景，形成以点带面的辐射效应。

一是在数字工厂方面，要推动数字孪生、机器视觉等技术在生产线深度应用，实现产品全生命周期可视化管控。建立虚实联动的远程运维系统，通过设备预测性维护降低非计划停机损失。探索共享制造模式，实现产能资源的云端调度与跨域协同。

二是在数字农业方面，要推广“北斗 + 农业”模式，建设数字农业示范基地，推动小龙虾、柑橘等特色产业全链条数字化管理。构建“空天地”一体化农业遥感监测网，实现墒情、苗情、灾情智能感知。发展农产品区块链溯源系统，积极推广智慧农场、智能农机，建立从田间到餐桌的质量信任机制。推广智能农机装备，推动精准农业向智慧农业升级。

三是在数字交通方面，湖北已走在全国前列，武汉、十堰入选国家“车路云”试点，武汉自动驾驶开放道路里程数、开放区域数等均居全国第一，实现跨区、跨江、机场高速通行等多个场景的全国首创。要加快武汉、襄阳国家级车联网先导区建设，探索新型交通服务商业模式，建设“车路云”一体化智慧交通体系，实现信号灯自适应控制、公交优先通行等场景落地。开发多式联运智能调度平台，打通“铁水公空”运输数据壁垒，提升武汉国家物流枢纽能级。

四是在数字政务方面，深化“一网通办”改革，推广运用AI政务助手，引入自然语义理解技术，实现政务服务事项智能导办，提高政务服务效能。建立政策精准推送系统，通过企业画像实现惠企政策免申即享。构建城市运行数字体征系统，实现风险预警从经验判断向数据研判转变，提升治理前瞻性。

（四）健全融合新机制

制度创新是技术创新的保障，实数融合的纵深发展需要突破数据权属模糊、交易机制缺失、安全风险凸显等制度障碍。湖北需在数据要素市场化配置改革中先行先试，构建适应数字经济特征的制度体系。

一是在数据资源方面，探索数据资源分类分级确权模式，建立公共数据授权运营机制，逐步开放政务数据资源，培育数据加工服务商。同时发展数据资产评估、质量认证等第三方服务，推动数据资产入表规范化；支持龙头企业建设行业级数据平台，建立数据要素流通交易平台，促进产业链上下游数据安全可信流通；创新数据信托、数据保险等交易形态。

二是在数字治理方面，强化政策协同性，建立数字经济跨部门联席会议机制，统筹财政、土地资源向数字经济产业领域倾斜。超前研究、把握主动，积极应对数字技术带来的新变化新挑战，构建多方共治的数字伦理体系，加快提升数字社会治理能力，建立健全统筹发展和安全、虚拟和现实、技术和伦理的制度体系，确保技术发展符合社会主义核心价值观，让数字技术更好造福社会。还需完善算法合规审查制度，防范算法歧视与垄断风险。

三是在数字监管方面，进一步推动《湖北省数字经济促进办法》落实落地，制定数据安全与隐私保护地方性法规，构建包容审慎的数字经济监管环境。还要建设网络安全态势感知平台，实现关键信息基础设施全天候防护；建立数据跨境流动安全评估机制，保障重要数据资源主权。发展隐私计算、区块链等数据安全技术，实现“数据可用不可见”的合规流通。树立底线思维，加强全链条穿透式监管，高度警惕“大数据杀熟”“App 窃密”等风险，切实维护良好的数字经济发展秩序。

深度阅读

中共中央党史和文献研究院编：《习近平经济文选》（第一卷），中央文献出版社 2025 年版。

习近平：《不断做强做优做大我国数字经济》，《求是》2022 年第 2 期。

习近平：《发展新质生产力是推动高质量发展的内在要求和重要着力点》，《求是》2024 年第 11 期。

习近平：《经济工作必须统筹好几对重要关系》，《求是》2025 年第 5 期。

《习近平在湖北考察改革发展工作时强调　坚定不移全面深化改革开放　脚踏实地推动经济社会发展》，《人民日报》2013 年 7 月 24 日。

《习近平在湖北考察时强调，鼓足干劲奋发进取　久久为功善作善成　奋力谱写中国式现代化湖北篇章》，《人民日报》2024年11月7日。

《切实推动“支点建设”实现整体提升（权威访谈·谋发展启新篇）——访湖北省委书记王忠林》，《人民日报》2025年1月22日。

《中共湖北省委　湖北省人民政府关于加快建成中部地区崛起重要战略支点的实施意见》（鄂发〔2025〕3号），2025年2月。

《全省加快建成中部地区崛起重要战略支点推进大会举行》，《湖北日报》2025年2月2日。

第五章

枢纽提能：打造新时代内陆开放高地

开放是中国式现代化的鲜明标识。党的二十届三中全会指出：“巩固东部沿海地区开放先导地位，提高中西部和东北地区开放水平，加快形成陆海内外联动、东西双向互济的全面开放格局。”

2024年11月4—6日，习近平总书记在湖北考察时明确要求，“湖北要在全面深化改革和扩大高水平开放上勇于探索”，“坚持对内对外开放并重、打造内陆开放高地，深化区域合作，有序优化产业布局。深化内外贸一体化改革，积极参与高质量共建‘一带一路’，系统提升开放枢纽功能”。

我们要牢记习近平总书记殷殷嘱托，深刻认识推进高水平开放是加快建成中部地区崛起重要战略支点的重要要求，是推动湖北高质量发展的重要支撑，是湖北服务和融入新发展格局的重要举措，切实增强推进高水平开放的使命感、责任感。我们要以湖北改革之力、开放之为，撬动中部、服务全国。

湖北居中部之中、长江之腰，承东启西、连南接北，是长江黄金水道和南北大通道的中心枢纽，素有祖国“立交桥”之称。在2025年湖北“新春第一会”上，湖北省委、省政府再次提出，要加快打造内陆开放高地，整体提升支点的开放辐射力。以枢纽提能扩大开放辐射力，是支点建设的关键一环。

站在新的发展关口，湖北要以建设陆海空三条“丝绸之路”战略枢纽打造新时代“九州通衢”，以离岸在岸一体化推动新时代“九州通商”，以高标准制度型开放推进新时代“九州通融”，建设国内大循环的重要节点和国内国际双循环的重要枢纽，在中部崛起中发挥更重要的支点作用，为构建国内国际双循环新发展格局打造“湖北样本”。

一、湖北枢纽经济的历史透视

（一）湖北枢纽经济的发展成就

1. 交通发展为枢纽经济提供了“硬”支撑

长江与汉江交汇的独特区位，使湖北自春秋战国时期便成为南北物资中转与军事博弈的核心节点。楚人依托长江水道构筑“郢都—云梦泽”航运体系，通过汉江连通中原，将铜矿、漆器输往周王室，同时以“方城夏道”串联荆襄与南阳盆地，形成早期水陆联运雏形。至南宋时，随着经济重心南移，武汉凭借两江交汇优势成为长江中游的航运枢纽。明代，汉口因汉江改道与云梦泽水系重构而崛起，成为“楚中第一繁盛处”，商船经汉水可达陕南，溯长江直抵川渝，顺流而下贯通吴越，形成“货到汉口活”的商贸传奇。清代《湖北通志》以“九省通衢”定义武汉，其水陆网络覆盖川、黔、湘、赣、豫、陕、皖、苏、鄂九省。

1906 年京汉铁路通车，武汉成为中国首个铁路与长江航运立体交会的枢纽；1918 年粤汉铁路武昌至长沙段贯通，进一步强化南北动脉功能。1957 年“万里长江第一桥”武汉长江大桥通车，京广铁路全线贯通，钢铁、棉纺等重工业沿铁路线集聚，奠定“武字头”工业基地的运输基石。新中国成立后，湖北加速构建“铁水公空”立体网络。1994 年汉宜高速开通；同年，三峡工程启动，重塑长江航运能力；1995 年天河机场投用。武汉阳逻港集装箱吞吐量在 2014 年突破百万标箱，到 2017 年正式成为长江中上游集装箱第一大港。

截至 2024 年底，湖北省全面构建“铁水公空”多式联运枢纽体系，综合交通能级显著提升，湖北正在从“九省通衢”迈向“九州通衢”。

亚洲唯一的专业货运机场鄂州花湖国际机场开通国际国内货运航线 85 条，货邮吞吐量达到 102.5 万吨，跃居全国第五，与武汉天河国际机场形成“客货双枢纽”格局。

高速铁路和城际铁路 2064 千米，以武汉为核心的超“米”字形高铁网逐步成型，基本实现市市通高铁，4 小时可达全国 80% 的重要城市；中欧班列（武汉）拥有 57 条稳定的跨境运输线路，辐射欧亚大陆 40 个国家和地区、116 个城市；襄阳依托郑渝高铁和汉江航道升级成为鄂豫陕物流中转核心，宜昌借力三峡枢纽联运系统打造长江中上游大宗商品集散中心。

武汉阳逻港 2024 年集装箱吞吐量 238.1 万标箱（见表 5-1），进出港航线跃升至 32 条，出入境船舶数量连续 5 年达 443 航次，位居长江中上游首位、世界内河集装箱港口第一方阵。包括武汉阳逻港在内，湖北已拥有 4 个亿吨大港，数量位居长江中游第一。数据显示，2024 年湖北港口货物吞吐量首次突破 7 亿吨，水路货物运输量、集装箱铁水联运总量均居全国内河第二。全省高速公路总里程 7849 千米，形成“九纵五横四环”布局。

表 5-1　2013—2024 年湖北阳逻港集装箱吞吐量

年份	集装箱吞吐量（万标箱）
2013	86
2014	100.7
2015	106.1
2016	111.3
2017	127
2018	146.1
2019	161.2
2020	157.5
2021	183.9
2022	202.3
2023	230
2024	238.1

资料来源：湖北港口集团阳逻港公司提供。

知识链接

阳逻港发展

阳逻港，是习近平总书记在党的十八大后考察的第一个内河港口。2013 年 7 月 21 日上午，习近平总书记冒雨考察阳逻港，并作出重要指示："要大力发展现代物流业，长江流域要加强合作，充分发挥内河航运作用，发展江海联运，把全流域打造成黄金水道。"

十余年来，阳逻港牢记习近平总书记的殷殷嘱托，取得了一系列重要成果，主要体现在以下几个方面。

黄金水道效益初显

阳逻港集装箱吞吐量在 2024 年已完成 238.1 万标箱，中转箱的占比大幅度提升，已实现了由区域型港口向枢纽型港口的转型升级。在服务地方经济方面，根据湖北省 2022 年统计数据，湖北省 65% 以上的进出口货物和 80% 的外贸集装箱运输都是通过阳逻港完成，说明阳逻港对地方外向型经济作出了重要贡献。

航线发展

阳逻港的航线数量从原来的4条发展至现在的30余条，其中包含5条境外直航航线，分别至日本、韩国、俄罗斯、越南、印度尼西亚。一系列航线形成“国际直航、江海直达、省际航线、省内支线、港内巴士”等互联互通的现代化集装箱航线网络。

多式联运通道发展

阳逻港立足于华中地区，辐射至华北、华东、华南、西北、西南乃至国际，通过铁水联运、海铁联运、公水联运、中欧班列联运等运输方式，陆续开通多式联运通道40余条。

口岸功能优化

武汉阳逻港是国家一类水运开放口岸，先后获批国家进境粮食口岸、进境木材指定口岸及进口肉类指定口岸。在通关水平方面，武汉海关对外贸进出口货物推行“提前申报、抵港直装、船边直提”等通关模式。在海事服务方面，武汉阳逻海事处确保进出阳逻港的船只安全畅通、绿色高效，对内辐射全国、对外联通全球，提供了有力的安全保障。

持续建设绿色智慧化港区

武汉阳逻港践行绿色发展理念，以数字技术赋能智慧港口建设，以科技创新实现绿色低碳转型。全面上线了最新一代港口核心操作系统，实现信息化技术革新。

2. 外向型经济发展为枢纽经济提供了“软”支撑

湖北的外贸基因可追溯至千年前的唐宋时期。得益于长江黄金水道与汉江交汇的地理优势，湖北成为南北茶叶、丝绸转运的核心枢纽。商船从江汉平原出发，经长江串联巴蜀、吴越，向北通过陆路抵达中原，形成“南货北运”的商贸网络。至明清时期，汉口依托水陆联运优势崛起为全国性商埠，茶叶出口占全国总量的60%以上，丝绸、瓷器等商品经陆上丝绸之路远销波斯湾地区。汉口码头商船云集，各地商帮会馆林立，贸易辐射范围覆盖大半个中国，“九省通衢”的格局由此奠定。1861 年汉口开埠，西方资本涌入，设立洋行、工厂，武汉成为内陆最早的国际化工业中心。据史料记载，开埠初期，武汉海关税收一度占全国的 12%，棉花、桐油等原材料出口激增，同时，西方机械、纺织品通过汉口辐射华中腹地。这一阶段，湖北从传统内贸枢纽转型为连接中国内陆与国际市场的关键节点。

改革开放后，武汉海关重新设立，湖北由内陆口岸恢复为直接对外口岸，逐步实现全面开口自营，对外贸易发展逐步进入快车道。货物贸易规模快速扩大。1980 年湖北进出口总额 2.7 亿美元，1990 年达到 11.9 亿美元，2000 年达到 32.1 亿美元。我国加入世贸组织以后，湖北对外贸易迅猛发展，进出口总额从 2002 年的 39.5 亿美元增长到 2008 年的 207 亿美元，首次突破 200 亿美元大关，年均增长 31.8%。

党的十八大以来，湖北主动应对错综复杂的国际形势，努力适应外贸发展新常态，货物贸易实现新发展，进出口总额从 2012 年的 319.6 亿美元增长到 2024 年的 991.9 亿美元，年均增长 9.9%。2024 年湖北进出口总值比 2019 年增长 78.9%，5 年间连上 4000 亿元、5000 亿元、6000 亿元、7000 亿元台阶，年均增速达 12.3%。2024 年湖北有进出口实绩的企业达到 9570 家，较 2023 年增加了 756 家。

表 5–2　2012—2023 年湖北进出口贸易总额

（单位：万美元）

年份	进出口总额	进口总额	出口总额
2012	3196409	1256525	1939884
2013	3638928	1355160	2283768
2014	4306401	1641821	2664580
2015	4560531	1638490	2922041
2016	3939760	1332470	2607290
2017	4630863	1580938	3049925

续表

年份	进出口总额	进口总额	出口总额
2018	5280245	1871372	3408873
2019	5712847	2114883	3597964
2020	6208343	2302264	3906079
2021	8314352	2883136	5431216
2022	9273082	2951218	6321864
2023	9163966	3004459	6159507

资料来源:2012—2023 年湖北统计年鉴。

同时，湖北的外贸质量也在不断提升。出口中的高新技术产品含量显著提高，产业结构有序转换。2024 年湖北出口高新技术产品增长 19.8%，占出口值的比重提高到了 25.5%。

2024 年湖北新设外资企业 650 家，实际使用外资 19.2 亿美元，规模居中部第一。

表 5-3　2013—2023 年湖北实际外商直接投资金额

（单位：万美元）

年份	实际外商直接投资金额
2013	688847
2014	792792
2015	894801
2016	1012889
2017	1099392
2018	1194095
2019	1290746
2020	1035189
2021	1245568
2022	264544
2023	272814

资料来源:2013—2023 年湖北统计年鉴。

市场多元化发展卓有成效，新兴市场表现亮眼。2024 年湖北省对共建“一带一路”国家进出口额达 3760 亿元。对东盟、拉美进出口额分别增长 38.7%、10.3%；对最不发达国家进出口额增长 13.9%。325 家世界 500 强企业落户湖北，数量居中部第一，在鄂设立的外商投资企业突破 1 万家。路特斯全球智能工厂、康明斯全球第二大研发中心等一批标志性外资项目落地。

引进来，汇聚“强磁场”；走出去，擦亮“金名片”。951 家湖北企业在 102 个国家和地区投资布局，11 个境外经贸合作区成为湖北企业海外集聚发展的重要阵地，六大外贸供应链平台跨境电商进出口额翻倍增长，华新水泥、安琪酵母等一大批湖北企业成为全球贸易的佼佼者。

3. 开放平台进一步加快枢纽经济的发展

湖北自贸区于 2017 年 4 月挂牌成立，实施范围 119.96 平方千米，涵盖武汉（70 平方千米）、襄阳（21.99 平方千米）、宜昌（27.97 平方千米）三大片区，以全省 0.065% 的面积贡献超 30% 的外贸额。湖北自贸区以制度创新为核心，聚焦新一代信息技术、生物医药、智能制造等战略性新兴产业，打造中部地区开放型经济高地和创新驱动引擎。

截至 2024 年底，累计形成 357 项制度创新成果，28 项制度创新成果在全国复制推广，覆盖行政审批、金融开放、贸易便利化等领域，高端人才激励机制改革成果获中央全面深化改革领导小组办公室推介。

2023 年，湖北省综保区一线进出口值 818.5 亿元，同比增长 15.3%，比同期全省外贸进出口增速高出 9.5 个百分点，占全省外贸进出口的比重为 12.7%。

武汉东湖综保区以光电子、生物医药为主导，聚集联想、华星光电等企业，进出口额居全省综保区前列。

武汉新港空港综保区通过优化通关模式，助力日韩美妆、欧洲母婴等 3000 个跨境品类高效流转，其通关效率位居长江中游首位；武汉经开综保区重点发展跨境电商产业，近年来外贸出口额年复合增长率达 550%。

襄阳综保区首创“区港联动”模式，实现新能源汽车出口 2 小时快速通关。

宜昌综保区借力“保税 + 中欧班列”专线降低物流成本，推动化工新材料进出口增速全省第一。

黄石棋盘洲综保区依托江海联运优势，铜产品进出口量占全国份额的 15%。叠加跨境电商综试区优势，推动全省跨境电商进出口额占外贸总值近 30%。

知识链接

武汉东湖综保区概况

武汉东湖综保区位于武汉市东南部，“中国光谷”腹地，于 2011 年 8 月 29 日获国务院批准设立，是全国第 17 个综保区、湖北省首家综保区，也是湖北自贸区武汉片区的核心开放区和武汉跨境电商综合试验区的示范引领区。

按照《国务院关于促进综合保税区高水平开放高质量发展的若干意见》，东湖综保区围绕“五大中心”建设总目标，依托东湖高新区产业集群和“芯—屏—端—网”价值链，搭建保税加工制造、国际生物医药、跨境电商服务、大宗商品交易、保税仓储展示、外贸综合服务、国际检测维修、跨境金融服务和保税研发设计“九大平台”，积极打造具有国际竞争力和影响力的开放之区、创新之区、生态之区。

打造加工制造中心。东湖综保区发挥功能优势，紧密结合东湖高新区产业发展战略，在开展出口业务的同时，突出内销业务的展开，打造保税加工制造中心。

打造研发设计中心。东湖综保区国际生物医药保税平台是东湖高新区生物医药产业链的贸易功能延伸，为生物医药研发、加工和仓储物流提供一体化保税服务及贸易进出口通道。

打造物流分拨中心。东湖综保区重点建设了区内外仓储设施，支撑综保区外贸综合、物流分拨等产业的引进和发展。同时，积极对接鄂州花湖国际机场，建立“区港联动”产业协同发展机制。

打造检测维修中心。依托海关政策红利，东湖综保区积极发展移动终端、生物医药和平行进口汽车等重点产业相关的国际检测维修平台，为湖北自贸区武汉片区新型业态发展探索新路径。

打造销售服务中心。以大宗商品、跨境电商、金融服务为主导产业，推进跨境电商与金融产业联动发展，围绕股权投资、融资租赁、商业保理等方向集聚各类金融机构和配套金融服务公司。

鄂州花湖国际机场构建了高效通达的国际航空体系，成为湖北省重要的开放平台，是湖北省外贸企业重要的“空中出海口”。花湖国际机场口岸空运进出口规模实现从百亿元到千亿元的跨越，全年进出口总值达 1023.6 亿元，增长 556.8%，进出口值在全国航空口岸中排第 14 位，其中出口值排序已进入全国前十。2024 年湖北省企业从花湖国际机场进出口 203.5 亿元，增长 686.9%，拉高同期湖北省外贸增速 2.8 个百分点。

从口岸辐射区域及主体看，2024 年花湖国际机场进出口货物覆盖全球 169 个国家和地区，超过 2 万家企业通过花湖国际机场开展跨境贸易，经营主体涵盖中部、长三角、珠三角地区等，为跨境高附加值的航空货物开辟了全新的物流通道。

出口方面，2024 年中部六省经花湖国际机场出口超 300 亿元高新技术产品，其中出口手机超 1100 万台、集成电路 3.45 亿个、笔记本电脑及平板电脑合计超 8 万台。进口方面，2024 年中部六省经花湖国际机场进口平板显示模组 18.5 万个，进口半导体制造设备总额达 1.8 亿元。

另外，荆州加快打造长江中游大宗商品铁水联运枢纽，2025 年建成大宗商品供应链平台，新开通各类航线流道5条以上，力争港口吞吐量突破亿吨。

（二）湖北枢纽经济的发展短板

1. 外向型经济不强

一是优势产业外向度偏低。2024年，湖北外贸总额依存度仅11.8%，远低于全国外贸依存度的32.5%。高新技术产品出口额占全省总出口比重为25.5%，处于全国平均水平。产业国际化水平有待提升。以光电子信息为例，武汉东湖高新区光纤光缆产品国内市场占有率达到50%，但相关龙头企业国际销售收入占比不到30%。

二是外向型企业总量不足。进出口低于1亿元企业占有进出口实绩企业比重较高，现有外贸主体数量及规模较小。企业对外开展多层次、全方位合作少，在资本、人才、企业之间，市场开拓以及产业链等方面协作层次较浅。在共建“一带一路”国家投资，带动上下游企业“抱团出海”、集群式“走出去”的龙头企业数量不多。外资项目储备引进不足，世界级、国家级项目不多，三个“500强”投资项目、总部型项目较少。

三是区域开放结构不平衡。开放经济呈现“一城独大、多极乏力”的失衡格局。2024年武汉市进出口额占全省的57.1%，而襄阳、宜昌合计占比仅10.7%。县域开放存在短板，全省设立外贸综合服务平台的县（市）占比不高，县域外贸企业存活周期短、规模小。

2. 交通枢纽功能仍需完善

高铁、民航等品质化、快速化客运网络仍需加密。长江航道“中梗阻”、三峡船闸“卡脖子”、汉江梯级“断档位”等问题依然存在，长江黄金水道的潜力有待进一步开发。水路、铁路和货运枢纽的作用发挥不足，铁路运输服务有待提效，全省铁路货运量占比低于全国平均水平。国际物流短板明显，国际航空、中欧班列（武汉）发展对比同类城市差距明显，对产业链支撑保障作用有待提升。多式联运转运枢纽节点微循环“最后一公里”不畅，集疏运通道有待完善。

3. 开放平台作用需进一步发挥

湖北开放平台数量不少，但是开放能级不高。各类对外开放平台利用不够，创新引领示范、产业聚集和政策红利没有充分发挥。

自贸试验区示范引领作用发挥不够充分。湖北自贸试验区挂牌以来，28 项改革试点经验在全国复制推广，但占全国不到 10%。形成的制度创新成果中，涉及深层次的制度创新较少。围绕产业发展的创新成果缺乏合力，关联性不强，系统化、集成化创新成效有待增强。

经济开发区、综保区、国际合作产业园区等对外开放平台发展不足。省级经济技术开发区对引进外商直接投资贡献度低，综保区入驻企业不多，国际产业合作园区进展缓慢，引资引技引智作用发挥不够充分。

服务“鄂货鄂出”效果不明显。湖北部分外贸订单是由外地外贸公司运到上海完成出口，外贸综合服务平台型企业规模小，链条不够长，覆盖面不够广。花湖国际机场服务湖北货物航空出口占比仅 40%，也就是说，湖北 60% 的需要通过航空出口的货物都从上海、深圳等机场口岸“出海”。

二、建设三条丝绸之路打造新时代“九州通衢”

湖北处于长江经济带和中部地区崛起重要战略支点的重要交汇点，要以陆、海、空三大丝绸之路的战略交汇点，不断提高资源要素的承载能力和转运效率。

（一）全方位对接陆上丝绸之路

1. 全面提升中欧班列（武汉）集结中心枢纽集结能力

构建以武汉为中心，襄阳、宜昌、十堰为支点的集疏运网络，引导异地货源在湖北集结分拨，提升班列区域辐射能力。

贯通阳逻港铁水联运专用通道，实现江海直达班列与中欧班列无缝衔接；依托鄂州花湖国际机场空铁联运枢纽，构建“卡车航班＋中欧班列”货邮联运体系，欧洲方向航空货邮24小时内完成转运；搭建长江中游多式联运数字化协同平台，整合各地货源与运力资源，提升班列装载率。

持续推进班列“运贸一体化”发展，促进班列与制造业、商贸业、邮政快递等产业的深度融合。精准服务“光芯屏端网”、汽车制造等重点产业集群，开通“厂站直装”定制班列。开发国际冷链、跨境电商等特色专列，应用区块链技术实现货物温控、电子锁封及全程追溯。试点铁路运单物权化改革，推出“班列提单质押融资”服务。

2. 建设高水平的全国铁路路网中心

按照“路网中心、米字成形”的总体思路，加快实施铁路跨越发展工程。加强铁路对外通道建设，重点补齐沿江、武西等东西向高铁短板，完善呼南、京九等方向高铁布局，进一步优化城市群城际铁路网，加快构建以武汉为中心的“米字形、十通向”高铁枢纽网，推动形成以襄阳、宜昌为中心的多向放射格局，实现高铁对全省所有市州的覆盖。

3. 建设高水平的全国高速公路网

推进国家主通道改扩建，重点推进京港澳、沪渝、福银等繁忙拥挤路段提质扩容，加快形成贯穿全省中心城市及主要城市群快速通道，提升路网运行效率和服务水平。

同时，服务长江经济带发展、中部地区崛起等国家战略，强化长江中游城市群互联互通，完善省际出口布局。

（二）高效率联通海上丝绸之路

1. 加快建设武汉长江中游航运中心

依托江北铁路、快速路构建“铁水公空”多式联运网络，提升年吞吐能力至150万标箱。大力发展江海直达，优化提升“武汉阳逻港—上海洋山港”江海直达集装箱品牌航线，巩固“泸汉台”集装箱快班、“武汉阳逻港—上海外高桥港—台湾基隆港”等集装箱江海联运航线，持续发展武汉至日本江海直航集装箱班轮航线，积极培育武汉 / 黄石至韩国集装箱江海直航航线，拓展武汉、宜昌、黄石、荆州至宁波舟山大宗散货江海直达航线，构建多元化的国际水运航线体系。

加强近洋直航航线与中欧班列（武汉）对接，培育日韩—武汉—中亚等国际海铁联运，探索发展国际物流中转业务。完善智慧口岸功能，推动电子通关时间压缩至24小时以内，推广保税物流园区“一站式”服务，建设“数字长江”航运信息平台，促进沿江港口数据互联。

2. 完善以长江黄金水道为核心的集疏运体系

加快三峡新通道工程建设，基本破解长江“中梗阻”。加快推进汉湘桂内河航运大通道湖北段工程，重点推进碾盘山、雅口、崔家营等枢纽二线船闸工程和碾盘山至兴隆航道等级提升工程建设。巩固优化省内水运网络，深入推进全省港口资源整合，大力发展省内沿江捎带、水水中转，巩固提升湖北至长江沿线城市水运航线，畅通与大运河水系相通的航运通道。

加快完善多式联运集疏运体系，着力推进主要港口核心港区的疏港铁路、公路建设，加强机场、铁路站场等集疏运道路建设，完善物流园区、大型产业园区进港铁路建设，有效解决“最后一公里”问题。

（三）立体式支撑空中丝绸之路

1. 继续织密航线网络

根据国内航空货源分布特点，继续拓展和优化国内货运航线，织密通达京津冀、长三角、粤港澳等城市群的国内航线，形成覆盖全国主要经济区域的航线网络。结合区域产业特点，针对性布局生鲜、高附加值货物运输专线。例如，开通“牛羊肉航线”“海鲜航线”等特色货运通道，高效连接内蒙古、云南等生鲜产地与全国消费市场，推动货源腹地向中西部延伸，积极融入国内大循环。加快拓展国际航空货运航线，稳定欧美等洲际航线，巩固完善亚洲国际中短程航线，有序开通欧盟、东南亚等航线，打造全球 72 小时航空货运骨干网络。

2. 加强双枢纽的联动效应

加强武汉、鄂州两地机场“腹舱 + 全货机”航线布局协同，提高武汉天河国际机场腹舱运力利用能效，加快鄂州花湖国际机场建设全国航空快件中心，支持支线机场加强航空货运网络建设，与上海、香港等地枢纽机场合作开发“汉沪快线”“汉港快线”等特色线路，构建“全球 123 快货物流圈”。

织密前置货站网络体系，探索在武汉新港空港综保区、武汉经开综保区复制推广光谷货站模式，推动在武汉都市圈城市共建共营前置货站，探索在江苏、浙江、广东、福建等重要货源地布局异地货站。

加快对接花湖国际航空货运枢纽平台，打通武汉天河机场、鄂州花湖国际机场和光谷货站之间的物流、信息流，提高协同作业效率。

3. 着力建设花湖国际自由贸易航空港

湖北鄂州花湖国际机场定位为“货运枢纽、客运支线、公共平台”。机场场址 11.89 平方千米，拥有 1.5 万平方米的航站楼、2.3 万平方米的航空货站、67.8 万平方米的分拣中心及两条 3600 米长、45 米宽的跑道，设有 124 个机位。这里有亚洲最大的超级转运中心——顺丰转运中心，面积达 67.8 万平方千米，可满足年旅客吞吐量 150 万人次、货邮吞吐量 330 万吨的使用需求。

花湖国际机场地处全国经济地理中心，1.5 小时飞行圈可覆盖长三角、珠三角、京津冀等多个国家级城市群，辐射全国 90% 的经济总量、80% 的人口，有利于促进区域内外循环，更好地服务建设全国统一大市场。

从省内来看，花湖国际机场位于鄂州、黄石、黄冈三市的“几何中心”，与三市城区的距离均在 20 千米左右，车程约 20 分钟。花湖国际机场到武汉光谷直线距离约 60 千米，仅需 1 小时车程；到武汉火车站和武汉天河国际机场直线距离约 100 千米，乘车仅需 1.5 小时。

自 2023 年 1 月 8 日首次获批临时开放，到 2024 年 3 月 19 日国务院批复同意湖北鄂州花湖国际机场对外开放，14 个月的时间，花湖国际机场创造了近年来国内机场航空口岸从获批临时开放到正式开放的最快纪录。

2023 年 4 月 29 日，花湖国际机场对外开放通过国家验收，正式实现“国际范”的转变，也标志着湖北有了正式的空中“新沿海”。

2023 年 6 月 18 日，机场北区公共国际货站顺利通过民航专业工程验收，正式投用，打通了除南区顺嘉国际货站外第二个连接国内外货物运输的重要通道。

与上海浦东、广州、深圳、郑州等枢纽相比，鄂州花湖国际机场平台数量少，缺少空港型综保区、跨境电商综合试验区，湖北省尚未成立本土货运航司，未成立鄂州边检站，与花湖国际机场作为国家重要生产力布局的地位不相称，与其担负的代表中国参与全球航空物流竞争的重任不相称，影响专业货运枢纽机场作用的发挥。

鄂州花湖国际机场需要不断提升枢纽能力。一是持续扩大货运规模，不断增加航空运力供给，加快打造企业主体、政府支持的供应链平台体系，更好汇聚生产和服务要素。二是持续增强开放功能，充分用好空港保税物流中心（B 型），加快申建空港综保区和跨境电商综试区，探索内外贸一体化制度体系，打造全国内陆开放的重要窗口。三是持续发展“双空经济”，加快布局临空偏好型产业，着力搭建低空经济发展的“空中路网”，努力争创国家级临空经济示范区和低空经济发展示范区。四是持续完善配套体系，强化基础设施连通、多式联运融通、物流集散畅通，加快推动职住平衡，不断提升城市品质，着力增强服务支撑功能。

经验借鉴

郑州航空港经济综合实验区

郑州航空港经济综合实验区位于中部内陆地区，克服了不沿边、不靠海的区位劣势，通过加快提升开放门户功能，构建了国际空中物流大通道，强化了产业集聚和综合服务功能，构建了国际化营商环境。它联结河南发展与全球要素市场，实现了更大范围、更广领域、更高层次的资源配置，是我国内陆地区全方位开放发展的典范。回顾其发展，有以下几点经验。

一是强化航空枢纽地位。探索郑州至卢森堡的“双枢纽”建设模式，郑州机场货运航线数量从 2016 年的 34 条增加至 2024 年 6 月底的 50 条，在郑州机场运营的货运航空公司已有 25 家，通航 25 个国家、57 座城市，形成了横跨欧美亚三大经济区、覆盖全球主要经济体的枢纽航线网络。从郑州机场出发，24 小时可到达全球主要经济体。2023 年，郑州机场完成客运量 2535.75 万人次，同比增长 175%，完成货邮吞吐量 60.78 万吨，连续7年稳居全国第6位。

二是龙头带动临空产业。2010年引入富士康后，航空港实验区手机总产量于2016年达到2.56亿部，成为全球重要的智能终端基地;2023年富士康郑州科技园产值再创新高，实现“十二连增”，增长1.4%，助推新郑综保区外贸进出口货值跃居全国综保区排名第一。在富士康等一批龙头企业带动下，电子信息、商贸会展、生物医药、智能装备、半导体、新型显示、新能源、新基建与航空物流、跨境电商等产业集群加快构建。

三是打造开放载体平台。构建以“1+1+7”口岸体系为核心的开放体系，通关便利化水平不断提升，航空港实验区已成为国内国际双循环的重要节点。郑州新郑综保区进出口值从2012年的1799.68亿元增加到2023年的4072.78亿元，占郑州市进出口总额的73.8%、河南省进出口总额的50.3%，居全国综保区第一位，中部地区第一。

三、以离岸在岸一体化推动新时代“九州通商”

党的二十届三中全会明确提出：“推进通关、税务、外汇等监管创新，营造有利于新业态新模式发展的制度环境。”“创新发展数字贸易，推进跨境电商综合试验区建设。”“创新提升服务贸易，全面实施跨境服务贸易负面清单。”“深化外商投资和对外投资管理体制改革。”① 湖北要以离岸在岸一体化推动新时代“九州通商”。

（一）培育外贸新动能

1. 积极培育壮大外贸主体

可依托优势产业，提升外贸企业国际竞争力，如围绕汽车、电子信息、化工等优势产业培育外经贸提质增效示范项目，推动东风汽车、

①《中共中央关于进一步全面深化改革　推进中国式现代化的决定》，《人民日报》2024年7月22日。

中国信科、兴发集团等链主企业积极开拓国际市场，建立国际营销网点，稳住国际市场占有率。

支持建立外贸主体“雁阵”梯队，加强引进和培育外贸头部企业，支持供应链企业做优做强，积极培育外贸中小企业，鼓励大中小企业协同发展，引导龙头企业与中小企业结对合作外贸项目，带动“技术+产品+服务”走出去，引导省内企业加速融入全球产业链供应链。

创新外贸企业服务模式，建立外贸主体联系机制，动态收集外贸企业进出口相关问题，并协调解决。完善贸易摩擦应对工作体系，健全通信、基础设施等重点外向型行业预警体系，建立省级出口管制工作体系和协调机制，帮助列入出口管制清单的企业妥善应对。依托湖北国际商会，广泛开展会员企业培训和交流活动，帮助湖北外向型企业提升合规能力。

2. 加快发展外贸新业态新模式

大力发展跨境电商，支持有条件的市州申报国家跨境电商综试区，加大跨境电商头部企业招引力度，培育建设一批省级跨境电商产业园，推动跨境电商与湖北优势产业深度融合，鼓励多元主体共建共享海外仓，建立线上线下融合、境内境外联动的营销体系。

创新发展服务贸易，深化武汉、襄阳、宜昌等国家级、省级服务外包示范城市建设，搭建服务贸易国际交流合作新平台。深入推进服务业扩大开放综合试点，扩大教育、医疗等特色服务出口。大力发展包括北斗导航、动漫游戏、视频直播等在内的服务新业态。积极拓展技术贸易、会展服务等领域服务贸易，打造服务业出口新增长点。

积极发展数字贸易，推进新型外贸基础设施建设，建强数字贸易平台载体，注重对数字贸易知识产权的保护，健全数字贸易知识产权保护和管理体系。提升传统外贸数字化水平，拓展数字贸易新领域。统筹发展其他外贸新业态，积极发展市场采购贸易、保税维修、离岸贸易，做优外贸综合服务，推进外贸服务向专业细分领域发展。

3. 深化外贸结构调整

推动多元化市场布局，积极参与高质量共建“一带一路”，以非洲、东盟、中东、俄罗斯及中亚等为重点，积极搭建经贸合作桥梁，巩固光电子信息、汽车及零部件、家居日用等传统优势产品出口，深挖生物医药、纺织服装贸易潜力，扩大矿产及优质农产品进口。

同时，力保传统欧美市场份额，全力稳住外贸基本盘。优化商品结构，围绕光电子信息、商贸物流、汽车制造、船舶海工等产业，用好长江水道、中欧班列（武汉）、花湖国际机场等“海陆空”重要通道，引导企业加强国际营销体系布局，支持企业开展贸易业态创新，实现外贸产业从“一光独大”到“多业发力”、从“产品出海”向“品牌出海”、从“贴牌代工”向“自主驱动”三个转变。

推动外贸平台迭代升级，支持供应链企业抓好服务、用足政策、拓宽功能，推动武汉都市圈适空进出口货物向花湖国际机场集散，助推上下游企业降本增效，提升优势产业综合竞争力。

（二）大力稳定外资

1. 加大外商投资促进力度

围绕做大做强光电子信息、新能源与智能网联汽车、高端装备、生命健康等重点产业，稳住和吸引更多产业链链主企业。

重点支持先进制造业和高技术服务业外资项目，引导外资更多投向科技创新、低碳环保等产业。吸引鼓励跨国公司来鄂设立地区总部和研发创新中心，为跨国公司境内外资金运营管理提供便利，支持跨国公司地区总部、功能性机构在跨境资金池业务下开展本外币跨境收付。

将外商投资企业纳入本地自主创新体系，针对前沿技术、共性关键技术和跨行业的融合性技术，与省内科研机构及企业开展协同创新与联合攻关。

2. 推动外商投资自由化便利化

落实最新版全国和自贸试验区外商投资准入负面清单，负面清单之外的外资项目，按照内外资一致原则管理。加大涉外商投资知识产权保护力度，对接国际高标准知识产权规则，完善知识产权保护规定，组织开展外资企业知识产权保护专项行动等。

营造公平竞争的市场环境，确保各类经营主体平等使用各类生产要素和公平参与市场竞争，落实好外资企业在政府采购、标准制定等方面的国民待遇。

建设全省利用外资信息服务平台，建立重点外资项目三级服务包联机制，联动市州开展外资企业找市场、找人才、找伙伴“优选湖北·三为三找”活动，提升外资企业预期和信心。

支持外资企业采取提前申报、两步申报、船边直提、抵港直装等方式提升通关效率，进一步降低港口作业包干费、理货费、国际货站仓储费等通关费用。

（三）服务企业出海

1. 完善企业出海渠道

加快实施“千企百展出海拓市场”行动，通过开展统一特装“组团”出海、助力市州认领“抱团”出海、支持企业主动“参团”出海等方式，推动“鄂企出海”“鄂品出境”。

大力推动全省民营企业抢抓“一带一路”建设机遇，深度融入参与国际竞争，组织引导更多民营企业赴境内外参加行业内国际高精尖展会，对相关企业境外品牌注册、展位费等费用按比例予以支持，提升企业利用国际国内“两个市场、两种资源”的能力，增强企业全球市场份额和国际化经营水平。积极搭建对外经贸交流合作桥梁，继续举办“相约春天赏樱花”经贸洽谈暨世界500强对话湖北、中国—北欧经贸合作论坛、湖北·武汉台湾周等重大经贸交流活动，积极用好进博会、服贸会、广交会等国际开放合作平台，不断拓宽海外经贸交流合作网络。

依托行业协会力量，进一步畅通政企沟通渠道，建立支持企业出海在岸离岸服务组织体系。在岸方面，设立汽车、光电子信息、生物医药、纺织服装、新能源等省级行业出海协会，组建湖北企业出海联合会。离岸方面，整合海外各类商协会、同乡会、侨领侨商等资源，按国别地区成立湖北海外商协会联盟。

2. 助力企业“抱团”出海

加快境外经贸合作园区建设，构建离岸贸易平台，借助数字化技术优化贸易流程，实现贸易环节的高效协同，开展转口贸易、离岸转手买卖等业务，带动湖北乃至全国产品出口。

发挥龙头企业引领效应，支持葛洲坝集团、中建三局、中铁大桥局等重点企业延伸境外工程建设产业链供应链，创新“投建营一体化”发展模式，创造更多投资合作机遇。引进中国国际工程峰会，搭建供需对接平台，推动龙头企业与工程咨询、设计、设备生产、劳务等上下游企业合作，鼓励企业以联合体形式共同承揽境外交通、能源、通信等重大项目，促进“大带小、同步走”携手出海。

3. 优化出海综合服务

完善“走出去”综合服务平台，为“走出去”企业提供包括投资国别指南、风险预警防范、专业服务链接、金融保险服务、政务办公服务、政策咨询指导和网上课堂培训等在内的一站式、全方位、综合性服务。强化金融服务支持，鼓励国有基金发挥牵头作用，为企业境外投资项目提供资金支持。鼓励商业银行与政策性银行合作，为“走出去”企业提供组合式融资方案和配套增信服务。

加大专业服务支持，鼓励本土咨询服务、会计审计、税务服务和知识产权等专业服务机构，紧贴国内企业“走出去”需求，为他们提供专业服务支持。加大专业服务机构支持力度，对于提供出海服务力度大的专业服务机构，给予一定资金奖励和相关政策倾斜。

四、以高标准制度型开放推进新时代“九州通融”

习近平总书记在新时代推动中部地区崛起座谈会上指出：“稳步扩大制度型开放，深度融入共建‘一带一路’，主动对接新亚欧大陆桥、西部陆海新通道，高标准建设自由贸易试验区。打造更多高能级对外开放合作平台，在联通国内国际双循环方面发挥更大作用。”① 党的二十届三中全会指出：“稳步扩大制度型开放。主动对接国际高标准经贸规则。”② 湖北要以高标准制度型开放推进新时代“九州通融”。

（一）推进以要素配置为重点的高质量市场化改革

1. 完善市场管理体系

健全统一的准入退出制度，全面落实市场准入负面清单制度，普遍实行“非禁即入”。优化注销办理流程，试点推行强制注销改革。

推动市场主体信息共享互认，加快推进电子证照应用领域拓展和

①《习近平主持召开新时代推动中部地区崛起座谈会强调　在更高起点上推动中部地区崛起》，《人民日报》2024 年 3 月 21 日。

②《中共中央关于进一步全面深化改革　推进中国式现代化的决定》，《人民日报》2024 年 7 月 22 日。

全国互通互认。推进企业信用监管制度规则体系建设，健全完善市场主体信用风险分类机制，推动信用评价结果跨部门、跨区域互认。

强化反垄断执法。加强反不正当竞争执法。提升市场监管能力，推进大数据、云计算、物联网、人工智能、区块链等技术在市场监管领域的应用。

2. 促进要素市场统一

加快构建数据基础制度、激活数据要素潜能，促进数据合规高效流通使用，优化基础设施，构建公共数据分级分类开放体系，探索“数据可用不可见”交易模式，推动医疗、交通等领域数据跨域融合应用，建设全国重要的数据枢纽，形成数据要素市场建设的湖北经验。

扎实推进存量建设用地消化处置，完善农村集体经营性建设用地入市机制，推动土地二级市场线上交易平台应用，强化土地要素高效配置利用。探索推进省内跨区域职称互认，统一失业保险转移办理流程，畅通劳动力要素流通渠道。深入实施资本市场建设“楚天行动”，增强区域性股权市场培育孵化功能，完善资本要素市场配套政策，推动资本要素服务实体经济发展。

（二）对接国际高标准经贸规则

1. 推动货物贸易创新发展

复制推广制度型开放试点措施中涉及货物贸易的内容，支持在湖北自贸试验区内开展重点行业再制造产品进口试点。自境外暂时进入湖北自贸试验区的部分货物，在进境时纳税义务人向海关提供担保后，可以暂不缴纳关税、进口环节增值税和消费税。

推行提前申报、先放后检、远程视频检查等改革举措。探索开展科研物资跨境自由流动，探索制订跨境科研物资正面清单。拓展中国

（湖北）国际贸易“单一窗口”功能，逐步推动口岸和跨境贸易领域相关业务统一通过国际贸易“单一窗口”办理，实现海关等部门口岸通关状态查询和通关流程全程可视化，支持和鼓励银行通过“单一窗口”平台，为企业办理线上贸易外汇收支业务。

2. 建立与国际高标准经贸规则衔接、公平开放的市场环境

优化市场准入环境，高质量实施《区域全面经济伙伴关系协定》（RCEP），对标《全面与进步跨太平洋伙伴关系协定》（CPTPP）和《数字经济伙伴关系协定》（DEPA）等国际高标准经贸规则，推动规则、规制、管理、标准等制度型开放。

依法保障外商投资企业平等享受产业发展、扩大内需等政策待遇。开展政府采购领域妨碍公平竞争专项清理工作，做好湖北政府采购政策与国际规则接轨的政策储备工作，依法查处对外商投资企业实行差别待遇等违法违规行为。

（三）加强科教文体卫全方位国际合作

1. 打造全球科技创新要素汇聚地

广泛开展与欧美发达国家和东京、伦敦、波士顿、纽约、新加坡市等世界级创新城市的科技合作，探索建立国际科技合作联盟、基地和园区，有效对接全球高端创新资源，支持申报国家国际科技合作专项计划。

充分发挥“华创会”“光博会”“机博会”等平台作用，吸引“一带一路”国家参展，集聚展示国内外新技术、新产品、新服务，为企业提供与国内外人才、技术和资本对接的渠道。

支持光谷与全球知名高校院所、企业、投资机构加强科技合作，充分利用国际创新资源，精准对接优势产业，吸引高端人才，引进先进

技术，建设国际化创新平台，打造国际化社区，加速光谷国际化进程。积极鼓励光电子、地球空间信息、智能制造、新材料等学科领域国际一流大学和科研院所与武汉地区高校院所合作，联合共建大科学装置。

2. 加强文旅国际合作

湖北拥有独特且丰富的文旅资源，不断吸引着国际客群的关注。2024 年湖北入境游旅游人次同比增长 45%。要充分利用文旅这一优势，加强与国际交流合作，赴境外开展旅游交流合作，实施湖北文旅短视频全球推广项目，持续推介长江三峡、武当问道、三国文化等国际精品旅游线路，吸引五洲游客聚湖北，促进荆楚文化走世界。办好“长江之约”武汉国际合唱节、世界武当太极大会，吸引全球游客。与“一带一路”合作伙伴共建文化遗产保护联合实验室，推动编钟、汉绣等非遗项目数字化展示与国际巡演。

深度阅读

中共中央宣传部、国家发展和改革委员会编：《习近平经济思想学习纲要》，人民出版社、学习出版社 2022 年版。

中共中央党史和文献研究院编：《习近平经济文选》（第一卷），中央文献出版社 2025 年版。

《习近平在湖北考察时强调　鼓足干劲奋发进取　久久为功善作善成　奋力谱写中国式现代化湖北篇章》，《人民日报》2024 年 11 月 7 日。

《国务院关于做好自由贸易试验区对接国际高标准推进制度型开放试点措施复制推广工作的通知》（国函〔2024〕156 号），2024 年 10 月。

柳洁、董庆森：《塑造“九州通衢”新优势——湖北提升开放枢纽功能调查》，《经济日报》2024 年 4 月 10 日。

第六章

美丽湖北：绘就高质量发展生态底色

2024 年 1 月，习近平总书记在二十届中央政治局第十一次集体学习时强调，“绿色发展是高质量发展的底色”，“牢固树立和践行绿水青山就是金山银山的理念，坚定不移走生态优先、绿色发展之路”。

坚持生态优先、绿色发展是支点建设的必由之路。湖北的生态优势得天独厚：长江、汉江穿境而过，湖泊星罗棋布，山脉纵横，森林覆盖率极高，是名副其实的“物种基因库”。复杂多样的地形地貌与温润适宜的气候条件相交织，孕育出从亚热带到温带多种类型的生态系统，为湖北实现绿色发展奠定了坚实基础。

近年来，湖北牢记习近平总书记“确保江湖安澜、碧水东流、净水北送”的殷殷嘱托，坚定践行“两山”理念，持续做好环境保护、生态治理、绿色发展“三篇大文章”。下一步，要持续走好生态优先、绿色发展之路，推动支点建设走深走实，大力实施美丽湖北战略，整体提升支点的生态承载力。

一、推进长江大保护四大攻坚战

长江经济带是我国纵深最长、覆盖最广的经济带，其发展关乎全国发展大局。湖北作为长江干流流经里程最长的省份，是长江大保护“立规之地”。长江大保护，不仅关乎湖北自身生态环境改善与可持续发展，而且是对整个长江流域生态保护与高质量发展的有力支撑。近年来，湖北通过壮士断腕“关”、坚决果断“禁”、不留空白“查”、痛下决心“治”、竭尽全力“复”、加快协同“转”，使得长江生态环境发生明显变化。习近平总书记考察湖北时强调，“把修复长江生态环境摆在压倒性位置”①，对湖北加强长江大保护提出更高要求。我们要接续实施长江大保护“双十工程”“双十行动”，全面推进流域综合治理，打好湖泊治理、直排口治理、农村面源污染防治、化工污染防治等攻坚战，像保护眼睛一样保护长江生态环境，像对待生命一样对待长江生态环境，以高水平保护支撑高质量发展。

（一）打好湖泊治理攻坚战

湖泊是水资源的重要载体，是生态系统和国土空间的重要组成部分，是经济社会发展的基础支撑。截至 2024 年 1 月，湖北纳入省湖泊保护名录的湖泊共有 755 个、总面积 2706.85 平方千米。与河流相比，

①《习近平在湖北考察时强调　鼓足干劲奋发进取　久久为功善作善成　奋力谱写中国式现代化湖北篇章》，《人民日报》2024 年 11 月 7 日。

湖泊生态特殊，水域较为封闭，水体流动相对缓慢，水体交换周期长，自我修复能力弱，生态平衡易受到自然和人类活动的影响。

近年来，湖北为推动湖泊综合治理，开展了一系列工作。省级编制6个跨地市重点湖泊水生态环境保护规划，督导地市编制实施重点湖泊水污染防治规划或达标方案。全面开展入湖排污口排查整治，加强省控重点湖泊入湖排污口“查、测、溯、治、管”，分类推进整治。开展重点湖泊专项治理，制定推进洪湖、梁子湖、斧头湖水质不达标问题整改集中攻坚工作方案，开展洪湖、梁子湖、斧头湖流域专项监测，加强入湖支流、港渠、涵闸水质监测。织密水环境监测网络，指导地方完善市控重点湖泊监测点位，规范水质监测管理，对洪湖、梁子湖等16个湖泊开展水生态监测试点。推进武汉、荆州、鄂州、黄冈、咸宁等地湖泊“以草净水”治理试点，指导实施崇湖小流域综合治理试点，一体化推进山水林田湖草系统治理。加强水质考核约束，会同省河湖长办、湖泊保护领导小组办公室，每月向地方、各级河湖长办通报重点湖泊水质，压实湖泊保护主体责任。下一步还将努力营造全社会更加浓厚的爱湖护湖氛围，以高品质湖泊环境支撑高质量发展。

第一，要强化湖泊岸线治理。补齐湖泊防洪治涝工程短板，对长湖、斧头湖等重点湖泊堤防开展加高加固达标建设，加强四湖片区、梁子湖流域、斧头湖流域等重点易涝区域外排能力建设；加强湖泊形态保护，有效保障湖泊形态稳定。

第二，要加强湖泊截污控污。开展入湖排污口排查整治，建立完善入湖排污口“一口一档”，实行“一口一策”分类管理。加快城市湖泊污染治理，推进农村湖泊面源污染治理。开展重点湖泊流域内畜禽养殖污染防治，开展小流域综合治理，以水系为脉络，探索“流域+”产业发展模式。

第三，要推进湖泊生态修复。实施湖泊水生植被恢复工程，加强洪湖、梁子湖等重要湖泊湿地的保护与修复，稳步恢复湖泊生态功能。

开展湖泊流域水土流失治理工程，推进生态清洁小流域建设，控制入湖面源污染。

第四，要实施河湖水系连通工程。按照“荆楚安澜”现代水网建设规划，结合湖泊水系分布，以长湖、洪湖、斧头湖等重要湖泊为节点，加快实施四湖、荆南四河、鄂东五河、鄂东南和汉江下游五个片区河湖库水系连通工程，构建“互联互通、活水通畅、联调联控”的河湖连通格局，增强湖泊水体流动性和水环境承载能力。同时，还要开展出入湖河渠整治。

第五，要开展数字湖泊建设。开展湖泊水质分级监测管理，强化水生态环境质量定期监测和信息公开；加强重要湖泊水情、雨情、工情监测等信息采集，提升湖泊监测覆盖率和水平；围绕湖泊水域岸线管理和水污染防治等开展智能应用建设，提高重点湖泊智慧化管理水平。

（二）打好直排口治理攻坚战

水污染问题表象在水里，根源在岸上。入河排污口作为连接水里和岸上的重要节点，直接关系到流域水生态环境状况，是做好水生态环境保护工作的“牛鼻子”。入河排污口是污染物进入环境水体的最后关口，全面加强入河排污口监督管理，是倒逼水污染源治理、深入打好污染防治攻坚战的重要抓手，对于促进绿色发展、保护和建设美丽河湖具有重要推动作用。

湖北的长江入河排污口达 12480 个，约占长江沿线 11 省、区、市总数的五分之一。湖北狠抓长江入河排污口整治工作和质量提升。截至 2024 年底，全省 12480 个长江入河排污口累计完成整治 12316 个，占比 98.69%，验收销号率为 80.91%，已达到 2024 年省定完成目标要求。下一步，湖北将持续巩固提升整治成效，推进整治任务全面完成。对易反弹、难整治的排污口实行拉条挂账、持续盯办。进一步加大巡查监测力度，采取“实验室检测 + 快速检测”相结合的方式，做到有水皆测、应测尽测。督促各地落实属地责任，认真查漏补缺。

湖北还依托长江大保护智慧平台，推进信息化建设。湖北入河排污口数量众多，涉及面广，是做好流域水生态环境保护的重要节点。传统的管理模式难以全面、准确、及时进行监管，迫切需要采取信息化、数字化手段实现对入河排污口的动态、实时和全过程管理。湖北依托长江大保护智慧平台建设入河排污口综合监管应用系统，全面涵盖排污口的基础信息、排查成果等各个方面，为全面、深入了解排污口状况、精准有效推进排污口排查整治提供坚实的数据基础。该平台建设以排污口“查、测、溯、治、管”全过程精细化管理为核心，整合涉水业务数据资源，以排污口为基础，汇集了工业企业、污水处理厂、工业园区等涉水污染源。基于空间管控体系，综合黑臭水体、饮用水水源地、重点湖库、水功能区等涉水业务管理数据，建立了“排污单位—排污口—受纳水体—断面”业务数据链，可实现从排污口设置审核开始的全生命周期监管，能够及时、敏锐地发现排污口的异常情况，实现对潜在环境风险的快速预警和有效处置。另外，湖北还与国家平台、省级其他相关系统、地市级平台建立了稳定、高效的对接机制，构建了广泛的数据共享网络，可实现数据的全方位互联互通。

（三）打好农村面源污染防治攻坚战

农业面源污染，是指农业生产过程中由于化肥、农药、地膜等化学投入品不合理使用，以及畜禽水产养殖废弃物、农作物秸秆等处理不及时或不当所产生的氮、磷、有机质等营养物质，在降雨和地形因素的共同驱动下，以地表、地下径流和土壤侵蚀为载体，在土壤中过量累积或进入受纳水体，而对生态环境造成的污染。农业面源污染具有以下特点：一是地理边界和位置难以识别和确定的分散性；二是污染发生受自然地理条件、水文气候特征等因素影响的不确定性；三是农业生产残留营养元素会在土壤中累积并缓慢向外释放，对受纳水体环境质量影响存在滞后性；四是农业面源污染物的主要成分以氮、磷营养物质为主，其本身的性质具有双重性，利用好了对农业生产是一种资源，只有进入受纳水体或在土壤中过量累积才会造成环境污染。

1. 要推进重点区域农业面源污染防治

根据农业污染源类型分布、地理气候条件、环境质量状况等，确定农业面源污染优先治理区域。优化农业生产空间布局，按照土壤、水和海洋生态环境保护要求，分区分类采取治理措施。在种植业面源污染突出区域，实施化肥农药减量增效行动，优化生产布局，推进“源头减量—循环利用—过程拦截—末端治理”工程，深入实施秸秆综合利用行动，以肥料化、饲料化、燃料化利用为主攻方向，建立一批秸秆综合利用重点县，打造产业化利用典型模式。持续推进农膜回收行动，以标准地膜应用、专业化回收、资源化利用为重点，强化农膜回收利用示范县建设，健全回收网络体系，试点农膜区域性绿色补偿制度，加快可降解农膜应用示范，着力解决农田“白色污染”问题。在养殖业面源污染突出区域，基于土地消纳粪污能力，合理确定养殖规模，促进畜禽粪污还田利用，推动种养循环，改善土壤地力。按照全要素治理、菜单式遴选的原则，以种植、规模以下畜禽养殖、水产养殖等污染防治为重点，根据污染类型和主要成因，分区分类建立农业面源污染防治技术库。

2. 要完善农业面源污染防治政策机制

一是健全法律法规制度。加强化肥农药生产经营管理和使用指导，推动精准施肥、科学用药。鼓励对畜禽粪污进行无害化处理，处理后的粪污达到肥料化利用有关要求后，进行还田利用。二是完善标准体系。健全畜禽养殖污染治理标准体系，加强养殖场户环境监督管理。

农田灌溉用水、水产养殖用水、畜禽粪污肥料化利用应执行相应标准，防止它们污染土壤、地下水和农产品。三是优化经济政策。完善农业面源污染防治设施用电用地政策，落实有机肥产品生产销售、化肥农药减量、有机肥替代化肥等补贴和税收减免政策。优先将畜禽、水产养殖、秸秆农膜等废弃物处理和资源化利用装备等支持农业绿色发展的机具列入农机购置补贴目录。四是建立多元共治模式。发展农资绿色配售，推动农资经销商成为污染防治的重要主体和信息传导枢纽，引导农户使用绿色高效的肥料农药。推动统一生产管理、统一订购农资、实施品牌认证等标准化生产，形成“政府—市场—农户”多元共管共治体系。

（四）打好化工污染防治攻坚战

湖北拥有全国第一的磷矿资源保有储量、年开采量、磷化工产业规模和磷肥产量，也是磷石膏生产大省。2023 年，湖北省年产磷石膏约 2520 万吨，库内贮存总量约 2.6 亿吨。在坚持“减量化、资源化、无害化”原则的基础上，湖北省以磷石膏综合治理作为推进“无废城市”建设的着力点，积极引导磷化工产业链高质量发展，取得明显成效。一是磷石膏综合治理技术水平不断提高。围绕磷石膏综合治理，建立了湖北三峡实验室、湖北省磷化工产业技术研究院等 12 家省级工程技术研究中心以及 8 家省级企校联合创新中心，成功开发了 100 万吨 / 年磷石膏提纯装置。同时，“磷石膏无害化处理关键技术”被列入《国家工业资源综合利用先进适用工艺技术设备目录（2023 年版）》。二是磷石膏综合利用能力迅速提升。2024 年全省磷石膏综合利用率超过 60%。三是磷化工产业高质量发展。湖北省磷化工年营业收入突破 2000 亿元，兴发集团、湖北宜化集团、湖北三宁化工股份有限公司、新洋丰农业科技股份有限公司 4 家磷化工企业营业收入超过百亿元。

为持续打好化工污染防治攻坚战，应从以下几个方面着手。

首先，要推动磷化工产业绿色转型升级。开展产业绿色转型升级，是推动磷石膏综合治理的治本之策。要发挥湖北省丰富的磷矿资源优势，通过推广先进绿色技术、加强优化布局、提高产业集中度、建设供应链平台等措施，培育壮大精细磷化工产业，促进产业转型升级，打造世界级磷化工产业集群。

其次，要创新磷化工全产业链高质量发展模式。一方面，加强磷矿源头管控，优化磷矿资源配置，推进磷矿资源向优势企业集中。推动培育专精特新磷化工企业，发挥龙头企业带动作用，推动磷化工产业链上下游协同发展、集聚发展，拉长产业链，强化创新链，培育一批具有国际竞争力的行业领军企业。另一方面，加快磷化工产业绿色化转型，推动开展新一轮技术改造，提升磷化工产业层级。探索开展化工园区信息化基础设施建设，打造智慧化工园区，创建智能示范车间、智能工厂和国家新型工业化产业基地。推进磷化工绿色制造体系建设，推动磷化工企业通过技术创新、装备改良、系统优化，实现能源高效利用和清洁生产，打造具有示范带动作用的绿色产品、绿色供应链、绿色工厂和绿色园区。

最后，要创新磷石膏资源规模化综合利用模式。一方面，加大对磷石膏规模化综合利用关键技术创新的扶持力度。针对磷石膏大量化应用、磷石膏无害化处理等关键技术，采取协同攻关等方式，激励企业持续加大技术研发与技术改造力度，引导磷石膏综合利用产业健康发展。另一方面，建立产学研用协同创新体系。依托湖北三峡实验室、长江资源循环利用及装备创新中心等创新平台，引导各类科技创新主体开展跨领域、跨学科联合攻关，突破一批关键核心技术，有效解决磷石膏规模化利用处理难、库存消耗难、应用推广难等问题，加快磷石膏在公路建设、建筑材料等领域的推广应用。

二、优化四大结构推进绿色转型

我国经济社会发展已进入加快绿色化、低碳化的高质量发展阶段。全面推进绿色低碳发展，就是全方位、全领域、全地域推进绿色转型，使生态循环与生产循环有机结合起来，厚植生产力发展的绿色底色。

（一）持续调整产业结构

深入推进重点行业节能降碳改造等十大绿色转型工程，大力发展节能环保产业，推进产业生态化、生态产业化。

1. 改造传统产业

以汽车、冶金、化工等传统产业为重点，实施新一轮万企万亿技改行动，推动规上工业企业全面实施技术改造，向高端化、智能化、绿色化升级。省政府坚持每季度分行业召开技改现场会，聚焦钢铁、石化、汽车、电子信息、装备制造等行业，通过标杆引领示范带动传统产业改造。截至 2023 年，湖北全省在建 5G 全连接工厂 238 家、省级工业互联网平台 62 个、省级 5G 工厂 90 家；工业企业上云 4.8 万家，覆盖率超过 48%。

2. 发展优势产业

集中力量和市场资源，突破性发展光电子信、新能源与智能网联汽车、生命健康、高端装备制造、北斗五大优势产业，努力打造世界级产业集群。每个优势产业都建立省委常委领衔推动的工作机制，制定三年行动方案，组建专家咨询委员会，搭建产业服务平台，强化项目牵引，加快关键核心技术攻关。比如，华工科技联合武汉华中数控股份有限公司、锐科激光等 100 多家企业和科研机构联合攻关，攻克三维五轴激光加工机床“卡脖子”技术难题，打破国外垄断。

3. 前瞻布局未来产业

湖北对量子信息、下一代网络、精准医疗、脑科学与类脑研究等前沿未来产业进行前瞻布局，打造一批百亿级新兴产业集群，加快形成新质生产力。如实现全球首款续航超1000千米氢能重型卡车试产、首个全国产高通道脑机接口临床测试。下一步，要坚持以创新为动力，以场景应用为牵引，以企业为主体，以“未来技术学院—未来产业科技园—未来产业先导区”为载体，构建“新技术突破—新场景应用—新物种涌现—新赛道爆发”的未来产业生态，建设具有全国影响力的未来产业发展高地。力争到2035年全面建成支点时，未来产业成为全省经济社会发展的重要驱动力，涌现一批引领世界的重大原创成果和示范应用场景，集聚一批头部企业和重大平台，汇聚一批顶尖创新人才，形成若干未来产业集群，推动湖北成为未来产业重要策源地和发展高地。

（二）持续调整能源结构

推进“风光水火储一体化”“源网荷储一体化”发展，构建清洁低碳、安全高效的新型能源体系。

近年来，湖北能源结构持续优化。以风电、光伏为代表的新能源实现跨越式发展，能源结构的“含绿量”进一步提升。传统的“水火互济”正向“风光水火储一体化”发展迈进，推动能源电力从高碳向低碳、从以化石能源为主向以清洁能源为主转变。综合来看，全省能源结构呈现出以下特点。一是新能源成为第一大电源。截至2024年底，湖北风电、光伏装机容量4462.06万千瓦，占全省电源总装机容量的36.1%，超过火电、水电，成为全省第一大电源。二是清洁能源装机占比高。截至2024年6月底，水电、风电、太阳能等清洁能源装机占比达到64.4%。其中水电装机容量3784万千瓦（含三峡电站），占比37.6%。三是火电仍发挥重要作用。火电装机容量占比虽低于新能源和水电，但仍是能源结构中的重要组成部分，在支撑电力系统安全稳定运行、服务可再生能源大规模发展等方面有着不可替代的作用。

下一步，湖北要从以下几个方面切入，推动能源结构不断调整完善。

1. 大力发展非化石能源

一是大规模发展光伏发电、风电。加快布局建设“风光水火储一体化”百万千瓦新能源基地，推进“新能源+”项目建设，积极探索“源网荷储一体化”和“风光水火”互补开发模式。支持分布式光伏发电应用，有序推进集中式风电项目建设，加快推进分散式风电项目开发。二是统筹推进水电保护性发展。坚持生态优先，水电开发与环境保护相协调，推进汉江、清江、溇水等流域水电项目建设，建成碾盘山、新集等水电项目。积极推进小水电绿色转型，促进流域生态恢复。三是因地制宜开发利用生物质能。按照因地制宜、清洁高效、多元利用的原则，在工业园区、开发区、产业园区等热负荷需求集中的地区稳步推进生物质热电联产。合理布局生活垃圾焚烧电厂，推广生物质多元化利用，支持生物天然气工程建设，积极发展生物质锅炉供热，鼓励开展生物质与燃煤耦合发电。四是积极推进地热能开发利用。加强地热资源勘查，在江汉盆地、南襄盆地、武汉新洲、黄冈英山等地区开展地热能资源勘查、试验、评价，积极推进地热能多元融合发展。

2. 推进化石能源清洁高效利用

在煤炭利用上，应强化煤炭消费双控，淘汰落后产能，提高煤炭洗选比例，降低燃烧污染。鼓励企业引入超超临界机组技术，提升发电效率，减少煤耗。在石油产业，升级炼油企业炼油工艺，生产符合高标准、契合尾气排放新规的清洁油品。同时，加大石油化工产业技改，推动炼化一体化，提升资源利用率。天然气方面，加快省内管道铺设等基建，增强输送能力，保障供应。在工业园区、商业体等地大力推广天然气分布式能源项目，以高效清洁的天然气逐步取代部分煤炭与石油，全方位提升湖北化石能源利用效率。

3. 加强能源储备调节能力

在新型储能电站建设上，加大政策扶持与资金投入，鼓励企业采用先进锂电池、液流电池技术，在负荷中心、新能源富集区布局储能项目，有效提升电力系统调节能力。大力发展抽水蓄能项目，科学选址，加快在建项目建设进度，推动项目尽早投入运营，实现低谷储能、高峰释能，保障电力稳定供应。加强储能技术研发与应用，联合高校、科研机构与企业，攻克储能电池在使用寿命、安全性等方面的难题，推广智能储能管理系统，提升储能效率与可靠性。完善储能补贴、价格扶持等政策，吸引社会资本参与，构建多元投资格局，全面促进湖北储能建设迈向新高度。

（三）持续调整运输结构

推进大宗货物“公转铁”“公转水”，加快形成适度超前的城乡充换电网络，打造绿色低碳交通运输体系。

湖北省委、省政府高度重视交通运输绿色低碳发展，着力推动运输结构持续优化调整。近年来，湖北先后印发《湖北省推动多式联运高质量发展三年攻坚行动方案（2021—2023）》《湖北省推进多式联运发展优化调整运输结构工作方案（2022—2025）》及《湖北省推进铁水联运高质量发展行动方案（2023—2025）》等文件，并建立湖北省协同推进铁水联运发展工作专班机制，着力推动大宗物资“公转铁”“公转水”。2023 年，湖北全省社会物流总费用占地区生产总值的比重为

13.04%，低于全国平均水平 1.36 个百分点。加强铁路货运集疏运体系建设，湖北主要货运铁路货运站已实现等级公路覆盖，长江干线主要港口铁路进港率达到 100%，武汉被列为全国第一批国家货运枢纽补链强链城市。完善提升多式联运服务，湖北省内已打造建设“云上多联”智慧供应链综合服务平台，武汉、宜昌、黄石、鄂州等地依托国家多式联运示范工程均建立了多式联运信息平台，持续推动铁水联运信息交换共享。武汉铁路局推动组建武汉铁路物流中心，开展全程物流总包服务，降低企业综合物流成本。省交通运输厅联合省发改委、省财政厅印发《湖北多式联运示范工程奖补资金管理办法》，对于已验收的国家多式联运示范工程，每个奖补 2000 万元。落实国际标准集装箱运输车辆在省内高速公路通行费 5% 基本优惠的基础上，再给予省内通行费 9 折的优惠政策。

下一步，要加强基础设施建设。在铁路网络建设方面，继续推进沿江、武西、京九等高速铁路建设，释放普速干线铁路货运能力。加快建设疏港铁路和铁路专用线，提高大型工矿企业和物流园区的铁路进厂率、进园率。在水运能力提升方面，加强长江、汉江等航道的整治和升级，提高航道等级和通航能力。推进港口扩能改造，完善港口配套设施，提升港口的吞吐能力和作业效率。在公路网络优化方面，加强高速公路、疏港公路等建设，提高公路的通行效率和连接性。优化公路运输枢纽布局，加强与铁路、水路等运输方式的衔接。

要培育壮大市场主体。围绕农产品、汽车、医药等重点领域，引进一批专业型多式联运服务企业。支持本地企业开展多式联运业务，培育一批本地多式联运经营人骨干。鼓励运输企业之间通过兼并、重组、合作等方式，实现资源整合和优势互补。推动港口企业与铁路、公路运输企业的合作，建立紧密的合作关系，共同开展多式联运业务。提高多式联运信息化水平，进一步完善省级多式联运服务平台，实现铁路、水路、公路、航空等运输方式的信息共享和互联互通。推动企业信息系统与平台对接，提高信息传输的及时性和准确性。利用大数据、人工智能、物联网等技术，实现货物运输的实时跟踪、智能调度和动态监控。提高多式联运的智能化水平和服务质量。

要强化政策支持和保障。积极争取中央政策和资金支持，加大省级财政对运输结构调整的投入。设立专项基金，支持多式联运示范工程创建、运输结构调整、新装备应用等。对多式联运企业依法给予税收减免，如减免增值税、所得税等。对购置新能源运输设备的企业，给予一定的税收优惠和补贴。持续深化“放管服”改革，简化审批流程，提高审批效率。加强对运输市场的监管，规范市场秩序，保障公平竞争。

（四）持续调整用地结构

深入实施“亩产论英雄”改革，加快形成节约资源和保护环境的空间格局、产业结构、生产方式和生活方式。

湖北全省总面积为 27890.80 万亩。根据湖北省 2023 年度国土变更调查成果，湖北全省耕地面积为 7128.05 万亩，占比约 25.56%。近年来通过“整地、换地、造地”等举措，实现了自 2019 年以来耕地总面积首次净增长。种植园用地面积为 711.61 万亩，占比约 2.55%，主要分布在宜昌、黄冈、恩施等地。林地面积为 13938.72 万亩，占比约 49.98%，集中在十堰、恩施、宜昌等山区和丘陵地带。草地面积为 147.30 万亩，占比约 0.53%，主要分布在咸宁、随州、黄冈、孝感、襄阳等地。湿地面积为 70.45 万亩，占比约 0.25%。作为内陆省份，湖北仅有极少量的森林沼泽、灌丛沼泽、沼泽草地。城镇村及工矿用地面积为 2142.49 万亩，占比约 7.68%。交通运输用地面积为 546.67 万亩，占比约 1.96%。水域及水利设施用地面积为 2923.66 万亩，占比约 10.48%。总的来看，建设用地总量保持适度增长，用地结构有所优化，但城镇用地存在扩张快于人口城镇化、土地利用效率不高的问题，村庄用地总量大、人均多、布局不合理。

下一步，要统筹规划各类用地。依据国土空间规划，明确不同区域的功能定位和发展方向，合理确定各类用地的规模和布局，统筹安排生产、生活、生态用地。例如，在生态脆弱地区，适当增加生态用地比例，加强生态保护和修复；在经济发展重点区域，优化产业用地布局，提高土地利用效率。

要推进农用地结构调整。在稳定耕地面积、确保粮食安全的前提下，合理调整农用地内部结构。积极发展多种经营，对于部分水利条件差的望天田、陡坡地和常年水位线以下的低湖田，按规划有计划地退耕还林、还草、还渔。同时，加强林地、园地、牧草地的建设和管理，提高其质量和效益。

要加强耕地保护与利用。落实最严格的耕地保护制度，强化耕地保护责任目标考核，严格控制耕地转为非耕地。加强基本农田保护，划定永久基本农田保护区，实行特殊保护，确保基本农田数量不减少、质量不降低。持续加大对耕地的投入，加强农田水利基础设施建设，实施高标准农田建设工程，提高耕地的灌溉排水条件和抗灾能力。推广科学施肥、合理用药等技术，改善土壤结构，提高耕地质量等级。

要促进建设用地节约集约利用。在城镇用地管理方面，严格控制城镇建设用地规模，优化城镇用地布局，推动城市有机更新，加强旧城改造和棚户区改造，提高城镇土地利用效率。鼓励开发利用地下空间，建设地下停车场、地下商场等，增加城市空间容量。在工业用地效率提升方面，全面推进“亩产论英雄”改革，建立健全工业企业节约集约用地评价机制，对县域经济、开发区和工业企业开展考核评价，重点考核亩均 GDP、亩均税收等指标。制定用地标准、优先用地目录和准入负面清单，引导工业项目向开发区和工业园区集中，提高工业用地的开发强度和容积率。

要推动生态用地保护与修复。划定生态保护红线，加强对林地、草地、湿地、水域等生态用地的保护，严禁非法占用和破坏。建立生态保护补偿机制，对生态保护地区进行合理补偿，提高生态保护的积极性。针对生态破坏和退化区域，实施生态修复工程，如水土流失治理、矿山地质环境恢复治理、湿地恢复等。通过植树造林、种草护坡、土地复垦等措施，恢复生态功能，改善生态环境。

要强化土地资源管理与监管。制定和完善土地管理相关的地方性法规和政策文件，明确土地利用的各项规则和要求，规范土地征收、出让、转让等行为，加强对土地市场的监管。利用卫星遥感、地理信息系统等技术手段，建立土地利用动态监测体系，实时监测土地利用变化情况，及时发现和查处违法用地行为。加强部门协作，建立自然资源、农业农村、住建等部门的联合执法机制，形成监管合力。

三、构筑全域美丽空间系统格局

建设美丽中国是全面建设社会主义现代化国家的重要目标，是实现中华民族伟大复兴中国梦的重要内容。党的十八大以来，美丽中国建设迈出重大步伐。总的来看，我国经济社会发展已进入加快绿色化、低碳化的高质量发展阶段，但生态文明建设仍处于压力叠加、负重前行的关键期。对湖北而言，“生态环境优渥”是加快建成中部地区崛起重要战略支点的显著特征之一。美丽湖北是一个整体概念，从城市到乡村，从湖泊到山林，都要将生态理念贯穿始终。

（一）梯次推进全域美丽城市建设

近年来，湖北高度重视城市建设和更新，陆续出台了《湖北省城市更新工作指引（试行）》等一系列政策文件，初步形成“1+2+N”的城市更新工作体系，为美丽城市建设提供了政策支持和指导。截至2024年7月，全省各地共实施城市更新项目3717个，总投资1966.24

亿元。黄石获批成为全国首批城市更新试点城市，武汉市成功入围第一批全国城市更新示范城市。自2019年至2024年，全省累计20300个老旧小区纳入中央补助支持改造计划，涉及居民308.86万户。各地注重保护和活化利用历史文化街区，如武汉汉口历史风貌区、荆州洋码头历史文化街区、黄石华新1907文化公园等，通过修旧如旧、引入新业态等方式，让历史文化街区焕发出新的活力，成为文化地标和旅游打卡地。各地加强口袋公园建设，截至2024年12月，全省共有口袋公园1330个。不少地方将口袋公园作为展现城市魅力、彰显历史文化的窗口，在公园建设中融入特色文化元素，通过精细化管理和创新管护方式，提升公园品质和服务水平。

下一步，要坚持以绿色低碳、环境优美、生态宜居、安全健康、智慧高效为导向，加快绿色社区、绿色家庭、节约型机关等建设，加强城市风貌控制，构建山水特色明显的市域绿道网络，建设绿色低碳美丽城市。

要持续推动城市更新。持续推进老旧小区、老旧街区、老旧厂区等改造，重点解决这些区域基础设施老化、公共服务设施不足、环境脏乱差等问题，提升居民的生活品质。鼓励各地探索多元化的城市更新模式，如通过政府主导、市场运作、居民参与等，吸引社会资本参与城市更新项目，提高更新效率和质量。

要提升城市生态品质。划定生态保护红线，加强对城市山体、水体、林地等生态资源的保护，严禁非法侵占和破坏。加大对城市河流、湖泊等水体的治理力度，改善水环境质量。进一步加大口袋公园、街头绿地、滨水绿道等绿色空间的建设力度，提高城市绿化覆盖率。鼓励开展屋顶绿化、垂直绿化等多种形式的绿化，增加城市绿量。

要完善城市基础设施。加强城市交通拥堵治理，优化城市路网结构，提高道路通行能力。加大公共交通投入，优先发展轨道交通、快速公交等大运量公共交通，提高公共交通的出行分担率。加强城市供水、排水、供电、供气、通信等市政基础设施建设，提高设施的运行效率和保障能力。推进海绵城市建设，提高城市的防洪排涝能力和水资源利用效率。

要加强文化传承与创新。加强对历史文化名城、名镇、名村和历史文化街区、历史建筑的保护，严格落实保护责任，加大保护投入，确保历史文化遗产得到有效保护。深入挖掘城市的历史文化内涵，结合地域特色和民俗风情，打造具有湖北特色的城市文化品牌。通过举办文化活动、建设文化场馆等方式，展示城市文化魅力，提升城市文化软实力。

要强化城市管理。运用数字化、智能化手段，提升城市管理的精细化、科学化水平。建立健全城市管理长效机制，加强对城市环境卫生、市容秩序、违法建设等方面的管理，营造整洁、有序、优美的城市环境。加强宣传教育，提高市民的文明素质和环保意识，引导公众积极参与美丽城市建设。建立公众参与机制，鼓励市民通过多种方式参与城市规划、建设和管理，形成共建共享的良好氛围。

（二）梯次推进全域美丽乡村建设

学习运用浙江“千万工程”经验，统筹推进乡村生态振兴和人居环境整治，扎实开展农村人居环境整治专项行动，健全农村生活垃圾收运处置体系，加强传统村落保护利用和乡村风貌引导，重塑乡村治理新格局，建设宜居宜业美丽乡村。

美丽乡村建设是实施乡村振兴战略的题中应有之义。近年来，湖北高度重视美丽乡村建设，2018 年启动农村人居环境整治三年行动，2021 年接续实施农村人居环境整治提升五年行动，以建设美丽宜居村庄为示范，以农村生活垃圾、生活污水治理、改厕和改水、村容村貌提升为主攻方向，通过动员各方力量、整合各种资源、强化各项举措，美丽乡村建设取得明显成效，进而带动乡村产业发展。比如，襄阳市谷城县“樱花谷”景区、黄冈市罗田县“燕儿谷”景区都取得不俗口碑。

新征程上，面对农业农村现代化的更高要求，面对农民群众对美好生活的向往，要持续加强美丽乡村建设，全面提升农村人居环境质量，不断夯实宜居宜业基础、擦亮和美乡村底色，推进乡村全面振兴，加快农业农村现代化。

表 6-1　近 3 年湖北省入围中国美丽休闲乡村推介名单的部分村庄

年份	村庄名称
2022 年	武汉市江夏区湖泗街道海洋村、武汉市黄陂区木兰乡雨霖村、十堰市茅箭区茅塔乡东沟村、宜昌市五峰土家族自治县采花乡栗子坪村、襄阳市南漳县东巩镇陆坪村、荆州市荆州区八岭山镇铜岭村、荆州市洪湖市乌林镇乌林村、孝感市汉川市沉湖镇赵湾村、黄冈市红安县七里坪镇八一村、咸宁市嘉鱼县陆溪镇印山村
2023 年	黄石市大冶市金湖街道姜桥村、十堰市竹山县城关镇刘家山村、宜昌市点军区点军街道牛扎坪村、襄阳市襄州区峪山镇星火村、鄂州市梁子湖区涂家垴镇万秀村、荆门市京山市温泉街道莲山村、荆州市松滋市沲水镇北闸村、黄冈市黄梅县柳林乡老铺村、咸宁市通城县大坪乡内冲瑶族村、恩施州建始县茅田乡太和街村
2024 年	十堰市郧西县关防乡沙沟村、宜昌市兴山县水月寺镇高岚村、襄阳市南漳县李庙镇刘坪村、襄阳市宜城市南营街道金山村、鄂州市鄂城区长港镇峒山村、荆门市东宝区子陵铺镇金泉村、孝感市云梦县伍洛镇三湖村、黄冈市团风县杜皮乡雪山岭村、咸宁市嘉鱼县官桥镇官桥村、咸宁市通山县大畈镇隐水村

资料来源：根据农业农村部网站相关资料整理。

要坚持规划引领、统筹谋划。坚持“随形就势、彰显特色、传承文化、回归自然”理念，科学编制“多规合一”的实用性村庄规划，准确把握村庄资源条件、风貌特点、产业基础和功能定位，重视对乡土特征、地域特点、文化特色的挖掘，凸显村庄田园风光、乡土气息、文化底蕴、历史文脉、自然生态特色。

要坚持典型示范、整体推进。深入学习推广浙江“千万工程”经验，坚持示范带动与持续推进相促进。把提升农村人居环境质量与加强传统村落和历史文化名村保护结合起来，促进村容村貌与自然环境、传统文化互促共进、相得益彰。

要坚持因地制宜、分类施策。以“一村（行政村）一韵、一塆（自然村）一貌”为目标，分类整治，因村施策，不搞“一刀切”。将农村改厕与乡村建设、易地搬迁、污水治理等一体推进，科学选择改厕模式，加快拓展卫生户厕普及率。深化垃圾分类和“户减量、塆集中、村收集、镇转运、集中处理”模式，探索符合农村特点、符合农民习惯、简便易行的分类处理模式。

要坚持群众主体、共建共享。构建以基层党组织为核心、多元主体参与的共建共治共享乡村治理体系。教育引导村民进一步增强主体意识和内生动力，激发投身乡村建设的积极性主动性创造性，凝聚农村人居环境质量提升“一条心”。引导村集体经济组织、农民合作社、村民等全程参与人居环境整治相关规划、建设、运营和管理，真正让农民成为美丽乡村建设的支持者、参与者和受益者。

（三）梯次推进全域美丽山川建设

近年来，湖北统筹推进山水林田湖草沙一体化保护工作和系统治理工作。一是编制相关规划，如《湖北省国土空间生态修复规划（2021—2035年）》，明确生态修复的总体目标、重点任务和空间布局。全面推行河湖长制、林长制，建立省、市、县、乡、村五级河湖长、林长体系，3.8万名河湖长、5.7万名林长携手开展山林河湖同巡共治，形成了山水林田湖草沙一体化保护和修复的工作格局。二是实施一系列重点生态保护修复工程，如长江干线生态修复、三峡库区生态保护、丹江口库区水源地保护等。开展矿山生态修复，对历史遗留矿山进行治理，恢复矿山生态环境。加强森林资源保护和培育，推进国土绿化行动，提高森林覆盖率和森林质量。经过一系列有效举措，昔日的废弃矿山变成了绿水青山，有的还成为旅游景点。比如，黄石市铁山区利用废弃的矿山遗址，打造了集科普、旅游、休闲于一体的生态公园——黄石国家矿山公园，它是中国首座国家矿山公园，被评为国家4A级景区。各地依托良好的生态环境，发展生态农业、生态旅游等产业，促进了经济发展与生态保护的良性互动。比如，恩施州依托丰富的生态资源，发展茶叶、中药材等特色产业，同时大力发展乡村旅游，实现了生态美、产业兴、百姓富的有机统一。

下一步，要积极探索绿水青山转化为金山银山的路径，持续抓好生态本底调查、监测体系建设、生态保护修复等重点工作，建设自然和谐美丽山川河湖，让荆楚大地山更青、水更绿、天更蓝，发展更可持续。

要加强规划引领。进一步完善和细化省、市、县三级国土空间生态修复规划，明确各区域的生态保护修复目标、任务和重点项目。强化规划的权威性和约束性，确保各项保护修复工作按照规划有序推进。以流域为单元，编制专门的山水林田湖草沙一体化保护规划，统筹考虑流域内的水资源、土地资源、森林资源、草地资源、湿地资源等的保护和修复，实现流域生态系统的整体优化。

要加大资金投入。加大政府财政投入，设立山水林田湖草沙一体化保护专项基金，重点支持生态保护修复重大工程、生态监测体系建设、科研创新等。积极争取国家专项资金支持，同时整合相关部门的生态保护修复资金，提高资金使用效率。制定优惠政策，吸引社会资本参与生态保护修复项目，通过政府和社会资本合作（PPP）等模式，拓宽融资渠道。

要推进生态保护修复工程。继续实施长江荆江段及洪湖流域、三峡库区等重点区域的山水林田湖草沙一体化保护和修复工程，加强对重要生态功能区、生态脆弱区的保护和修复。开展矿山生态修复，加强森林资源保护和培育，推进国土绿化行动，提高森林覆盖率和森林质量。加强湿地保护修复，恢复湿地生态功能，提升湿地生态系统的稳定性和服务功能。

要加强生态监测与评估。建立健全生态监测网络，加强对山水林田湖草沙各要素的动态监测，及时掌握生态系统的变化情况。开展生态保护修复效果评估，定期对已实施的生态保护修复项目进行评估，总结经验教训，为后续工作提供参考。利用大数据、云计算、人工智能等先进技术，提高生态监测和评估的科学性、准确性和时效性。

要提升公众环保意识。加强生态文明宣传教育，通过多种渠道和形式，普及山水林田湖草沙一体化保护的理念和知识，提高公众的环保意识和参与度。鼓励公众参与生态保护修复志愿活动，监督举报破坏生态环境的行为，形成全社会共同参与的良好氛围。

四、构建示范引领绿色体制机制

党的二十届三中全会审议通过的《中共中央关于进一步全面深化改革　推进中国式现代化的决定》提出，“健全绿色低碳发展机制”，“构建碳排放统计核算体系、产品碳标识认证制度、产品碳足迹管理体系，健全碳市场交易制度、温室气体自愿减排交易制度，积极稳妥推进碳达峰碳中和”。① 湖北不仅具备成熟的地方试点碳市场基础，还拥有全球规模最大的碳排放权登记结算机构，要抢抓全国碳市场扩容机遇，打造具有全国影响力的碳市场和碳金融中心，吸引更多“卖碳翁”搏击碳市场蓝海。重点生态功能地区要积极探索“两山”转化路径，变生态要素为生产要素、生态财富为经济财富、生态优势为发展优势，以生态产品价值转化提升绿水青山“颜值”、实现金山银山“价值”。

①《中共中央关于进一步全面深化改革　推进中国式现代化的决定》，《人民日报》2024 年 7 月 22 日。

（一）加快打造全国碳市场中心

2021年7月16日，全国碳排放权交易市场启动上线交易。“中碳登”正式落户武汉，承担全国碳市场的确权登记、交易结算、分配履约等业务。截至2024年底，“中碳登”服务全国重点排放企业2624家，全球规模最大，湖北碳市场成交额稳居全国试点省份首位。下一步，要锚定加快建成中部地区崛起重要战略支点目标，充分发挥湖北区域碳交易试点和承建“中碳登”先发优势，助推全国碳市场和区域碳市场相互补充、相辅相成，加快建设全国碳市场中心。

1. 夯实“中碳登”登记结算中心地位

加强“中碳登”主、副数据中心和灾备中心建设，确保登记结算数据零误差、系统零中断。高效对接全国碳市场交易系统、全国温室气体自愿减排注册登记系统和交易系统，基本实现跨系统对接和数据交换，强化“中碳登”在全国碳市场支撑体系中的核心作用。扎实做好钢铁、水泥、铝冶炼等全国碳市场新增行业企业的账户开立、配额发放、交易结算、履约清缴等扩围承接落实工作，优化升级“中碳登”系统软硬件设施，提高系统稳定性、安全性和便捷性，夯实注册、登记、结算等基本功能，提升全国碳市场服务保障能力。推动组建武汉碳清算所，为全国碳市场参与主体提供清算服务，提升资金交收效率，加快形成全国碳市场的清算和结算优势。

2. 打造碳交易创新策源地

争取年温室气体排放从2.6万吨二氧化碳当量降至1.3万吨二氧化碳当量，实现碳排放量有序降低。根据全省碳排放双控目标，综合考虑行业发展状况、产业和碳排放特征、数据质量基础等因素，有序扩大碳市场覆盖范围。不断扩大交易主体数量，优化交易主体结构，吸引更多优质的投资机构和个人入市，继续保持区域碳市场在全国的领先地位。明确中长期碳排放配额控制目标，优化配额分配方式，推动更多行业采用历史强度法或标杆法分配配额，逐步收紧配额分配。加强碳市场与绿电的有效衔接，根据国家政策要求，推动将非化石能源电力纳入控排企业碳排放核算方法研究。强化一级市场与二级市场联动，逐步推行配额有偿分配，积极发挥一级市场的价格引导作用。构建规范高效的涉碳要素平台，包括碳排放数据质量管理平台、碳普惠平台、碳足迹公共服务平台、产品碳标识平台等。

3. 加快推进低碳产业集聚区建设

稳步扩大融资类碳金融产品种类和规模，适时引入碳远期、碳期货等交易类碳金融产品，开发碳保险等支持类碳金融产品。发挥碳市场碳定价基础性作用，推动企业灵活减排，促进电力、钢铁、建材、化工等重点行业提高能效、调整能源结构。支持核查技术服务机构、咨询机构、检验检测机构等碳交易服务机构在湖北开展业务创新，吸引国内外优质碳交易服务机构在湖北设立区域总部、碳交易事业部或分支机构，发挥头部企业虹吸效应，补齐碳交易产业链短板。做优绿色动能，促进储能产业蓄势聚能，打造绿色智能船舶产业生态。大力发展资源循环利用产业，形成襄阳资源循环利用、宜昌新能源电池循环利用等一批千亿级产业集群。培育未来产业，加快发展碳捕集利用与封存装备制造，打造零碳负碳相关产业集群。

（二）进一步健全绿色金融体系

在美丽湖北建设过程中，绿色金融既能够通过风险管理和创新增强部分建设项目的可融资性，还能够通过碳金融等工具推动绿色技术创新和产业升级。湖北在绿色金融方面，首创“电—碳—金融”三市场协同交易模式，加快发展以碳金融为特色的绿色金融创新体系。

2024 年底，湖北绿色贷款余额 1.51 万亿元，同比增长 18.33%；占各项贷款比重达 17.3%，高于全国 3.2 个百分点。

下一步，要完善政策支持体系。出台专门的绿色金融发展规划和实施细则，明确绿色金融发展的目标、任务和具体措施，例如设立绿色金融发展专项资金，对绿色金融业务给予贴息、奖补等支持。建立由金融监管、财政、生态环境等多部门参与的绿色金融协调工作机制，加强政策协同和信息共享，形成推动绿色金融发展的合力。

要壮大绿色金融市场主体。引导银行、证券、保险等金融机构在湖北设立绿色金融事业部、绿色支行等专营机构，配备专业人员，专注于绿色金融业务的开展。发展一批专业的绿色评级、认证、咨询等中介服务机构，为绿色金融市场提供专业的第三方服务。支持湖北本地的评级机构开展绿色债券评级业务，提高评级的专业性和公信力。

要丰富绿色金融产品和服务。金融机构应根据湖北的产业特点和绿色发展需求，开发多样化的绿色信贷产品。如针对新能源汽车产业，推出供应链金融产品，为产业链上下游企业提供融资支持。鼓励企业发行绿色债券，支持符合条件的绿色项目通过债券市场融资。同时，探索发行绿色市政债券，为城市基础设施绿色化改造等项目筹集资金。推广环境污染责任保险、绿色建筑保险等产品，发挥保险在风险管理和损失补偿方面的作用。鼓励保险公司为湖北的化工、钢铁等行业提供环境污染责任保险服务，降低企业环境风险。积极推进绿色基金、绿色信托等业务发展，为绿色产业提供多元化的融资渠道。

要加强绿色金融基础设施建设。由政府相关部门牵头，建立全省统一的绿色项目库，对绿色项目进行筛选、评估和分类管理，为金融机构提供项目对接平台。建立健全绿色金融统计指标体系，加强对绿色金融业务的统计监测。同时，要求金融机构和企业按照规定披露绿色金融相关信息，提高市场透明度。完善绿色企业和绿色项目的信用评级体系，将企业的环境信息纳入信用评价指标体系，为金融机构提供准确的信用参考。

（三）完善生态产品价值实现机制

建立健全生态产品价值实现机制，是贯彻落实习近平生态文明思想的重要举措，是践行绿水青山就是金山银山理念的关键路径，对推动经济社会发展全面绿色转型具有重要意义。

湖北高度重视建立健全生态产品价值实现机制工作，印发《湖北省建立健全生态产品价值实现机制实施方案》，鼓励各地在核算、转化、交易等方面先行先试。在全省 9 个县（市、区）开展自然资源领域生态产品价值实现路径试点，聚焦生态农业、生态旅游探索路径。开展自然资源统一确权登记，清晰界定自然资源资产产权主体。建立生态产品调查监测机制，摸清各类生态产品底数，形成目录清单。争取中央预算内长江经济带绿色发展专项资金、省预算内长江大保护资金，支持生态产品价值实现等项目建设。推进生态权益市场化交易，开展排污权抵质押贷款相关业务工作，推动排污权交易市场发展。推动全省各地因地制宜发展生态农业。比如，襄阳市南漳县采用“企业 + 农户 + 基地”模式，建设有机生态林果园、茶园等；黄冈市罗田县探索“中药材 +”发展模式等。

下一步，要完善价值核算评估体系。依据湖北生态资源特点，制定涵盖森林、水域、土壤等生态产品的价值核算指标，如森林生态系统的固碳释氧、水源涵养价值，水域生态系统的供水、水产养殖价值等，确保全面准确衡量生态产品价值。运用卫星遥感、大数据、地理信息系统等技术，对生态产品数量、质量和价值进行动态监测与评估，及时掌握生态产品价值变化情况，为决策提供科学依据。

要健全产权制度与交易机制。开展自然资源统一确权登记，明确各类生态产品的产权主体，界定所有权、使用权、收益权等权利边界，解决产权纠纷，为生态产品价值实现提供产权保障。搭建省级生态产品交易平台，提供信息发布、交易撮合、产权交割等服务。制定交易规则、监管制度和合同示范文本，规范生态产品交易行为，保障交易双方合法权益。

要加强生态产品供给与市场培育。推动生态农业、生态旅游、生态康养等产业发展，加强生态产品生产过程监管，严格执行环保标准，培育绿色、有机、地理标志等生态产品，提高产品品质和附加值。通过政策扶持、资金支持等方式，鼓励企业、合作社、家庭农场等主体参与生态产品开发、生产和经营，培育一批具有竞争力的生态产品市场主体，带动生态产品价值实现。借助电商平台、农产品展销会、生态旅游推介会等渠道，加强生态产品宣传推广，提高市场知名度和影响力。积极发展订单式生产、配送式销售等模式，拓展生态产品销售渠道。

要强化政策支持与激励。在财政方面，设立生态产品价值实现专项资金，用于生态保护修复、生态产品开发、市场培育等方面的补贴和奖励。加大对生态产品生产经营主体的信贷支持，鼓励金融机构创新绿色金融产品和服务。在税收方面，对从事生态产品生产、加工、销售的企业和个人，按照国家相关规定给予税收减免优惠，降低生产成本，提高经济效益，激发市场主体积极性。

要建立生态补偿机制。一方面，完善省内横向补偿。建立流域、森林、湿地等生态保护补偿机制，明确补偿主体、对象、范围和标准，通过财政转移支付、生态保护补偿基金等方式，实现生态保护地区与受益地区之间的利益共享和协调发展。另一方面，争取国家纵向补偿。积极争取国家对湖北重点生态功能区、生态保护红线区域等的生态补偿，加大对生态保护修复项目的资金支持，提高湖北生态产品价值实现的保障水平。

深度阅读

《习近平在全国生态环境保护大会上强调　全面推进美丽中国建设　加快推进人与自然和谐共生的现代化》，《人民日报》2023年7月19日。

中共国家发展改革委党组：《奋力谱写新时代美丽中国建设新篇章》，《人民日报》2023年8月17日。

国务院办公厅转发生态环境部《关于建设美丽中国先行区的实施意见》的通知（国办函〔2025〕2号），2025年1月。

《王忠林在全省总河湖长暨总林长会议上强调　践行“两山”理念　强化治水兴林　着力推进美丽湖北建设　提升支点生态承载力》，《湖北日报》2025年2月28日。

孙金龙、黄润秋：《培育发展绿色生产力　全面推进美丽中国建设》，《求是》2024年第12期。

第七章

文化创新：唱响荆楚文旅融合新品牌

2018 年 4 月，习近平总书记考察湖北时指出："荆楚文化是悠久的中华文明的重要组成部分，在中华文明发展史上地位举足轻重。" 2024 年 11 月，习近平总书记考察湖北时强调，"在加强文化资源保护和推动文化创新发展上担当使命"。

深厚的文化底蕴、丰富的文旅资源是支点建设的独特优势。湖北"新春第一会"将"大力实施文化创新战略，整体提升支点的文化影响力"作为支点建设的"七大战略"之一，就是要通过推动文旅产业高质量发展，不断提升荆楚文化影响力，赋予支点建设以丰富的人文内涵、文化底蕴、文旅支撑，以实际行动践行习近平总书记殷殷嘱托，让荆楚文化在新时代绽放出更加夺目的光彩。

荆楚文化源远流长，历经数千年岁月沉淀，仍以独特风姿在中华文明长河中熠熠生辉。从神秘浪漫的楚辞中，可以窥见楚人对天地万物的奇思妙想；从编钟奏响的古老乐章中，可以聆听曾侯乙墓背后的辉煌；从武当武术的精彩演绎中，可以参悟道家的哲学智慧。可以说，湖北是长江文明的重要发祥地，也是楚文化的富集地以及革命文物的聚集区。

一、建设具有国际影响力的长江文化高地

湖北是长江径流里程最长的省份。长江的浸润孕育，使得湖北成为长江文明形成的关键。从分类分布看，长江文化可划分为 7 个亚文化区：藏羌文化、巴蜀文化、滇黔文化、荆楚文化、湖湘文化、赣皖文化、吴越文化。荆楚文化，正位于这七大文化区的中点。以湖北为核心腹地的荆楚文化，在玉器、漆器等物质层面，凸显了长江文化的美度；在冶炼、印刷、医药等技术层面，体现了长江文化的高度；在农禅、民本等思想层面，彰显了长江文化的深度；在楚辞、玉文化、凤文化等文艺层面，展现了长江文化的温度；而在人群流动、岁时节令等生活层面，则见证了长江文化的广度。长江，将蜿蜒曲折留给了湖北，也将沃土赠予了湖北，将厚重绵长的荆楚文化赋予了湖北。湖北在长江文化中的重要地位显而易见。

近年来，湖北省深入贯彻习近平文化思想，认真落实习近平总书记重要讲话和重要指示批示精神，将长江文化保护传承纳入流域综合治理和统筹发展规划纲要、省域规划体系、省《政府工作报告》等，以务实举措推动长江文化保护传承弘扬，着力打造长江文化品牌，加快构筑长江文化高地。2024 年 9 月至 11 月在湖北举办的长江文化艺术季，向世界呈现了一场恢宏的综合性文化艺术盛会，展示了长江精神、中国精神的内涵与活力。

（一）加强长江文化保护与研究

习近平总书记强调："要把长江文化保护好、传承好、弘扬好，延续历史文脉，坚定文化自信。"① 长江在湖北勾勒出"极目楚天舒"的壮阔图景，也造就了灿烂辉煌的荆楚文化。截至 2024 年底，湖北拥有世界文化遗产 3 处、世界自然遗产 1 处、世界灌溉工程遗产 2 处、中国世界文化遗产预备名单 4 项；拥有国家历史文化名城 5 座、中国历史文化名镇名村 28 个、中国传统村落 206 个、国家级非物质文化遗产 145 项。这些文化遗产是长江文化的物质载体与活化样态，是不可再生、不可替代的宝贵财富。根据第三次全国文物普查数据，湖北省共有不可移动文物 36473 处，在全国处于绝对领先地位。为系统性保护文化遗产，湖北综合运用经济、法律、行政等手段，加强遗产资源重点管理，实施荆楚大遗址传承发展工程，推动文化遗产保护与社会发展良性互动。截至 2024 年底，已建成开放熊家冢、盘龙城、屈家岭、龙湾等 4 处国家考古遗址公园，获批立项楚纪南城、铜绿山等 7 处国家考古遗址公园，评定省文化遗址公园 18 处。

下一步，湖北将进一步强化长江文化保护。一是要完善保护机制。制定和完善针对长江文化遗产保护的地方性法规和政策，明确保护范围、责任主体和保护措施。设立专门的长江文化保护专项资金，用于文化遗产的修缮、维护和管理。同时，建立多部门协同保护机制，加强文物、生态环境、水利等部门的合作，形成保护合力。二是加强对遗址的保护。对长江沿线的古遗址、古建筑、古墓葬、石刻等进行全面普查和登记，建立详细的文化遗产档案。采用科学的保护技术和手段，对重点遗址进行保护性修缮和环境整治，如对荆州古城墙等进行定期维护，防止自然和人为因素的破坏。三是要保护非物质文化遗产。

①《习近平在全面推动长江经济带发展座谈会上强调　贯彻落实党的十九届五中全会精神　推动长江经济带高质量发展》，《人民日报》2020 年 11 月 16 日。

深入开展非物质文化遗产调查，建立名录体系和传承人制度。通过举办非遗培训班、建设传承基地等方式培养新一代传承人，支持汉绣、黄梅戏等非遗项目的传承发展。同时，推动非遗项目与现代生活相结合，开发相关文化产品和旅游项目。

进一步加强长江文化研究。要依托武汉大学国家文化发展研究院、长江文化研究院、长江文化国际传播中心等学术交流平台，整合历史学、考古学、文化学等多学科研究力量，开展长江文明溯源研究，推出更多原创性、突破性的研究成果，挖掘长江文化内涵，提炼文化标识与精神，不断提升研究水平。要以考古发掘为基础，结合历史文献和民间传说，深入研究长江文化的起源、发展和演变历程。加强对长江文化中楚文化、三国文化、宗教文化等特色文化的研究，揭示其独特的文化价值和精神内涵。比如，通过对随州曾侯乙墓等考古遗址的研究，深入了解先秦时期的楚文化。要综合利用数字化技术，对长江文化遗产进行数字化采集，高精度复制、存储和展示。建立长江文化数字博物馆和数据库，实现文化资源的共享和永久保存。通过大数据分析、人工智能等技术，对长江文化的传播、影响等进行量化研究，为文化保护和传承提供科学依据。

（二）持续锻造长江文化品牌

1. 梳理文化资源，丰富长江文明标识体系

要系统梳理承载湖北长江文化、荆楚文化的代表性遗产、标志性成就、代表人物及思想、重大历史事件等，从中提炼出不同时期的文化标识与文化精神，丰富长江文明标识体系。一是组织考古、历史、文化等多领域专家，深入研究湖北长江流域的历史文化，挖掘文化内涵和独特价值。二是对湖北长江沿线的物质文化遗产和民间传说、传统技艺、民俗活动、戏曲音乐等非物质文化遗产进行全面普查和梳理，

为提炼文化标识提供基础依据。三是立足湖北独特的地理区位和文化传统，突出荆楚文化特色。四是将长江文化与当代社会的价值观念、精神追求相结合，提炼出具有时代意义的文化标识。例如，从近现代湖北在革命、建设、改革过程中形成的武昌首义精神、抗洪精神、抗疫精神等时代精神中，挖掘出长江文化在当代的传承和发展，展现湖北人民开拓进取、团结奋斗、坚韧不拔的精神品质。五是选取能够代表湖北长江文化的典型元素进行重点提炼和打造。比如，以黄鹤楼、武当山、三峡大坝等为代表的标志性建筑，以屈原、李时珍、孟浩然等为代表的文化名人，以汉绣、黄梅戏、龙船调等为代表的传统技艺和艺术形式，将这些元素进行整合和提升，形成具有辨识度和影响力的文化标识。

2. 举办一系列文化活动，塑造标志性核心品牌

一是以长江文化为主题，举办综合性的文化节。比如长江文化艺术季包含“学术长江”研讨会、“点亮长江”开幕式等诸多活动。还可进一步丰富活动内容，增加国际文化交流元素，邀请国外艺术家、学者参与，如举办国际长江文化论坛，促进长江文化与世界其他河流文化的交流互鉴。二是依托湖北丰富的文化资源，举办各类与长江文化相关的展览。除了“新象长江”主题美术作品展、“锦绣长江”非遗展等，还可以举办长江历史文物展、长江流域摄影展、长江主题动漫展等，通过不同的艺术形式展示长江文化的魅力。三是利用湖北长江沿线的水域资源，开展水上文化活动。如举办长江水上音乐会，在江面上搭建舞台，让观众在欣赏音乐的同时，感受长江的自然风光；组织长江水上民俗活动，如赛龙舟、水上灯会等，传承和弘扬长江流域的民俗文化。四是举办长江主题的文学创作比赛、诗歌朗诵会、戏剧演出等活动，鼓励作家、诗人、剧作家等以长江文化为素材进行创作，推出更多体现长江文化内涵的文艺精品。同时，可开展长江文化主题

的音乐、舞蹈创作活动，打造具有长江特色的音乐舞蹈作品。五是结合长江沿线的旅游资源，开发长江文化体验活动。如组织游客乘坐游船游览长江，沿途介绍长江的历史文化、生态环境等；设置长江文化体验基地，让游客参与传统手工艺制作、民俗活动体验等，增强对长江文化的感性认识。六是针对青少年群体举办丰富多彩的长江文化活动。如开展长江文化知识竞赛、青少年长江文化创意大赛、长江文化夏令营等活动，培养青少年对长江文化的兴趣和热爱。

3. 促进区域文化交流和联动

在湖北内部，要综合统筹湖北各地市州的长江文化资源，搭建政府合作平台、理论研究平台等，形成保护、传承、弘扬长江文化的合力。对外，要加强与长江流域其他省、区、市以及国内外其他文化区域的交流与合作，共同举办跨区域的文化展览、学术研讨等活动，如联合举办长江流域文化艺术节、长江文化旅游推介会等，整合长江流域的文化资源，促进文化交流互鉴，提升长江文化在国际上的知名度和影响力。

（三）促进长江文化创新与传播

1. 推动长江文化创新发展

一是要推动文化作品创新。以数字技术助力长江文化传承，创新文化体验和消费方式，创作一批展示长江非物质文化遗产魅力的文艺作品，推出更多展现长江山河之美、文化之美的文化精品。二是要促进文化科技融合。运用数字技术、虚拟现实、增强现实等手段，使长江文化的展示更加生动立体，增强观众的互动体验和沉浸感，重现长江流域的历史场景，让观众亲身体验历史变迁。应加快发展创意设计、广播影视、数字出版、动漫游戏等新兴产业，推动发展文化消费新业态新模式新市场。三是要推动文旅深度融合。充分发掘长江湖北段荆楚文化、三国文化、红色文化和都市文化等资源优势，重点建设湖北长江国际黄金文化旅游带，打造包括旅游观光、文化展示、深度体验等在内的多样化文旅产品矩阵，全方位展现长江湖北段历史文化、工程科技成果，擦亮湖北世界性文旅品牌。四是要积极鼓励文艺创作创新。深入挖掘长江文化内涵，鼓励文艺工作者以长江文化为题材进行文学、影视、音乐、舞蹈、戏剧等方面的创作，推出更多体现新时代长江文化的文艺精品，创新艺术表现形式，展现长江文化的独特魅力。

2. 强化长江文化传承传播

一是要依托长江文化国际传播中心，通过主流媒体、跨国企业、新型智库相互配合、协同发力，深度发掘长江文化的独特魅力和时代价值，构建多渠道、立体式对外传播格局，讲好长江文化故事，提升长江文化的国际传播力和影响力。二是要利用好各类媒体平台，包括传统媒体和新媒体，制作和推送与长江文化相关的优质内容，如纪录片、专题报道、短视频等，广泛传播长江文化的丰富内容和独特价值。三是要举办各类长江文化主题的学术研讨会、文化节、艺术展览、国际交流活动等。比如，举办“沿着长江读懂中国——万里长江行”主题宣传推广活动、长江文化艺术季等大型活动，吸引国内外关注。要在学校教育中设置关于长江文化的课程和活动，编写相关教材和课外读物，鼓励学生通过参与文化考察、创意设计等实践活动，深入了解和体验长江文化，培养青少年对长江文化的认知和热爱，传承长江文化基因。同时，开展面向社会公众的文化讲座、培训等活动，提升公众对长江文化的认知水平。

二、构筑加快建成支点的精神高地

人无精神则不立，国无精神则不强。唯有精神上站得住、站得稳，一个民族才能在历史洪流中屹立不倒、挺立潮头。2024年11月，习近平总书记在湖北考察时指出："大力弘扬大别山精神、抗洪精神、抗疫精神，广泛践行社会主义核心价值观。"①这些精神是中国共产党的宝贵精神财富，也是中国共产党人精神谱系的重要组成部分。湖北加快建成中部地区崛起重要战略支点，需要传承这些精神，让其代代相传并发扬光大，不断为支点建设注入强大的精神力量。

（一）大力弘扬大别山精神

"山山埋忠骨，岭岭皆丰碑，村村有烈士，户户有红军。"在鄂豫皖三省交界之处，大别山连绵起伏，这片红色沃土孕育出的大别山精神，如同一座不朽的精神灯塔，穿透历史的云烟，照亮着新时代的奋进之路。

1. 大别山人民坚守信念、紧跟党走

从黄麻起义的第一声枪响，到三年游击战争的艰苦卓绝，再到解放战争刘邓大军千里跃进大别山，无数革命先烈面临敌人的围追堵截、严刑拷打、威逼利诱，却从未动摇对马克思主义的信仰、对共产主义的信念。正因如此，大别山地区的革命火种才得以在风雨中延续，最终燃成燎原之势，为中国革命胜利奠定坚实基础。中国共产党凭借卓越的战略眼光与组织能力，为大别山地区指明革命方向。从发动群众开展土地革命，让农民获得土地，激发其革命热情；到建立革命根据

①《习近平在湖北考察时强调　鼓足干劲奋发进取　久久为功善作善成　奋力谱写中国式现代化湖北篇章》，《人民日报》2024年11月7日。

地，构建稳固战斗堡垒。党所推行的一系列举措，都切实为人民谋福祉。大别山的群众积极响应党的号召，踊跃参军入伍，为部队筹备物资、传递情报。他们深知，只有紧紧追随党的脚步，才能摆脱压迫，迎来新生活。正是凭借“坚守信念、紧跟党走”这一独特品格，大别山军民在血雨腥风中铸就了不朽功勋，其蕴含的精神光辉，至今仍为我们在新征程提供精神滋养。

2. 大别山人民顾全大局、团结奋斗

土地革命时期，为了支援中央苏区的战略布局，大别山根据地不惜抽调大量兵力、物资。许多英勇的战士告别家乡，奔赴中央苏区战场，即便面临未知的危险与艰难，也毫无怨言。当地百姓更是省吃俭用，将珍贵的粮食、衣物捐赠出去，全力保障革命大局的稳定。这种为了整体胜利而牺牲局部利益的行为，展现出大别山军民深明大义的精神境界。面对强大的敌人，无论是红军正规部队，还是地方武装力量，抑或是普通民众，都紧密地团结在一起。不同的队伍摒弃成见，在党的统一领导下协同作战。红军战士冲锋陷阵，地方游击队负责情报传递、扰乱敌军后方，百姓们则积极承担起后勤保障工作，如修筑工事、救护伤员等。这种全方位、多层次的团结协作，汇聚成一股无坚不摧的力量。“顾全大局、团结奋斗”的风骨，让大别山地区在革命的狂风暴雨中屹立不倒，为中国革命事业作出了不可磨灭的贡献，其精神也成为激励后人不断拼搏奋进的宝贵财富。

3. 大别山人民勇当前锋、不胜不休

黄麻起义打响了鄂豫皖地区武装反抗国民党反动派的第一枪，起义军民以大无畏的勇气，手持简陋武器冲锋在前，用热血为革命开辟道路。在艰苦卓绝的反“围剿”战斗中，大别山的红军部队始终冲在战斗最前沿，在枪林弹雨中穿梭，与敌人展开殊死搏斗，一次次突破敌人的包围圈，为保存革命有生力量立下赫赫战功。每一场战斗，战士们都怀着必死的决心，争当先锋，只为革命胜利。长征途中，来自大别山的子弟兵们克服重重困难，勇挑重担，为掩护中央红军主力转移，不惜牺牲自己的生命。在抗日战争和解放战争时期，他们同样以“不胜不休”的精神，与侵略者和反动势力战斗到底。这种特质使得大别山地区的军民始终保持着高昂的革命斗志，成为推动革命事业不断前进的强大动力。正是凭借“勇当前锋、不胜不休”的精神特质，大别山军民书写了一段段可歌可泣的壮丽篇章，其精神也激励着后世子孙在面对困难与挑战时，勇往直前，永不言败。

大别山精神是历史的馈赠，更是时代的呼唤。我们需要传承和弘扬大别山精神，从中汲取智慧和力量，在新时代新征程中，以坚定信念、全局视野、团结之力、先锋之姿，依靠顽强斗争打开事业发展新天地，加快建成中部地区崛起重要战略支点，为推进强国建设、民族复兴伟业作出新的更大贡献。

（二）大力弘扬抗洪精神

在中华民族的精神长河中，抗洪精神犹如一座巍峨的丰碑，闪耀着璀璨的光芒。它是在与洪水的顽强搏斗中孕育而生的伟大精神力量，是中华民族坚韧不拔、团结奋斗品质的生动写照。大力弘扬抗洪精神，对于我们应对各种艰难险阻、推动经济社会高质量发展具有重要意义。

1. 抗洪精神是“万众一心、众志成城”的团结伟力

在 1998 年洪水肆虐，威胁着人民生命财产安全的关键时刻，无数中华儿女挺身而出，不分地域、不分职业，汇聚成一股坚不可摧的力量。“人民子弟兵”闻令而动，冲锋在抗洪一线，用血肉之躯筑起一道道坚固的堤坝；党员干部坚守岗位，组织群众抢险救灾，安抚受灾群众情绪；人民群众纷纷捐款捐物，主动参与志愿服务，为抗洪救灾

贡献自己的一分力量。这种心往一处想、劲往一处使的团结协作精神，让人们在洪水面前无所畏惧，共同守护家园。

2. 抗洪精神是“不怕困难、顽强拼搏”的坚定意志

洪水来势汹汹，往往伴随着狂风暴雨、山体滑坡等次生灾害，抢险救灾工作面临着巨大的困难和危险。然而，抗洪英雄们毫不退缩，他们日夜奋战在抗洪一线，累了就躺在堤坝上休息一会儿，饿了就简单吃几口干粮。面对随时可能决堤的危险，他们毫不畏惧，一次次跳入洪水中，搬运沙袋、加固堤坝。正是这种不怕困难、顽强拼搏的精神，让我们一次次战胜了洪水，保护了人民群众的生命财产安全。

3. 抗洪精神是“坚韧不拔、敢于胜利”的英雄气概

抗洪救灾是一场艰苦卓绝的斗争，需要长期的坚守和不懈的努力。在这个过程中，可能会遇到各种挫折和失败，但抗洪英雄们始终保持坚韧不拔的信念，相信只要坚持下去，就一定能够取得胜利。他们以顽强的毅力和不屈的精神，与洪水殊死搏斗，最终赢得了抗洪斗争的胜利。这种坚韧不拔、敢于胜利的英雄气概，激励着我们在面对任何困难时都要勇往直前，永不放弃。

4. 抗洪精神是伟大建党精神和中华民族精神在当代的生动体现

抗洪救灾彰显了中华民族在面对困难和挑战时不屈不挠、团结奋进的精神品质，进一步增强了民族凝聚力和自豪感。它激励全国人民在各自的岗位上不畏艰难、勇于拼搏，为实现国家繁荣富强和人民幸福安康而努力奋斗。

在新时代弘扬抗洪精神，要将抗洪精神融入日常工作和生活中，在面对困难和挑战时，团结一心、众志成城，以坚韧不拔的意志和敢于胜利的信心去克服困难。在推动经济社会高质量发展过程中，要发

扬不怕困难、顽强拼搏的精神，勇于创新、敢于担当，为加快建成中部地区崛起重要战略支点、实现国家繁荣富强贡献自己的力量。

（三）大力弘扬抗疫精神

习近平总书记指出："伟大抗疫精神，同中华民族长期形成的特质禀赋和文化基因一脉相承，是爱国主义、集体主义、社会主义精神的传承和发展，是中国精神的生动诠释，丰富了民族精神和时代精神的内涵。"①

1. 生命至上的价值追求

在抗击疫情斗争中，人民至上、生命至上得到了最真切的体现，不忘初心、牢记使命经受了最直接的检验。党和国家始终坚持以人民为中心，把人民群众生命安全和身体健康放在第一位，采取最全面、最严格、最彻底的防控举措，向人民交上一份满意的抗疫答卷。这集中体现了中国人民深厚的仁爱传统，集中体现了中国共产党以人民为中心的宗旨意识和赤子之心，集中体现了中华民族一以贯之的价值坚守和精神境界。

2. 举国同心的团结伟力

在疫情防控的全过程和每个关键点，以习近平同志为核心的党中央从战略高度洞察全局，以雷霆万钧之势作出一系列硬核决策，成为全国上下共同抗疫的坚定主心骨，极大鼓舞和提振了全党全军全国人民的信心斗志。这集中彰显了中华民族深沉厚重的家国情怀，有力诠释了新时代中国人民同心同德、同向同行的精神品格，生动绘就了团结就是力量的时代画卷。

---

①《全国抗击新冠肺炎疫情表彰大会在京隆重举行　习近平向国家勋章和国家荣誉称号获得者颁授勋章奖章并发表重要讲话》，《人民日报》2020 年 9 月 9 日。

3. 舍生忘死的顽强意志

面对疫情突袭，14 亿中国人民都是抗击疫情的伟大战士，都在用生命守护生命、用平凡铸就不凡。在这场严峻斗争中，中国人民没有被病毒所吓倒，而是展现出敢于压倒一切困难而不被任何困难所压倒的大无畏气魄，书写下可歌可泣、撼天动地的抗疫英雄史诗。

4. 尊重科学的实践品格

在抗击疫情的战斗中，严谨求实的专业精神、开拓进取的创新意识得到全方位展现。无论是实施分级诊疗方案、抢建方舱医院、坚持中西医结合，还是推进病毒检测、药物研制、疫苗研发科研攻关，都体现了科学的阳光驱散疫情的阴霾，温暖护佑着人民群众的身心健康。这赓续了中华民族“苟日新，日日新”的精神禀赋，显示了尊重客观规律、勇攀科学高峰的精神境界。

5. 命运与共的道义担当

中国不畏艰难、举全国之力抗击疫情，既是对本国人民生命安全和身体健康负责，也是在对全球公共卫生事业尽责。中国始终秉持人类命运共同体理念，主张团结合作是全球抗疫最有力的武器，展示了良好的大国形象。这传承了中华民族“天下一家”的古道热肠和人性关怀，充分诠释了中国推动构建人类命运共同体的大国担当和远大志向。

伟大抗疫精神昭示我们，前进道路不会一帆风顺，必然会有艰难险阻甚至惊涛骇浪。只要我们顽强不屈、不折不挠，困难时候豁得出，关键时刻顶得上，就一定会书写无愧于时代的壮丽篇章。

三、创新实施文化惠民样板地

湖北始终坚持人民工作导向，秉持人民审美，打造文化惠民品牌，建强群众文艺队伍，切实推动优质文化资源直达基层。在文艺演出方面，统筹省市县乡四级文艺骨干力量，组建了2000余支荆楚“红色文艺轻骑兵”队伍走村串户，把舞台搭在大地上，年均开展万余场惠民演出，让群众在家门口就能欣赏到精彩的文艺节目。结合春节等重要节日，开展“村晚”、迎新春文艺演出等各类惠民展演，极大地丰富了群众的精神文化生活。在文化场馆等硬件方面，湖北省博物馆三期建成开馆，展出文物数量大幅增加，集中呈现了湖北近年来考古学术研究最新成果，自2007年免费开放至2024年底，接待观众已突破3000万人次。在数字文化创新方面，截至2024年底全省已建成2.37万家数字农家书屋，让农村群众也能便捷获取各类文化资源。借助新媒体平台开展线上直播、云上观演等活动，让精彩惠民演出通过网络“飞入寻常百姓家”，打破了时间和空间限制，满足了不同群体的文化需求。在文化品牌方面，通过举办湖北艺术节、群众文艺作品惠民展演等活动，为群众文艺工作者和爱好者提供了展示的平台，推动了荆楚文化的传承与发展。在文旅融合方面，湖北省委、省政府出台相关政策，推进文化与科技、旅游等深入融合，如发放文旅惠民消费券，开展“知音湖北　欢喜过大年”等文旅惠民活动，不仅活跃了文旅市场，也让人民群众享受到更多的文旅优惠和服务。

（一）推进城乡公共文化服务体系一体建设

湖北要坚持政府主导、社会参与、重心下移、共建共享，深入推进公共文化服务标准化建设，统筹推进公共文化服务硬件和软件建设，完善基层公共文化服务网络。

1. 要加强公共文化设施建设与资源整合

依据全省公共文化设施建设专项规划，结合各地实际需求与文化特色，合理布局公共文化设施，形成覆盖全面、便利可及的设施网络。在人员流动大、务工人员集中区域及农村留守妇女儿童集中地，设置配备公共阅览室、流动图书馆等必要设施。推动各级各类图书馆、文化馆、博物馆、美术馆、非遗馆等建立联动机制，加强总分馆制建设，实现公共文化服务资源整合与共建共享。如建立以县级图书馆、文化馆为总馆，乡镇（街道）综合文化站为分馆，村（社区）文化活动室为基层服务点的总分馆体系，实现资源统一调配、活动统一开展、服务统一标准。

2. 要健全城乡文化交流常态化工作机制，促进服务向基层和特殊群体倾斜

引导优质文化资源更多地向基层一线下沉，向农村倾斜，向革命老区、民族地区倾斜。通过开展公益电影发行放映、“红色文艺轻骑兵”进万家等城乡流动文化服务，开展百姓大舞台、市民文化节、民歌大会、大众合唱节、广场舞示范展示等群众喜闻乐见的文化活动，合理、高效配置区域内公共文化资源，形成大集中、小分散，各尽其能、各取所需，相互依存、相互合作的资源共建共享体系，将优秀的文艺演出、展览、讲座等送到农村和偏远地区。同时，要注重丰富基层群众的文化生活，保障老年人、留守儿童、未成年人、残疾人等特殊群体的基本文化权益，为他们提供针对性的文化服务。如在公共文化场馆设置无障碍设施，为残疾人提供便利；开展针对老年人的文化养老活动，为留守儿童举办关爱文化活动等。

（二）完善基层公共文化服务供需对接机制

建立群众文化需求征集和反馈机制，推动“群众点单”和“政府买单”更好对接，创新实施文化惠民工程，促进优质文化资源有效融入城乡公共文化空间和群众日常生活，打通基层公共文化服务“最后一公里”。探索开展“自下而上、以需定供”的互动式、菜单式公共文化服务，实行集中高效的配送与运营，着力提高基层公共文化服务效能。鼓励社会力量积极参与基层公共文化服务，稳妥推动基层文化设施社会化运营，不断增强基层公共文化服务创新活力。

1. 要利用线上线下多渠道，收集群众文化需求

线上依托“湖北文旅公服云”一站式服务平台，设置需求反馈板块，方便群众随时提交对文化活动、设施、培训等方面的期望。线下在社区、乡村文化站点设立意见箱，定期组织工作人员走访调研，深入了解不同年龄、职业、地域人群的文化喜好。比如，针对农村地区可着重了解农民对农业技术科普类文化活动的需求，在城市社区可关注居民对休闲娱乐、艺术鉴赏等方面的诉求。同时，通过电话回访、问卷调查等方式，收集群众需求，并进行分类整理与分析，形成需求清单。

2. 要基于群众需求引导文艺创作方向，丰富供给内容和形式

依托“省文艺精品创作扶持项目”等平台，鼓励创作者深入基层，创作贴近百姓生活、反映时代风貌且群众喜闻乐见的文艺精品，涵盖戏剧、音乐、舞蹈、文学作品等多种形式。如创作展现湖北乡村振兴成果的乡村题材话剧，或是体现城市发展变迁的音乐作品。在文化活动方面，除传统的文艺演出、展览外，增加互动体验式活动，如非遗手工制作体验课、文化讲座沙龙等。此外，根据不同地区特色，打造

个性化文化项目，如在民俗文化丰富地区开展民俗文化节，在拥有红色文化资源的地区举办红色文化主题活动。在供给主体合作上，强化政府主导作用，联合社会力量共同参与基层公共文化服务供给。政府搭建公共文化服务平台，吸引企业、社会组织、文化志愿者等多元主体加入。企业可通过赞助文化活动、投资建设文化设施等方式参与，社会组织发挥专业优势，开展文化培训、艺术指导等服务。比如，鼓励文化企业与基层文化站合作，举办商业性文化演出的同时，为当地群众带来免费文化盛宴；社会团体组织协助社区开展文化活动策划与组织。

3. 要依据需求清单与各地实际情况，合理配置公共文化资源

在设施建设上，优先在需求强烈但资源匮乏地区新建或改造文化场馆、文化广场等。对于文化产品与服务建立统一配送体系，以县级为单位，整合图书馆书籍、文化馆演出资源等，按照需求程度向基层乡镇、村（社区）配送。比如，为偏远乡村配送适合农业生产的科普图书，为城市社区配送艺术展览资源。同时，利用数字化技术打造数字文化资源库群，将优质文化资源以“云端”形式输送到基层，实现资源共享，提升资源利用效率，满足基层群众多样化的文化需求。加大对基层群众文化活动的扶持引导力度，积极提供艺术指导、场地、安全保障、城市管理等方面的便利，鼓励各级各类文化单位与城乡基层“结对子、种文化”；开展全民艺术普及，培育扎根基层的群众文艺团队，建设精干高效的基层文化人才队伍；加强群众文化活动品牌建设，充分发挥“群星奖”等的示范作用，推动群众文艺精品创作，增强城乡基层文化建设自我发展、自我服务功能。

（三）强化各级公共文化服务数字化赋能

运用数字技术整合文化资源，打通各层级公共文化数字平台壁垒，

打造公共文化数字资源库群，建设国家文化大数据体系，建设智慧图书馆、智慧博物馆、智慧广电等数字化服务平台，积极发展云展览、云阅读、云视听、云体验，推进农家书屋数字化建设，让广大人民群众通过“云端”“指尖”直接对接多样化、精准化、高质量的公共文化服务。

1. 要积极整合全省公共文化资源，搭建统一的数字文化平台

汇聚各地图书馆的电子图书、期刊，博物馆的文物数字化展示，文化馆的艺术培训课程视频，以及各地非遗项目的数字化资料等，打造一站式数字文化资源库群。比如，湖北省图书馆推出的“长江读书节”数字平台，集中展示各类数字阅读资源，还举办线上读书活动，方便读者参与。各地博物馆也可通过3D建模、虚拟现实（VR）等技术，将文物藏品以数字化形式呈现，让公众足不出户就能“云参观”。

2. 要着力加强数字化文化设施建设

在全省公共文化场馆，如省博物馆、省美术馆等，配备先进的数字化设备，设置电子导览系统，为观众提供智能讲解服务；安装互动展示屏，展示文化作品创作背景、相关知识拓展等内容。在基层文化站点，如乡镇文化站、村文化活动室，配备数字阅读设备、多媒体播放设备等，提升基层文化服务的数字化水平。推动农家书屋数字化建设，依托“数字农家书屋”平台，为农村居民提供海量数字阅读资源，涵盖农业技术、文学艺术、儿童读物等多个领域，满足不同群体的阅读需求。

3. 要利用新媒体平台开展多样化数字文化服务

通过微信公众号、微博、抖音等社交平台，发布文化资讯、举办线上展览、直播文化活动等。例如，湖北省博物馆在抖音平台举办文

物讲解直播，吸引大量网友观看，让文化知识以更生动有趣的方式传播。开发文化类手机应用程序（App），提供个性化文化服务。如推出“湖北文化地图”App，整合全省文化场馆、文化景点、文化活动等信息，方便用户查询与参与，实现文化服务“掌上办”“指尖享”。

四、打造世界知名文旅目的地

2024年11月，习近平总书记在湖北考察时强调：“打造精品文旅品牌和线路，把文化旅游业培育成为支柱产业。”①按照2025年湖北“新春第一会”的重要部署，湖北要大力实施文化创新战略，整体提升支点的文化影响力，推进荆楚文化创造性转化、创新性发展，促进文化和旅游深度融合，讲好湖北故事，传播湖北声音，加快把文化旅游业打造成万亿级支柱产业，加快建设世界知名文化旅游目的地。

湖北坐拥长江三峡、武当山、神农架等世界级IP，依托资源禀赋、交通区位、广阔市场，打造了赏花、避暑、康养、冰雪、夜游等较为齐全的产品业态，成为全国赏花旅游热门目的地、南方滑雪最佳体验地。全省文旅市场主体数量持续增长，一大批文旅项目开工建设，宜昌宋城·三峡千古情、武汉冰雪中心等新开业项目受到市场欢迎。通过投放文旅消费券，开展青年文娱、“引客入鄂”及四季文旅促消费活动，全省文旅消费市场持续保持强劲态势，具有广阔发展空间。长江文化艺术季赢得热赞，世界武当太极大会、全球旅行商大会等重大活动出新出彩，“相约春天赏樱花”“南国冰雪季”等主题营销火爆出圈，“知音湖北”品牌叫响全国、走向世界。

①《习近平在湖北考察时强调　鼓足干劲奋发进取　久久为功善作善成　奋力谱写中国式现代化湖北篇章》，《人民日报》2024年11月7日。

（一）强化规划引领和链态融合

适应文旅融合新形势，以全域旅游为方向，以推动旅游高质量发展为主题，以深化旅游供给侧结构性改革为主线，以提供优质旅游产品和服务为中心环节，加强改革创新，统筹发展和安全，努力叫响“世界知名文化旅游目的地”，叫响“万亿元产业”，把湖北建设成为旅游强省，为湖北加快建成中部地区崛起重要战略支点作出新贡献。

要高质量编制和实施“十五五”时期全省文化和旅游发展总体规划与专项规划，明确文旅融合的发展目标、重点任务和实施步骤。修订完善长江国家文化公园（湖北段）建设保护、长江文物保护利用相关规划方案，确保与文旅融合发展的要求相契合。主动对接省域规划综合信息平台，统筹各领域专项规划、各市县文旅规划，加强与省规划办、省发改委等职能部门的对接，为文旅融合争取更多发展空间。构建“一核引领（武汉）、一带串珠（长江国际黄金旅游带）、三圈联动（武汉、襄阳、宜荆荆三大都市圈）、多极支撑”的文旅深度融合发展新格局，突出各地特色，实现区域协同发展。

要围绕吃、住、行、游、购、娱、商、养、学、闲、情、奇旅游全要素，推进“文旅 + 百业”“百业 + 文旅”融合发展，不断推出研学旅游、低空旅游、康养旅游、休闲度假等文旅新业态，打造“跟着赛事去旅行”“跟着演出去旅行”等旅游产品。推进文旅与工农商体等跨界融合，加强 5G、AR、VR、人工智能等科技成果在文旅行业转化应用，丰富新文旅、泛娱乐业态供给，不断满足游客追求新奇的需求。实施荆楚文脉赓续工程，全面梳理长江文化、荆楚文化、红色文化等特色资源，做好“郧县人”、屈家岭、秦汉简牍等文化资源的保护研究阐释，为文旅融合提供丰富的文化素材。将文化内容、文化符号、文化故事融入景区景点，建设一批荆楚文物主题游径和非遗特色旅游线路，打造沉浸式体验活动，让游客在旅游过程中感受荆楚文化的独特魅力。

（二）做强项目支撑和文旅品牌

1. 打造核心吸引物项目

实施“A级旅游景区提质赋能行动”，打造100家精品景区。推动现有5A级旅游景区（见表7-1）如黄鹤楼、三峡大坝等提升品质，力争新增一批5A级景区。策划、招引一批龙头型文旅综合体项目。例如，在武汉等核心城市建设大型文化旅游商业综合体，集文化展示、娱乐休闲、购物餐饮等多种功能于一体。依托各地特色文化和资源，建设一批文旅特色小镇。如黄梅的戏曲小镇，以黄梅戏文化为主题，打造戏曲演艺、传承、体验等项目。

表7-1　湖北5A级景区一览表（截至2024年底）

市（州、林区）	5A级景区
武汉市	黄鹤楼公园、东湖景区、黄陂木兰文化生态旅游区
襄阳市	古隆中景区
宜昌市	三峡大坝—屈原故里文化旅游区、三峡人家景区、长阳清江画廊景区、三峡大瀑布旅游区
十堰市	武当山风景区
咸宁市	三国赤壁古战场景区
恩施州	神农溪纤夫文化旅游区、恩施大峡谷景区、利川腾龙洞景区
神农架林区	神农架生态旅游区
荆门市	钟祥市明显陵
黄冈市	麻城龟峰山

资料来源：根据湖北省人民政府网站相关资料整理。

2. 推进融合发展项目和基础设施项目

在“文旅+农业”融合上，积极拓展农耕研学、田园观光、民俗体验等多元化新兴业态。依托洪湖莲藕、宜昌蜜橘等特色农产品，开发农业观光园、采摘园等项目，同时举办各类农事节庆活动。在“文旅+工业”融合上，利用工业园区、工业展示区等开展工业旅游，开发工业生产体验、企业文化展示等项目。在“文旅+体育”融合上，加快发展山地户外运动、水上运动等特色体育旅游，建设一批山地户外营地、自驾车营地等健身休闲设施。完善快进慢游交通体系，对通景公路进行升级改造，确保干线公路与4A级以上景区、省级旅游度假区之间有二级以上公路连接。在重点景区和度假区配套建设自驾营地、露营地和房车营地。扎实推进“厕所革命”，新建、改建一批旅游厕所，实现主要旅游景区等场所厕所数量充足、干净卫生。

3. 推动文化内涵挖掘项目和新业态项目

实施荆楚大遗址传承发展工程等，加强对楚文化遗址、三国文化遗址等的保护与开发，建设遗址公园、博物馆等，展示荆楚文化的深厚底蕴。鼓励专业艺术院团与重点旅游景区合作，打造中小型、主题性、特色类的演艺产品，如在黄鹤楼景区上演与诗词文化相关的演艺节目，让游客沉浸式感受传统文化。加强智慧化基础设施建设，丰富数字文旅场景和产品，利用5G网络、虚拟现实等技术，开发云旅游、沉浸式情景演绎等新兴文旅业态，提升游客体验。

4. 唱响湖北“五个一”的文旅品牌

概括起来讲，湖北文旅有五张“金名片”：一幅美丽的画、一本厚重的书、一首激昂的诗、一座丰饶的园、一架通达的桥。这“五个一”分别对应的是名胜景观、文化积淀、精神史诗、琳琅好物、区位优势。要瞄准旅游需求新变化，捕捉旅游行业发展新趋势，做好文旅深度融合大文章，持续提升长江三峡、太极武当、白云黄鹤、神农秘境、“洪湖水、浪打浪”等荆楚文旅品牌的知名度和美誉度，做美“点”、串好“线”、形成“片”，立体化展示荆山楚水、荆风楚韵的独特魅力，把深沉的文化力量转化为更大的发展能量。加强事件营销、话题营销、圈层营销，策划打造一批爆款文旅IP，变“流量”为“留量”。创新办好世界武当太极大会、中国文化旅游产业博览会等品牌活动，提升国际知名度和美誉度。力创长江国际黄金旅游带核心区、优秀传统文化创新发展高地、“宜恩神”生态旅游目的地、“汉襄宜”都市旅游优选地、“一山一城一湖”红色旅游重要地、工业旅游样板地六大核心品牌，以品牌引领文旅融合发展。

（三）统筹推进消费硬设施和软环境建设

1. 进一步完善机场、高铁、高速公路等交通网络

文旅消费设施是文旅产业发展的重要基石，发挥着多元关键作用。在交通设施方面，要增加与国内外主要客源地的航线、车次。加强城市与景区、景区与景区之间的交通连接，完善旅游专线、景区直通车等服务。推进“四好农村路”建设，提高乡村旅游点的交通通达性。在住宿设施方面，除了传统的星级酒店，鼓励发展特色民宿、精品客栈、度假酒店、露营地等多样化的住宿形式，满足不同游客的需求。在旅游景区周边、乡村旅游点等地合理规划建设民宿聚集区。引导住宿企业开展标准化建设、智能化改造，创建一批高品质的住宿品牌。在餐饮设施方面，可在武汉、宜昌等城市建设具有荆楚特色的餐饮街区，集中展示湖北的美食文化。挖掘地方特色美食，推出具有湖北地域特色的菜品和小吃。在购物设施方面，进一步完善景区、旅游度假区、城市商业中心等地的旅游购物商店、特色商品街区等购物场所的服务管理，提升游客购买旅游纪念品、特色商品等的体验感。挖掘湖北的文化资源和地方特色，开发具有创新性、纪念性和实用性的旅游商品，如以楚文化为主题的文创产品、以湖北农产品为原料的特色食

品等。在娱乐设施方面，结合湖北的文化和自然资源，开发多样化的娱乐项目，如主题公园、水上娱乐、山地运动、文化演艺等。在公共服务设施方面，建设和完善游客服务中心，为游客提供信息咨询、导游服务、投诉处理等一站式服务。加强5G网络、Wi-Fi等通信设施覆盖，提升景区、酒店等场所的网络信号质量。支持建设全省统一的智慧文旅平台，整合景区、酒店、交通等旅游信息资源，实现数据共享，为游客提供一站式服务。

2. 聚焦“环境美、出行畅、服务优”，持续优化文旅消费环境

一是加强文旅消费券精准投放与政策联动。延续并优化文旅消费券发放政策，根据不同地区、景区淡旺季以及消费群体特征，精准投放消费券。例如，为吸引年轻游客群体，在音乐节、动漫展等文旅活动期间，定向发放适用于周边消费场景的消费券。同时，加强文旅与商务、财政等部门联动，将文旅消费券与餐饮、住宿、购物等领域消费券协同设计，鼓励游客进行综合消费。如推出“文旅＋餐饮”套票消费券，游客购买景区门票消费券时，可搭配优惠购买附近特色餐厅的餐饮消费券。二是设立湖北文旅产业专项扶持基金，对创新文旅产品开发、提升服务质量的市场主体给予资金支持。比如，对开发出具有荆楚文化特色且市场反响良好的沉浸式文旅体验项目的企业，给予项目研发资金补贴。在税收优惠方面，对新设立的中小文旅企业，给予一定期限的税收减免；对符合条件的文旅企业，允许其加速固定资产折旧，降低运营成本。简化文旅企业行政审批流程，推行“一站式”审批服务，缩短项目落地周期。建立文旅消费价格动态监测机制，重点监测景区门票、酒店住宿、餐饮等价格变化。在旅游旺季、节假日等关键时段，提前制定价格预警区间，一旦价格超出合理范围，及时采取价格干预措施。同时，推行景区门票预约与价格联动机制，通过大数据分析游客预约情况，对热门景区不同时段的门票实行差异化定

价，引导游客错峰出游，缓解旅游高峰期的供需矛盾，稳定价格水平。

（四）推动区域合作与宣传推广

加强省内区域文旅协作。打破行政区划限制，实现资源共享、优势互补，共同打造跨区域的精品文旅线路和产品，形成“核心城市引领 + 区域特色协同”的发展格局。构建区域联动机制，建立跨区域文旅协调小组，由各地文旅部门负责人组成，定期召开会议，共同商讨区域文旅发展规划、资源整合、市场推广等事宜。设立省内文旅合作专项资金，用于支持区域间旅游基础设施建设、旅游产品联合开发、宣传营销等项目。要梳理各地特色文旅资源，打造差异化、互补性的旅游产品体系。推动区域内景区、酒店、旅行社等旅游企业的合作与联盟。

1. 推动省际文旅协作

与长江沿线省市共同打造长江国际黄金旅游带。联合重庆、湖南、江西等省市，推进长江三峡、长江中游城市群、武陵山区等跨区域旅游协作，与重庆、江西、湖南、上海等省市共创“长江文化遇见之旅”，通过联合举办长江文化旅游节等活动，扩大湖北文旅的影响力。与上海、江苏、浙江等地的旅游企业合作，开发针对长三角游客的湖北特色旅游产品，如“楚文化探秘之旅”；与广东合作，推出“粤鄂双城记”等互动旅游线路，吸引珠三角地区游客。与中部各省建立中部地区文旅合作联盟，共同制定区域文旅发展战略，协调旅游市场秩序，联合开展宣传推广活动。如共同举办中部地区文旅博览会，展示中部六省的文旅特色与成果。湖北与河南接壤的区域，可整合两地的红色文化资源，如湖北大悟与河南新县的大别山红色旅游资源，共同打造跨区域的红色旅游经典线路，加强基础设施连接和旅游服务共享。

2. 拓展国际文旅合作

利用湖北的区位优势和交通便利条件，加强与共建“一带一路”国家和地区的文旅合作。与俄罗斯、韩国等国家开展文化交流活动，举办湖北文化周、旅游推介会等，吸引这些国家的游客来鄂旅游，同时推动湖北旅游企业“走出去”。积极参与国际旅游组织活动，加强与国际知名旅游目的地的交流与合作。学习借鉴法国、日本等国家在旅游管理、服务提升、产品开发等方面的先进经验，提升湖北文旅的国际化水平，吸引更多国际游客。

3. 整合多元渠道进行全方位传播，创新宣传形式以增强吸引力

在线上宣传方面，可在抖音、小红书、微博等热门社交平台开设官方账号，发布精美图片、短视频、攻略等内容。利用平台算法，针对不同地区、年龄、兴趣的用户进行精准推送。邀请知名主播或文旅达人直播湖北景区美景、特色美食制作过程、民俗表演等，实时互动解答观众疑问，发放景区门票、酒店优惠券等福利，吸引观众关注并激发其旅游欲望。与携程、去哪儿网等在线旅游平台合作，优化湖北旅游产品页面展示，提供详细信息与用户评价。推出专属优惠套餐，利用平台大数据分析用户需求，针对性推送湖北旅游线路与产品。在线下宣传方面，积极参加世界旅游交易会、中国国际旅游产业博览会等国内外知名旅游展会，设置特色展位，通过实物展示、文艺表演、互动体验等形式，展示湖北文旅特色，与国内外旅行商、媒体建立联系，拓展客源市场。在主要客源地城市举办湖北文旅推介会，邀请当地旅行社、媒体、企业代表等参加。通过主题演讲、宣传片播放、旅游产品介绍等环节，详细介绍湖北旅游资源与产品，现场签订合作协议，促进客源输送。积极开发以湖北历史文化为背景的沉浸式戏剧、实景演出等，举办各类文旅主题活动，并与影视、动漫、游戏等行业

跨界合作宣传湖北文旅。

深度阅读

习近平:《在文化传承发展座谈会上的讲话》,《求是》2023年第17期。

习近平:《加强文化遗产保护传承　弘扬中华优秀传统文化》,《求是》2024年第8期。

中共中国作家协会党组:《创造中华民族伟大复兴的文化盛景》,《求是》2024年第20期。

《王忠林在武汉调研时强调 加强历史文化街区保护利用　更好推动文化与经济融合发展》,《湖北日报》2025年3月18日。

《王忠林主持召开省委常委会会议　大力实施枢纽提能战略文化创新战略　整体提升支点开放辐射力文化影响力》,《湖北日报》2025年4月4日。

傅才武:《谈谈长江文化的历史底蕴和时代价值》,《求是》2024年第22期。

第八章

区域联动：汇聚协同融通强大合力

推动区域协调发展，是解决发展不平衡不充分问题的重要途径，是推动高质量发展、促进共同富裕的内在要求。注重区域协同融通发展是习近平经济思想中关于区域发展一以贯之的重要要求。

2018 年 4 月，习近平总书记在武汉主持召开深入推动长江经济带发展座谈会，要求长江经济带各省市“把自身发展放到协同发展的大局之中，实现错位发展、协调发展、有机融合，形成整体合力”。2024 年 11 月，习近平总书记考察湖北时，要求湖北“在城乡融合发展和乡村全面振兴上奋发有为”，“以武汉都市圈为中心，推进长江中游城市群联动发展”。

湖北是长江经济带高质量发展、中部地区崛起等国家战略交汇地，地处我国主要经济区的几何中心。支点建设，不仅要在大局下“自转”，发展好自己；还要围绕大局“公转”，服务带动其他地方发展。

支点仅靠一个或数个单点支撑是立不起来的，既要中心城市带动发力，又要县城农村支撑给力，形成全域协同、联动发展的良好局面。在2025年湖北“新春第一会”上，湖北省委、省政府提出，加快实施区域联动战略，整体提升支点区域协同力。要建立健全武汉、襄阳、宜昌“金三角”协同发展机制，做强“金三角”硬支撑。要大力发展县域经济、镇域经济，加快推进乡村全面振兴，激活城乡融合发展新动能。要积极服务和融入国家区域发展战略，加强省际协作和交界地区合作，努力形成区域协调、城乡融合、优势互补、各展所长的发展格局。

一、做强汉襄宜“金三角”硬支撑

2025年湖北省《政府工作报告》中提出，打造武汉、襄阳、宜昌协同创新“金三角”，通过区域联动推动中部崛起战略支点建设。

“金三角”概念的雏形，源于湖北于21世纪初提出的“一主两副”区域发展战略。2003年，湖北省明确武汉为全省的龙头与中心城市，襄阳、宜昌为省域副中心城市，由此开启了“一主两副”带动全省经济社会发展的新征程。

自2003年“一主两副”区域发展战略提出以来，武汉、襄阳、宜昌三地地区生产总值之和占全省比重长期稳定在55%左右。2003年，武汉地区生产总值为1662亿元，襄阳、宜昌分别为503亿元、491亿元，三者之和占当年全省经济总量（4757亿元）的55.8%。2024年，武汉地区生产总值为21106.23亿元，襄阳、宜昌分别为6102.41亿元、6191.12亿元，三者之和占全省经济总量（60012.97亿元）的55.7%。汉襄宜三地以“金三角”为框架，形成支撑全省高质量发展的核心增长极。

从“一主两副”城市群到武汉、襄阳、宜荆荆三大都市圈，再到汉襄宜“金三角”，体现的是湖北对国家区域协调发展的积极响应和主动探索。

（一）都市圈发展战略

2019 年 2 月，国家发展改革委发布的《关于培育发展现代化都市圈的指导意见》指出，都市圈是以超大特大城市或辐射力强的中心城市为核心，以 1 小时通勤圈为空间载体，以产业链、创新链、供应链深度耦合为纽带形成的多中心、网络化城市集群。作为超越传统行政区划的新型空间组织形态，都市圈以“核心城市 + 功能节点 + 生态基底”的复合架构，重塑人口、资本、技术的流动轨迹。其本质是通过基础设施同城化、产业分工梯度化、治理机制协同化，构建半径 150 千米内的“创新—生产—生活”闭环生态系统。都市圈发展战略是新时代推动区域协调发展的重要引擎，对于促进产业链跨区域整合与创新要素流动、实现公共服务共建共享、推动智慧高效的新型城镇化体系建设具有重要意义。

湖北省第十二次党代会提出建设武汉都市圈、襄阳都市圈、宜荆荆都市圈三大都市圈，就是为了构建区域发展新格局，其核心目的是通过差异化定位与协同发展，破解区域发展不平衡问题。

武汉都市圈聚焦科技创新与枢纽功能，打造世界级增长极；襄阳都市圈强化汉江流域辐射力，推动产业转型升级；宜荆荆都市圈依托长江经济带优势，探索生态与经济协同路径。

这一战略通过交通互联、产业共链、科技同兴、生态共治等举措，加速要素流动与资源整合，推动全省从单极驱动向多极联动转变，推动武汉都市圈形成超 3000 万人口、6 万亿元地区生产总值的世界级都市圈，襄阳和宜荆荆都市圈成为区域高质量发展引擎，最终实现全省全域协同发展，为全国构建新发展格局提供“湖北样本”。

从 2023 年开始，湖北省委、省政府建立了决策层、协调层、执行层三级协调联动机制。在决策层，成立由省委书记、省长担任组长的推进三大都市圈发展工作领导小组，统筹三大都市圈建设的顶层设计、总体布局。湖北以《湖北省流域综合治理和统筹发展规划纲要》为蓝本，编制完成《武鄂黄黄规划建设纲要大纲》《襄阳都市圈发展规划》《宜荆荆都市圈发展规划》《武汉新城规划》。

（二）大力发展以武鄂黄黄为核心的武汉都市圈

武汉都市圈以武汉、鄂州、黄石、黄冈为核心，辐射咸宁、孝感、天门、潜江、仙桃等城市，是长江中游城市群的核心板块。2022 年 12 月，国家批复了《武汉都市圈发展规划》。武汉都市圈正式成为继南京、福州、成都、长株潭、西安和重庆之后，国家批复规划的第七个都市圈。武汉都市圈占据湖北省三分之一的面积和一半的人口，创造湖北全省近三分之二的地区生产总值。截至 2024 年底，武汉都市圈共有常住人口 3331.45 万人，地区生产总值为 35691.54 亿元。

2023 年 2 月底，武汉都市圈发展协调机制办公室正式印发《武汉都市圈发展三年行动方案（2023—2025 年）》。方案指出，以武鄂黄黄为核心，充分发挥武汉龙头引领作用，推进武汉都市圈基础设施、创新策源、产业协同、对外开放、公共服务、新型智慧等 9 个领域的快速发展。

近年来，武汉都市圈在机制层面、基建领域，以及民生服务、产业协同、对外开放等方面发展迅速。在支点建设中，武汉都市圈要发挥更大的带动和辐射作用。

1. 以思维理念“破冰”打通“隔离带”，推动区域深层次合作

一是构建协同治理新机制。建立跨市域国土空间规划联席审查制度，统筹划定生态保护红线和产业协作区，打破“各管一摊”的治理惯性。二是推进产业链全域布局。依托光谷科技创新大走廊，将武汉光电信息、汽车制造等优势产业向孝感、鄂州等周边城市延伸，形成

研发在武汉、制造在都市圈的协同模式。三是创新生态共治模式。建立长江、汉江流域横向生态补偿机制，联合开展大气污染联防联控，实现环境监测数据实时共享。四是深化制度型开放。在武汉自贸片区试行“市场准入异地同标”，推动圈内九市共建统一要素交易平台，实现更高质量的政务服务跨市通办。

2. 以方法路径“求变”连通“断头路”，推动区域资源要素高效化配置

一是强化基础设施互联互通，以跨区域交通网络建设为核心，统筹推进公路、轨道交通及多式联运枢纽布局，打破地理分割，缩短时空距离，促进人流、物流、资金流等要素低成本流动。二是深化制度协同创新，破除行政壁垒与政策差异，建立统一的市场规则、信用体系和公共服务标准，推动政务服务跨城通办、创新资源跨域共享，构建要素自由流动的制度保障。

3. 以关键领域“突围”畅通“中梗阻”，提高区域产业活跃度

一是以产业链整合重塑空间布局，依托区域资源禀赋统筹产业分工，推动上下游企业跨市共建创新联合体与共享制造平台，形成“研发—转化—生产”全链条协同网络，破解产业同质化与资源错配困局。如光谷科技创新大走廊联动鄂州、黄石等地，形成“研发—中试—制造”协同网络，破解产业同质化竞争。二是以创新要素共享突破技术瓶颈，建立科技资源开放共享机制，联合设立产业引导基金与共性技术攻关平台，搭建跨区域技术交易平台和人才流动通道，促进人才、专利、数据等要素跨城流通，通过“创新券通兑”等政策工具促进专利、数据等要素市场化配置，加速科技成果产业化进程。

（三）大力发展襄阳都市圈

襄阳都市圈是湖北省“一主两副”区域发展战略格局中汉江生态经济带的核心支点，也是中西部地区非省会城市群协同发展的典范。襄阳都市圈以襄阳市全域为核心，覆盖面积约1.97万平方千米，占湖北省总面积的10.6%。2023年，襄阳市常住人口为527.1万，其中中心城区人口增至237万，城镇化率达63.2%；辐射区域总人口超1200万，占鄂西北地区总人口的75%；紧密区为市域内其他县市（枣阳、宜城、老河口、谷城、南漳、保康），面积约1.6万平方千米；辐射带动区为十堰、随州、神农架及河南南阳等毗邻区域，协同面积超5万平方千米。

襄阳在经济能级上不断跨越提升，经济总量从2012年的2406亿元跃升至2024年的6102.41亿元，连续6年位居全国城市50强。

在支点建设中，襄阳要以更高标准、更严要求、更实举措谋划推进襄阳发展，促进发展能级、发展速度、发展质效、发展后劲整体提升。同时，要加快提升产业层级、经济量级、城市能级，建设名副其实的省域副中心城市，扎实推动襄阳都市圈高质量发展，努力成为汉襄宜“金三角”的重要一极和关键支撑。还要发挥好引领汉江流域、辐射南襄盆地、联动鄂西北高质量发展的重要作用，推动区域规划协同、产业协同、创新协同、开放协同、生态协同，努力成为区域发展的强劲增长极和重要动力源。

一是在区域规划协同上，建立跨层级规划统筹机制。依托《汉江生态经济带发展规划》和湖北省三大都市圈战略，编制南襄盆地—鄂西北一体化国土空间规划，明确襄阳都市圈“一核（襄阳中心城区）两翼（十堰、随州）”功能布局。参考武汉都市圈同城化经验，推动襄阳与十堰、随州、神农架共建都市圈规划协调平台，统筹交通、产业、生态等专项规划衔接。

二是在产业协同上，强化汽车产业跨域协作。以襄阳国家级车联网先导区为核心，联合十堰商用车基地、随州专汽集群，共建襄阳都市圈万亿级汽车产业走廊。发展绿色低碳经济，依托十堰绿色低碳发展示范区，联合鄂西北县市打造汉江上游新能源装备制造基地，推广丹江口库区“生态＋文旅”产业模式。

三是在创新协同上，建设汉江科创走廊。以襄阳湖北隆中实验室为支点，联合武汉理工大学襄阳示范区、十堰商用车研究院，构建“基础研究—中试转化—产业应用”全链条。落实《湖北省科技创新“十四五”规划》，推动襄阳高新区与十堰经开区共建鄂西北科技成果转化示范区。

四是在开放协同上，打造中西部陆海新通道枢纽。提升襄阳自贸片区能级，落实《中国（湖北）自由贸易试验区总体方案的通知》，联动武汉中欧班列集结中心，建设鄂西北国际物流节点。深化襄阳都市圈内部协作，共建鄂豫陕交界区跨境电商综合试验区。

五是在生态协同上，贯彻《湖北省流域综合治理和统筹发展规划纲要》。建立汉江流域生态补偿机制，联合陕豫两省实施丹江口库区水环境联防联控，推广保康县“生态银行”试点经验。推动鄂西北山区县市发展林业经济，依托襄阳都市圈“一江两山”生态格局，探索“碳汇交易＋生态旅游”融合发展路径。

（四）大力发展宜荆荆都市圈

宜荆荆都市圈是湖北省三大都市圈战略的核心增长极之一，覆盖宜昌、荆州、荆门三市全域及恩施协同发展区，总面积 3.26 万平方千米。2024 年，都市圈常住人口达 920 万人，经济总量突破 1.2 万亿元，占全省经济总量的 18%，成为继武汉都市圈后湖北第二个万亿级都市圈。其空间布局以“一轴两带、三角绿心、四大组团”为核心，重点打造宜昌东部未来城、荆州经开区、荆门高新区等七大板块，目标是到2027年经济总量达1.4万亿元，常住人口增至940万，建成长江中上游重要增长极。

宜荆荆都市圈依托宜昌港口型国家物流枢纽和荆荆高铁，构建“30分钟轨道交通圈”与“1小时高速圈”，强化“肩挑武汉、联动成渝”的区位优势，打造国家综合交通枢纽；以现代化工、新能源装备、生物医药为主导产业，打造长江经济带绿色增长极，成为长江经济带关键支点和湖北区域均衡发展的关键支撑。

一是规划同编。在规划管理方面，建立统一编制、联合报批、共同实施的国土空间规划体系。协同“十五五”规划谋划重大项目。土地管理方面，探索跨区域统筹土地指标管理机制和项目跨区域一体化管理服务机制。

二是交通同网。一体化发展，交通先行。2023年9月，宜昌、荆州、荆门共同签订《宜荆荆全国性综合交通枢纽建设三年行动方案》《深化宜荆荆都市圈交通互联互通工程建设备忘录》。沿江高铁武汉至宜昌段、荆荆高铁、当枝松高速公路（含枝江百里洲长江大桥）、武松高速江陵至松滋段（含观音寺长江大桥）等重大交通项目，促使宜荆荆综合交通枢纽雏形基本形成，初步实现宜荆荆都市圈机场一体化运行、长江内河港口联动发展。

三是产业同链。协同产业发展，磷化工产业抱团成群。推进宜昌磷化工、荆州煤化工、荆门石油化工磷化工协同发展，共建世界级绿色化工产业集群。打造具有全国影响力的新能源电池产业集群。

四是民生同保。加快构建宜荆荆数据共享、信息互通“高速桥梁”枢纽工程，荆州与宜昌、荆门实现身份证、户口簿、结婚证等常用证照、高频证照互认共享；公安、市场监管、不动产登记、公积金互认互贷等多个事项实现圈内通办。不断探索基本公共服务项目财政支出跨区域结转机制，实施统一的基本医疗保险政策，建立医联体。

五是生态同建。宜昌、荆州、荆门要与周边县市加强生态环境保护方面的合作，联防联治大气污染和加强流域综合治理，守住流域安全底线。宜荆荆都市圈通过流域联防联控与生态补偿机制破解行政壁垒，建立突发水污染事件联合应急响应机制，提升长江支流水环境安全保障能力，加大跨市州生态补偿力度，推动上下游协同治污。依托《宜荆荆都市圈生态环境保护规划》，明确“三江七水三屏”生态安全格局，划定水安全、水环境、粮食安全、生态保护红线四大底线。

六是市场同化。深化统一市场建设，推动规则一体化。通过《宜荆荆都市圈统一大市场共建备忘录》，实现市场监管规则“八个一体化”，包括市场准入退出一体化、公平竞争审查协同、知识产权保护联盟等。联合建立跨区域执法协作平台，加强消费维权联盟合作，提升区域市场透明度。

二、夯实县域城乡融合发展基础

（一）湖北县域和乡镇发展成就演变

湖北下辖 12 个地级市、1 个自治州、3 个省直管市、1 个林区。截至 2024 年底，湖北省辖 39 个市辖区、26 个县级市（其中 3 个直管市）、35 个县、2 个自治县、1 个省直辖林区，合计 103 个县级区划。

湖北县域经济基础薄弱，2000 年以前无一县（市）地区生产总值突破百亿元。2002 年以来，湖北省委、省政府高度重视县域经济发展，提出了“一主三化”的指导方针，出台了相关促进政策和激励措施，连续多年召开县域经济工作会和现场会。近几年，湖北锚定“百强县进位、千亿县扩容”，实施强县工程，县域经济实力不断提升，在全省经济发展中的支撑作用日益明显。2024 年，湖北县域经济占全省比重为 58.7%，较 2023 年提升了 0.4 个百分点，同比增长 6.3%，保持了高于全省经济增长平均水平的态势。

2024年，湖北地区生产总值超过500亿元的县（市）有19个，分布在全省8个地级市、1个自治州和3个省直管市。在湖北63个县级市当中，比重达30.15%（详见表8-1）。

表8-1　2024年湖北地区生产总值超500亿元的县（市）

序号	县（市）	2023年地区生产总值（亿元）	2024年地区生产总值（亿元）	主导产业
1	仙桃市	1014.33	1125.13	非织造布、食品加工
2	宜都市	920.62	990.67	精细化工、生物医药
3	汉川市	873.21	940.05	纺织服装、金属制品
4	大冶市	863.15	930.71	铜产业集群、智能装备
5	潜江市	904.92	952.17	小龙虾全产业链
6	枝江市	855.60	900.10	化工新材料、新能源电池
7	枣阳市	828.02	860.50	汽车零部件、新能源电池
8	天门市	712.17	785.4	服装电商、智能装备
9	当阳市	637.34	664.68	绿色建材、现代种业
10	钟祥市	640.52	656.65	磷化工、长寿食品
11	赤壁市	532.09	575	青砖茶、应急装备
12	松滋市	501.43	557.3	白酒产业、磷化工
13	阳新县	494.00	536.5	生物医药、新材料
14	应城市	500.86	530	现代化工、绿色建材
15	宜城市	485.19	525.81	精细化工、军民融合
16	谷城县	490.85	525	再生资源、汽车零部件
17	麻城市	465.19	520.87	石材产业、红色文旅
18	恩施市	478.27	512.55	硒产业、生态文旅
19	老河口市	443.14	507.16	循环经济、汽车零部件

资料来源：根据新闻报道整理。

全省县域经济整体发展水平与全国百强县的差距逐步缩小。2005年国家统计局农调总队发布的我国百强县名单中，湖北无一入选。

80% 以上的百强县（市）分布在长三角、珠三角和环渤海地区。而 2024 年，由赛迪研究院公布的全国百强县名单中，东部地区占 66 席，中部地区占 18 席，西部地区占 13 席，东北地区占 3 席。湖北入围数量居中部第一、全国第四，入围县（市）为：仙桃市（第 54 位）、大冶市（第 55 位）、宜都市（第 61 位）、潜江市（第 71 位）、枣阳市（第 74 位）、枝江市（第 76 位）、汉川市（第 81 位）、天门市（第 100 位）。

湖北人口城镇率不断提高。进入 21 世纪以来，湖北大力推进城镇化建设，城镇化率大幅提升。2000—2023 年，湖北人口城镇化率显著提高（见表 8-2）。2023 湖北常住人口 5838 万人，全省城镇化率为 65.47%。其中，城镇人口 3822 万人，较 2000 年增加 1536.89 万人，增长 67.25%。2023 年湖北县域农村人口 2016 万人，较 2000 年减少 1344.89 万人，减少 40.01%。

表 8-2　2000—2023 年湖北城镇化发展概况

年份	总人口（万人）	城镇人口（万人）	乡村人口（万人）	城镇化率
2000	5646.00	2285.11	3360.89	40.47%
2001	5658.00	2308.50	3349.50	40.80%
2002	5672.00	2348.20	3323.80	41.40%
2003	5685.00	2387.70	3297.30	42.00%
2004	5698.00	2427.30	3270.70	42.60%
2005	5710.00	2466.70	3243.30	43.20%
2006	5693.00	2493.50	3199.50	43.80%
2007	5699.00	2524.70	3174.30	44.30%
2008	5711.00	2581.40	3129.60	45.20%
2009	5720.00	2631.20	3088.80	46.00%
2010	5723.77	2844.51	2879.26	49.70%
2011	5760.00	2982.53	2777.47	51.78%
2012	5781.00	3077.23	2703.77	53.23%
2013	5798.00	3160.49	2637.51	54.51%
2014	5816.00	3241.26	2574.74	55.73%
2015	5850.00	3345.03	2504.97	57.18%

续表

年份	总人口（万人）	城镇人口（万人）	乡村人口（万人）	城镇化率
2016	5885.00	3446.84	2438.16	58.57%
2017	5904.00	3535.32	2368.68	59.88%
2018	5917.00	3609.37	2307.63	61.00%
2019	5927.00	3664.66	2262.34	61.83%
2020	5775.26	3632.04	2143.22	62.89%
2021	5830.00	3736.45	2093.55	64.09%
2022	5844.00	3779.31	2064.69	64.67%
2023	5838	3822	2016	65.47%

资料来源:2000—2023 年湖北统计年鉴。

（二）大力发展县域经济

湖北建成支点的差距在县域，潜力在县域，关键在县域。湖北县域经济的整体实力还不够强，与经济大省相比差距还比较大。2024 年，江苏省昆山市、江阴市地区生产总值双双突破 5000 亿元，湖南省长沙县、浏阳市地区生产总值分别突破 2200 亿元、1800 亿元，而湖北县域“领头羊”仙桃市地区生产总值直至 2024 年才刚过 1100 亿元。

与中部省份相比，湖北县市发展的优势也不十分明显，河南、江西、安徽等省 2019 年就有“千亿县”，湖北 2022 年才有“千亿县”。

县域经济全国百强榜中，湖北到目前为止还没有进入前 50 强。对照全国百强县市前 50 强，湖北的百强县市在产业结构、科技创新、基础设施、营商环境、开放程度和人才资源等方面差距都不小。首先是产业结构与质量上，湖北百强县以传统制造业（如冶金、化工、纺织）、农产品加工为主，附加值较低，而全国前 50 强县（如江苏省昆山市、浙江省慈溪市）则以电子信息、高端装备、现代服务业为主导。整体上看，湖北百强县产业链条短，缺乏高附加值环节，产业集群效应较弱，抗风险能力不足。其次是科技创新能力不足。湖北百强县研发投入占比较低，企业自主创新能力弱，科技成果转化率低。本地职业教育与产业需求匹配度也不高，人才引进政策缺乏竞争力。

在湖北建设中部地区崛起重要战略支点的时刻，需要中心城市带动发力，县城农村支撑给力。湖北拥有更多的百强县，将有助于提升支点的区域协同力。

1. 实施强县工程，统筹城乡发展

实施强县工程是湖北省委、省政府把“三农”工作放到农业强国建设全局当中的战略考量，是立足新阶段新方位、把握新形势新任务作出的重大部署。

县域是统筹城乡发展、统筹“三农”工作的基本单元，县域发展涵盖了县城、乡镇、村庄多个层次，把县域作为城乡融合发展的重要切入点，有利于充分运用县域城乡紧密相连、地域范围适中、文化同质性强的优势，破除城乡二元结构，推进城乡协调发展。

2023 年 6 月，湖北省委、省政府印发《关于推进强县工程的实施方案》。湖北实施强县工程，概括起来就是大力推进“1+3+1”工作。

第一个“1”就是推进以县城为重要载体的就地城镇化。主要有四个方面的措施：一是因地制宜发展特色产业、主导产业，做大做强县域经济，促进农民就近就业；二是推进绿色低碳县城建设，明确县城建设安全底线要求，提升县城建设品质；三是保护传承县城历史文化和风貌，推进县城有机更新；四是加强教育、医疗、养老机构建设，广泛开展面向农民的职业技能培训，提升县城公共服务水平。

“3”就是围绕推进以县域为单元的城乡统筹发展，构建一二三产业融合的发展体系，构建统筹县城、乡镇、村庄三级的公共服务体系，构建政府、社会、村民共建共治共享的治理体系。

最后一个“1”就是建设美好农村人居环境，核心是提升基础设施水平。主要包括四个方面：建立健全乡村建设工匠培养和管理制度，提升农房设计建造和基础设施建设水平；加快城乡供水工程建设和标

准化改造，加强农村生活污水分类治理和生活垃圾分类处理；加快推进“厕所革命”，提高卫生厕所建设和改造的质量；加强农村电网、可再生能源、道路等重要基础设施建设，让农民获得更好的生产生活条件。

2. 推进“双集中”发展，优化城镇产业布局

在探索推进新型城镇化过程中，湖北省委、省政府以解决“人口不集聚、城镇不集中、产业不集约”为突破口，创造性提出“以城镇和产业集中高质量发展为切入点推动新型城镇化”。就地城镇化及“双集中”发展思路与国务院《深入实施以人为本的新型城镇化战略五年行动计划》一脉相承。

2023 年，湖北选取 10 个县（市）试点推进“双集中”工作，建立“五个一”① 的工作模式。这 10 个县（市）包括仙桃市、石首市、黄梅县、房县、天门市、嘉鱼县、阳新县、枝江市、利川市、京山市，这些县（市）在“双集中”试点中采取了不同的措施和策略。

如仙桃重点引导市外返乡、农村进城、外来务工三类人向中心城区和特色产业镇集聚，加快推进以人为本的就地城镇化。石首加快就地城镇化速度，吸引人口向中心城区集中，增强县城能级，推动产业发展集约化。黄梅探索以教育为核心促进就地城镇化，取消入学限制条件，吸引人口进城。房县和天门针对特定人群出台综合民生支持政策，如房县先后出台《关于鼓励生育的六条意见》《关于鼓励消费的六条意见》《关于鼓励农民进城的六条意见》等优惠政策，推动人口城镇化。嘉鱼探索建立绿色低碳规划标准，打造疏密有度的县城空间。阳新擦亮“中部鞋都”品牌，吸引返乡就业创业，推动城镇人口增长。这些措施旨在通过城镇和产业的集中发展，提升城市的综合能力和吸

① “五个一”，即一个工作指南、一套规划图、一套建设标准、一个政策包、一个指标体系。

引力，促进经济良性循环和社会发展。

湖北省各县（市、区）要以试点县（市）先进经验为借鉴，持续探索推进以县城为重要载体的就地城镇化，实现人口向县城集聚，聚焦重点潜力人群，找准县城新增人口的来源。通过出台政策措施、发展就业容量大的产业、建设宜居城市、升级县城服务水准等，支持引导人口进城安家落户。

3. 培育县域特色产业，打造差异化竞争优势

湖北有丰富的自然、文化、科技资源，但资源不等于产品，不经过开发、包装、推销，就无法得到市场的认可。各县（市、区）要把特色资源与资本、技术、市场有效组合，形成真正的市场竞争优势。要围绕特色产业积极发展深度加工业、系列加工业，延长产业链，形成产业化，千方百计放大优势，培植强势，努力把产业做大，形成“一县一业”格局（详见表8-3、表8-4）。

表8-3　2024年湖北县域特色产业集群名单（29个）

地区	县域特色产业集群
武汉市	江夏区汽车及零部件产业集群、蔡甸区汽车零部件产业集群
黄石市	大冶市智能装备制造产业集群
十堰市	郧阳区新能源汽车及零部件产业集群、房县循环经济产业集群
宜昌市	夷陵区食品饮料产业集群、宜都市医药健康产业集群、宜都市新能源材料产业集群、当阳市化工新材料产业集群、枝江市化工新材料产业集群、兴山县磷硅新材料产业集群
襄阳市	谷城县再生资源产业集群、老河口市循环经济产业集群、枣阳市新能源新材料产业集群
荆门市	钟祥市磷化工产业集群、京山市智能轻工装备产业集群
孝感市	孝南区纸卫品产业集群、应城市现代化工（井矿盐化工）产业集群、汉川市纺织服装产业集群、汉川市食品加工产业集群、安陆市铜箔及印制电路制造产业集群
黄冈市	团风县绿色建材产业集群、武穴市医药化工产业集群

续表

地区	县域特色产业集群
咸宁市	咸安区生命健康产业集群、嘉鱼县低碳冶金产业集群
随州市	曾都区新能智能专用汽车产业集群、广水市低碳冶金产业集群
仙桃市	仙桃市非织造布产业集群
潜江市	潜江市石油化工产业集群

表 8–4　2024 年湖北重点培育县域特色产业集群名单（11 个）

地区	县域特色产业集群
武汉市	新洲区商业航天星箭制造产业集群
黄石市	阳新县原材料产业集群
十堰市	丹江口市水经济产业集群、竹山县卫浴轻工产业集群
襄阳市	枣阳市汽车装备制造产业集群
孝感市	孝南区华中国际食品商贸流通产业集群
荆州市	荆州区石油机械装备产业集群
黄冈市	红安县泛家居产业集群、蕲春县蕲艾大健康产业集群
随州市	随县香菇产业集群
天门市	天门市纺织服装产业集群

资料来源：湖北省发展和改革委员会印发的《关于公布 2024 年湖北省县域特色产业集群评估认定结果的通知》。

（三）大力发展镇域经济

乡镇是连接城乡的关键节点、推进城乡融合发展的重要抓手、落实乡村振兴战略的前沿阵地。要以乡镇为重要载体推进城乡融合发展。以乡镇全面振兴带动乡村全面振兴。根据发达地区发展镇域经济的经验以及千强镇发展的有力探索，湖北要将镇域经济作为破解城乡二元结构、推动全域协调发展的核心抓手，通过系统化布局与创新性实践，构建“一镇一业、产城共荣”的高质量发展格局。

1. 园区提档升级，夯实产业集聚平台

通过引入新技术、新项目，园区提档升级能够显著提升园区的经济活力和吸引力，有助于推动城乡融合发展，促进城乡资源的优化配置，有效缩小城乡差距，实现城乡一体化发展。全省乡镇要以“产城融合”为导向，推动工业园区向专业化、智能化转型。例如，仙桃市彭场镇的非织造布产业园通过“标准地 + 产业链”模式整合供应链资源，形成全球领先的生产基地，带动镇域工业产值增长超 30%。襄阳市襄州区通过税收返还、土地出让金返还等七大高含金量政策，支持镇级园区发展。广水市杨寨工业园引入低碳冶金、循环经济产业集群，吸引 21 家上下游企业入驻，培育 3 家省级专精特新企业，年产值突破 115 亿元。

2. 特色产业筑基，培育差异化竞争优势

通过打造“一镇一业”，各乡镇能够根据自身资源禀赋和产业特色集中发展具有竞争力的特色产业，从而推动镇域经济发展。如仙桃市张沟镇建成全国最大黄鳝贸易市场，形成苗种繁育、生态养殖、精深加工全链条，年产值超 20 亿元，带动就业 1.2 万人。蕲春县漕河镇以蕲艾产业为核心，开发药用提取、康养旅游等高附加值产品，综合产值突破 20 亿元，跻身“全国乡村特色产业十亿元镇”。孝感市则因地制宜发展五类主导产业，如汉川市马口镇打造纺织产业集群，大悟县宣化店镇依托红色资源发展文旅经济，形成差异化竞争格局。

3. 全链条深度融合，激活城乡要素流动

全链条深度融合可以通过整合产业链的各个环节优化资源配置，提升产业的整体竞争力和附加值。如仙桃市毛嘴镇从“裁缝之乡”升级为“女裤之都”，形成设计、生产、电商销售全链条，与广州、义乌形成全国女裤产业“三足鼎立”格局。汉川市新河镇推动服装产业“工业＋电商”转型，年电商交易额突破80亿元，实现线上线下双轮驱动。

4. 城乡协同治理，构建融合发展生态

城乡协同治理有利于促进乡镇资源整合与要素双向流动，构建融合发展生态。全省以基础设施互联和公共服务共享推动城乡一体化。如石首市横沟市镇打造“1小时直达武汉”物流枢纽，配套智慧仓储降低物流成本25%；同步推进数字乡村建设，实现政务服务镇村通办。襄阳市襄州区创新“镇园合一”管理模式，将伙牌镇与纺织工业园、双沟镇与农产品加工园深度融合，形成“产城人”协同发展格局。在生态治理方面，荆门市东宝区牌楼镇推行“三长制”流域管护，完成15千米河道生态修复，水质达标率100%，实现环境治理与绿色产业协同。

（四）推进乡村全面振兴

2013年，习近平总书记考察湖北时作出“四个着力”的重要指示，其中重要一条就是着力在推进农业现代化上不断取得新成果。2018年，习近平总书记考察湖北时又提出了“四个切实”的重要要求，其中重要一条就是切实实施乡村振兴战略。湖北始终牢记殷殷嘱托，深入贯彻落实习近平总书记关于“三农”工作的重要论述，推动湖北农业农村现代化和乡村振兴不断取得新的成效。

2023年，占全国国土面积1.94%的湖北，生产了全国4.2%的粮食、6%的生猪、近10%的菜籽油、12%的茶叶和15%的淡水产品，重要农产品的产量稳居全国前列。淡水鱼的产量连续28年稳居全国第一；油菜籽的产量245万吨，居全国第二；茶叶产量稳定在40万吨以上，居全国第三；水稻产量1900万吨左右，蔬菜产量4200万吨，居全国第六；粮食产量连续11年保持在500亿斤以上。每年净调出谷物100

亿斤左右，是全国9个净调出的省份之一，净调出的油菜籽80万吨以上，蔬菜700万吨左右，淡水产品280万吨左右，是国内重要的农产品生产和供应基地。

湖北农业科技实力雄厚，汇集了华中农业大学、武汉大学、中国科学院水生生物研究所等国内知名高校和研究机构，建有涉农领域的国家重点实验室10个，国家工程技术中心5个，省部级以上重点实验室60多个；乡土人才的队伍也十分庞大，全省共培育高素质农民40万人，农村实用人才带头人1.4万余人，农技人员1.6万人左右。

2024年，湖北新增国家级农业龙头企业16家，总数达到98家。罗田、钟祥2个县市获批创建国家现代农业产业园，洪山菜薹、仙桃黄鳝2个品牌新入选国家农业品牌精品培育计划，赤壁青砖茶、孝感米酒、黄冈蕲艾等6个品牌入选全国“一带一路”地理标志品牌推广清单，数量居全国前列。当阳、宜城、江陵等7个县（市）获评全国农村电商与快递协同发展示范区。

湖北是农业大省，但不是农业强省。湖北要牢记习近平总书记的殷殷嘱托，加快建设农业强省，打造新时代“鱼米之乡”，其重点是建设好“四个区”。

一是聚焦聚力建成国家优质农产品生产区。全方位夯实粮食生产根基，全面提升重要农产品综合生产能力，实现农产品品质更优、农业保供韧性更强。

二是聚焦聚力建成农业产业化发展示范区。坚持强龙头、延链条、兴业态、树品牌，着力“做强一产、做优二产、做活三产”，推进农业产业链供应链价值链延伸拓展，稳步提升生产保障能力、加工转化能力、产业服务能力。

三是聚焦聚力建成农业科技创新引领区。大力推进农业科技核心技术攻关，强化成果转化运用，带动传统产业升级、新兴产业壮大、未来产业培育，以农业新质生产力引领农业现代化发展。

四是聚焦聚力建成宜居宜业和美乡村样板区。深入学习运用浙江“千万工程”经验，持续改善农村人居环境，优化农村公共服务供给，健全乡村治理体系，完善农民增收机制，促进城乡发展更加协调。

还要加强六个体系建设。

一是要着力构建乡村富民产业体系。持续深入推进优质稻米、生猪、特色淡水产品（小龙虾）、蔬菜（食用菌、莲）、家禽及蛋制品、茶叶、现代种业、菜籽油、柑橘、道地药材十大重点农业产业链建设，培育壮大骨干龙头企业，进一步完善“省级 + 区域 + 企业”品牌矩阵，推进农业与旅游、文化、康养等产业深度融合，加快把农业建成现代化大产业。

二是要着力构建农业农村基础设施体系。加快建设江汉平原高效优质农产品示范区，有力推进高标准农田建设。2025 年力争建设 300 万亩高标准农田，大力发展现代设施农业、智慧农业，提升农村水电路气网建设质量，进一步缩小城乡发展差距。

三是要着力构建公共服务供给体系。聚焦“一老一小”，促进健全全民覆盖、普惠共享、城乡一体的基本公共服务体系，特别是要继续办好农村“厕所革命”、农村寄递物流、照明路灯等民生实事，增强公共服务在城乡之间的均衡性和可及性。

四是要着力构建基层社会治理体系。促进提升农村自治水平、增强农村法治能力、推进农村德治建设，建立完善矛盾纠纷排查化解反馈机制，切实帮助群众解决生产和产业发展中的实际困难，更好维护农村稳定安宁。

五是要着力构建乡村振兴动力体系。全面落实进一步深化农村改革任务，更好激发乡村各类要素潜能，建强农业科技创新平台，推进农业产业创新与科技创新深度融合，让科教大省发挥动力作用，让农业插上科技腾飞的翅膀。

六是要着力构建组织保障体系。促进农村基层党组织建设，加强驻村第一书记选派管理；要编制产业发展目录，创新和宣传产业发展支持政策；做好楚商回乡返乡创业各项服务工作，激励引导各类人才投身乡村全面振兴。

经验借鉴

浙江“千万工程”经验

2003年6月，时任浙江省委书记的习近平同志在广泛深入调查研究基础上，立足浙江省情农情和发展阶段特征，准确把握经济社会发展规律和必然趋势，审时度势，高瞻远瞩，作出了实施“千万工程”的战略决策，提出从浙江全省近4万个村庄中选择1万个左右的行政村进行全面整治，把其中1000个左右的中心村建成全面小康示范村。在浙江工作期间，习近平同志亲自制定了“千万工程”目标要求、实施原则、投入办法，创新建立、带头推动“四个一”工作机制，即实行“一把手”负总责，全面落实分级负责责任制；成立一个“千万工程”工作协调小组，由省委副书记任组长；每年召开一次“千万工程”工作现场会，省委、省政府主要领导到会并部署工作；定期表彰一批“千万工程”的先进集体和个人。

坚持生态优先、绿色发展。习近平同志在浙江工作期间强调，要将村庄整治与绿色生态家园建设紧密结合起来，同步推进环境整治和生态建设；打好“生态牌”，走生态立村、生态致富的路子，并明确提出“绿水青山就是金山银山”。

坚持因地制宜、科学规划。习近平同志在浙江工作期间要求，从浙江农村区域差异性大、经济社会发展不平衡和工程建设进度不平衡的实际出发，坚持规划先行，以点带面，着力提高建设水平。

坚持循序渐进、久久为功。习近平同志在浙江工作期间指出，要不断丰富“千万工程”内涵，拓展建设领域；坚持不懈地抓好这项惠及全省千百万农民的德政工程。

坚持党建引领、党政主导。习近平同志在浙江工作期间要求，各级党政主要负责人要切实承担“千万工程”领导责任，充分发挥基层党组织的战斗堡垒作用和党员的先锋模范作用。

坚持以人为本、共建共享。习近平同志在浙江工作期间强调，必须把增进广大农民群众的根本利益作为检验工作的根本标准，充分尊重农民的意愿，充分调动农村基层干部和广大农民群众的积极性和创造性。

坚持由表及里、塑形铸魂。习近平同志在浙江工作期间强调，要加强思想道德建设，开展多种形式的文化活动，满足农民群众日益增长的精神文化生活需求。

三、深化中部跨区域协同融合发展

（一）加强中部六省战略合作

中部六省地处中国地理中心，在全国具有举足轻重的地位，面积占全国十分之一、人口占全国四分之一、经济总量约占全国五分之一，是我国重要粮食生产基地、能源原材料基地、现代装备制造及高技术产业基地和综合交通运输枢纽。

党的十八大以来，习近平总书记多次来到中部六省考察工作。2019 年 5 月，习近平总书记在江西南昌主持召开推动中部地区崛起工作座谈会。2024 年 3 月，习近平总书记在湖南长沙主持召开新时代推动中部地区崛起座谈会。国家也先后出台了重要文件、政策来规划中部地区发展。2021 年 4 月，《中共中央　国务院关于新时代推动中部地区高质量发展的意见》发布。2024 年 5 月，中共中央政治局审议了《新时代推动中部地区加快崛起的若干政策措施》。

当前，中部六省正以习近平总书记重要讲话精神为指引，以协同发展为主线，推动交通互联、产业共兴、生态共治、开放共享、安全共保，加速挺起中国式现代化的“中部脊梁”。

1. 加强现代化交通基础设施体系建设，强化中部地区的大通道格局

中部地区持续加强交通基础设施区域合作共建，取得一系列交通领域的区域协同发展新成就。《中部六省推进公路货物甩挂运输发展战略合作协议》《中部六省道路货运信息共享合作协议》《长江中游四省会城市交通一卡通互联互通战略框架协议》接连签订，中部地区交通基础设施互联互通水平不断深化。要继续完善提升中部地区综合交通运输优势，充分发挥武汉交通方式全覆盖的特殊优势，湖南长江开放经济带和沿海开放经济带接合部的“一带一部”区位优势，安徽内河航运连海运的航运价值，山西“津海晋门、晋商冀港”出海新通道，河南“米”字形高铁网络、四条“丝绸之路”、国际客货运“双枢纽”的独特优势，南昌链接长珠闽“金三角”、融入粤港澳大湾区的有利区位，为构建中部地区综合型、现代化交通枢纽创造有利条件。

2. 深化产业协同创新发展，着力培育中部地区高质量发展动能

做大做强先进制造业。加快中国（武汉）光谷、中国（合肥）声谷、郑州电子信息、长株潭装备制造产业集群，南昌、吉安电子信息产业集群，太原新材料、洛阳装备制造产业集群发展。重点促进河南食品轻纺、山西煤炭、江西有色金属、湖南冶金、湖北化工建材、安徽钢铁有色等传统产业向智能化、绿色化、服务化发展。

提高关键领域自主创新能力。加快合肥、武汉综合性国家科学中心建设，加快武汉信息光电子、株洲先进轨道交通装备、洛阳农机装备等国家制造业创新中心建设，新培育一批产业创新中心和制造业创新中心。

3. 统筹推进深层次改革和高水平开放，持续打造更具竞争力的内陆开放高地

加快内陆开放通道建设。实施汉江、湘江、赣江、淮河航道整治工程，研究推进水系沟通工程，形成水运大通道。加强武汉长江中游航运中心建设，发展沿江港口铁水联运功能，加快推进郑州国际物流中心、湖北鄂州货运枢纽机场和合肥国际航空货运集散中心建设。打造内陆高水平开放平台。支持湖南湘江新区、江西赣江新区建成对外开放重要平台。充分发挥郑州航空港经济综合实验区、长沙临空经济示范区在对外开放中的重要作用，鼓励武汉、南昌、合肥、太原等地建设临空经济区。

4. 协同推进生态环境保护和绿色低碳发展，加快建设美丽中部

共同构筑生态安全屏障。强化长江岸线分区管理与用途管制，保护自然岸线和水域生态环境，加强鄱阳湖、洞庭湖等湖泊保护和治理，实施好长江十年禁渔，保护长江珍稀濒危水生生物。以河道生态整治和河道两岸造林绿化为重点，建设淮河、汉江、湘江、赣江、汾河等河流生态廊道。加强生态环境共保联治。深入打好污染防治攻坚战，强化全民共治、源头防治，以城市群、都市圈为治理重点，协同开展大气污染联防联控，推进重点行业大气污染深度治理。

5. 坚持高质量发展和高水平安全相互促进，努力提升粮食能源资源安全保障能力

大力发展粮食生产，支持河南等主产区建设粮食生产核心区，确保粮食种植面积和产量稳定，巩固提升全国粮食生产基地地位。高质量推进粮食生产功能区、重要农产品生产保护区和特色农产品优势区建设，大力发展油料、生猪、水产品等优势农产品生产，打造一批绿

色农产品生产加工供应基地。

（二）推动长江中游城市群协同发展

长江中游城市群是以武汉城市群、环长株潭城市群、环鄱阳湖城市群为主体形成的特大型城市群，范围大致包括湖北省武汉市、黄石市、咸宁市等9个城市，湖南省长沙市、株洲市、湘潭市3个城市，江西省南昌市、九江市等8个地（市、州）和抚州、吉安的部分县（市）。

长江中游城市群承东启西、连南接北，是长江经济带的重要组成部分，也是实施促进中部地区崛起战略、全方位深化改革开放和推进新型城镇化的重点区域，在我国区域发展格局中占有重要地位。

2023年10月，习近平总书记在南昌主持召开进一步推动长江经济带高质量发展座谈会时，提出“要坚持把强化区域协同融通作为着力点”“加强政策协同和工作协同”等要求。①

2023年11月27日，中共中央政治局召开会议，审议《关于进一步推动长江经济带高质量发展若干政策措施的意见》。会议指出，要坚持省际共商、生态共治、全域共建、发展共享，提升区域交通一体化水平，深化要素市场化改革，促进区域协调发展。

在支点建设中，湖北、湖南、江西三省要推动省际协作和交界地区协同发展，湖北更要充分发挥重要战略支点的辐射带动作用。

1. 坚持省际共商，形成高效联动“一盘棋”

省际共商就是长江中游城市群各城市要建立和完善相互合作、统筹协调、规划引领、市场运作的省际协商合作机制。从2015年长江中

①《习近平主持召开进一步推动长江经济带高质量发展座谈会强调　进一步推动长江经济带高质量发展　更好支撑和服务中国式现代化》，《人民日报》2023年10月13日。

游城市群发展规划获批以来，湖北、湖南、江西三省经常召开会议协商有关问题。

完善省际协商合作机制以及联席会议制度。长江中游城市群要定期召开联席会议，负责重大合作事项决策。长江中游城市群各城市之间要进行区域合作，明确区域合作领域及合作模式，制定区域合作的发展战略、政策与规程。

优化管理体制。要落实中央统筹、省负总责、市县抓落实的管理体制。各地各部门要找准定位、夯实合力，形成领导层、落实层、执行层、督导层同向发力的工作格局，促进各项工作紧锣密鼓、落实落地。

打造合作平台和联盟。打破行政区划界限和壁垒，支持和鼓励成立跨区域的科技资源共享平台、数字创新平台等，支持跨行业组建市场产业联盟、技术联盟和人才联盟等。如 2021 年 6 月 23 日，鄂湘赣三省科技部门共同签署了《长江中游鄂湘赣三省区域协同创新合作框架协议》。根据协议，鄂湘赣三省科技部门将建立合作机制，推进区域创新联动，加强技术协同攻关，共享科技创新资源，促进科技成果转化，强化科技创新创业，对接科技金融服务，推动区域合作，携手促进科技创新。

2. 坚持生态共治，共护绿色安澜“一江水”

生态共治是长江中游城市群发展的重要内容，推动长江中游城市群高质量发展，根本上依赖于长江流域高质量的生态环境。2021 年 10 月 22 日，长江中游城市群碳达峰与碳中和峰会、湖南国际绿色发展博览会在湖南长沙开幕，正式发布《长江中游城市群碳达峰碳中和绿色宣言》。

强化生态治理。要继续加强生态环境综合治理、源头治理、协同治理。持续强化鄱阳湖、洞庭湖保护，深化长江及汉江、湘江、赣江治理，统筹水资源、水环境、水生态，扎实推进大气和土壤污染防治，更加注重前端控污和源头管控。

促进绿色转型。要协同推进降碳、减污、扩绿、增长，把产业绿色转型升级作为重要抓手，加快推动长江中游城市群传统产业转型升级，积极发展绿色技术、绿色产品，建设绿色低碳循环发展的现代化产业体系。

3. 坚持全域共建，绘好整体推进“一张图”

全域共建是指长江中游城市群建设涉及经济发展、城市人文、生态保护等多个方面，需要从整体上全面把握、统筹谋划。

在实施产业布局上，接续实施增强制造业核心竞争力行动，充分发挥湘江新区、赣江新区及武汉东湖等国家级高新技术产业开发区、经济技术开发区、新型工业化产业示范基地引领作用，促进城市间产业协作，优化产业链区域布局。

在推进科技创新上，要坚持创新驱动，系统推进新领域、新赛道的关键技术攻关，形成新质生产力，把长江经济带的科研优势、人才优势转化为发展优势。推进武汉东湖、长株潭、鄱阳湖国家自主创新示范区建设，培育和建设战略科技力量，提升区域创新能力。推动光谷科技创新大走廊、湘江西岸科技创新走廊、赣江两岸科技创新大走廊合作对接。

在促进文化繁荣上，要共同保护传承弘扬长江文化，保护好长江文物和文化遗产。加强革命文物保护利用，推进井冈山、湘鄂赣等片区保护与展示，建设湖北、湖南、江西长征国家文化公园，发掘运用好武汉、韶山、南昌等地红色资源，推进红色旅游创新发展。

4. 坚持发展共享，织密民生保障“一张网”

发展共享指的是长江中游城市群共享基础设施建设，构建要素统一的大市场，加强公共服务共建共享，实现共同富裕。

完善一体化基础设施建设。加快建设长江中游城市群综合立体交通走廊，提升区域交通一体化水平。推动省际高速公路衔接畅通，规划建设一批省级高速公路，推动城市群内机场协同运营，提升武汉、长沙、南昌机场区域航空枢纽功能，完善国际航线网络。实施长江及汉江、湘江、沅江、赣江等航道整治工程，提升水运主通道航运能力。

加快构建一体化市场体系。优化营商环境，深化要素市场化改革，完善产权保护、市场准入、公平竞争、社会信用等基础制度，完善跨区域、跨部门、跨层级的数据信息共享和流程互联互通。

推进一体化政务服务。推动更多事项跨域通办，全周期压缩办事时间，全链条压紧办事步骤，全流程减少办事环节，全方位提高办事效率。同时，积极开展区域医疗中心试点建设，落实公积金异地贷款，推动旅游观光同城办理，促进教育、医疗、社保、养老等公共服务均等化。

知识链接

长江中游城市群发展大事记

2015年3月26日，国务院发布《国务院关于长江中游城市群发展规划的批复》，范围涵盖湖北、湖南、江西三省，标志着长江中游城市群“中三角”格局正式得到国家批复。

2015年4月13日，国家发展改革委发布《国家发展改革委关于印发长江中游城市群发展规划的通知》，并印发《长江中游城市群发展规划》，要求将长江中游城市群建设成为长江经济带重要支撑和具有一定国际影响的城市群，并将长江中游城市群定位为中国经济新增长极、中西部新型城镇化先行区、内陆开放合作示范区、“两型”社会建设引领区。

2017年4月，长江中游城市群省会城市第五届会商会在武汉召开，武汉、长沙、南昌三市共同签署《长江中游城市群省会城市合作行动计划（2017—2020）》，进一步深化细化交流合作，联手推动长江中游城市群成为中国经济新增长极。

2018 年 11 月 18 日，《中共中央 国务院关于建立更加有效的区域协调发展新机制的意见》明确要求，以武汉为中心引导长江中游城市群发展。

2022 年 2 月 24 日，国务院批复同意《长江中游城市群发展“十四五”实施方案》。

2022 年 12 月 23 日，2022 年长江中游三省协同推动高质量发展座谈会以视频形式在长沙、南昌、武汉同步举行。座谈会上共同签署了 14 项硬核协议，涉及产业链供应链协同合作、住房公积金异地互认互贷、打通省际瓶颈路（航道）、能源互联互通互济合作、“一江两湖”系统及大气污染防治合作等诸多领域。

2023 年 1 月 12 日，在长沙召开长江中游地区省际协商合作专题协调会，三省同意将深入推动自贸试验区和经济试验区合作建设，通过项目引进、园区合作、“飞地经济”等方式承接新兴产业转移和布局，落地一批引领型标志性重大项目，集聚若干战略性产业集群，打造中部经济新增长极。

2023 年 11 月 29 日，2023 年长江中游三省协同推动高质量发展座谈会以视频形式在长沙、南昌、武汉，以及国家发展和改革委员会同步举行。会前，长江中游三省共同签署了 10 项合作协议，涉及商务合作、防震减灾、生态环保、乡村振兴等诸多领域。

2024 年 8 月，湖北湖南江西三省发展和改革委员会印发《长江中游城市群区域市场一体化建设举措》，长江中游城市群正式启动区域市场一体化建设。

2024 年 12 月 19 日，2024 年长江中游三省知识产权行政保护协作交流会议在湖南湘潭韶山举行。

（三）推动大别山革命老区、洞庭湖生态经济区等区域合作发展

大别山革命老区位于鄂豫皖三省交界地区，处于武汉、郑州、合肥 3 个省会城市之间，是武汉都市圈、合肥都市圈和中原城市群联结

地带，主体部分由黄冈、信阳、六安、安庆4个城市组成，是推动鄂豫皖区域协同发展的关键地区。2024年1月，国家发展改革委印发《新时代大别山革命老区协同推进高质量发展实施方案》。

洞庭湖生态经济区包括湖南省岳阳市、常德市、益阳市和长沙市望城区，以及湖北省荆州市，共33个县市区，是我国重要的大宗农产品生产基地，规划总面积6.05万平方千米，常住总人口2200万。2023年2月2日，国务院批复同意《新时代洞庭湖生态经济区规划》。2024年3月，湘鄂两省联合印发《新时代洞庭湖生态经济区规划实施方案》，共同推动四市一区协同发展。

大别山革命老区、洞庭湖生态经济区都属于省际毗邻地区。省际毗邻地区是指两个或两个以上行政省区相互接壤的那一片地域。毗邻地区最大的特点是山水相连，交往近便，多有共同的民族、共同的语言文化和生活习俗，经济关系一般源远流长。毗邻地区开展合作要按照区域分工与协作理论、协同理论、共生理论等理论基础为指导，重点在基础设施、公共服务、生态环境保护、产业协同发展、合作机构等方面来进行合作。

1. 建立跨省协商机制

一方面，湖北联合河南、安徽两省，创新“1+N+X”政策体系，建立三省四市人大常委会主任联席会议机制，推动黄冈、信阳、六安等大别山革命老区城市协同发展。另一方面，湖北与湖南共建四市一区政协主席联席会议机制，聚焦洞庭湖生态经济区生态保护与高质量发展。对于两个合作区，可以建立跨省重大项目库，实行“联合申报、联合推进、联合督办”，确保合作事项落地见效。探索建立统一的市场准入标准、产权交易平台和要素流动规则，推动政务服务“跨省通办”向纵深发展。

2. 推进基础设施互联互通

交通是经济发展的“大动脉”。大别山革命老区要打破大别山区的交通瓶颈，扫清内陆市场统一的障碍。有序拓展区域路网覆盖，加快建设六安至安庆等铁路，提升武汉城市圈等城际铁路运营效益。加快国省道干线跨省路段提质改造，实施省际高速公路畅通工程。加快沿江高铁合武段、英山至黄梅高速建设，畅通向东连接皖西通道；推进麻阳高速北延线、武红高速北延线等项目建设，畅通向北连接豫南通道；推进武汉都市圈与合肥都市圈、皖江城市带、长三角城市群等高效衔接。

洞庭湖生态经济区要完善基础设施网络，构建综合立体绿色交通体系，打造清洁低碳安全能源体系，建设安全泛在的信息基础设施体系。加快呼南高铁宜昌至常德段项目建设，加快荆州至岳阳高速铁路前期工作有序推进。

3. 提升公共服务保障能力

大别山革命老区要提升公共服务保障能力，支持黄冈、信阳、六安等地借鉴上海、宁波、苏州“一网通办”等改革经验做法，开展政务服务“跨省通办”合作。落实好易地扶贫搬迁后续扶持政策，完善集中安置区配套基础设施、产业园区配套设施、公共服务设施。

洞庭湖生态经济区要加强教育、医疗、养老等公共服务资源跨省统筹，推动优质资源共建共享。深化跨省劳务协作，建立人力资源信息共享平台。

4. 加强产业协同发展

重点推动文旅、现代农业、绿色经济、劳动密集型制造业等特色产业错位发展、互补联动，探索建立“飞地园区”、产业联盟等合作机制。

大别山革命老区重点要在红色文旅融合方面加强合作，以红安县为核心，整合黄冈、信阳、六安等地的革命遗址资源，打造全长460千米的大别山红色旅游公路，串联红安黄麻起义纪念园、罗田胜利古镇、黄梅吴祥村红军纪念碑等38个景区（点），形成“红色丝带”旅游廊道。

洞庭湖生态经济区要围绕“洞庭粮仓”战略定位，强化粮食安全保障与绿色农业转型。在粮食产业链协同上，在荆州、岳阳、常德等地建设千亿级稻虾共作产业带，同时，依托四市一区协同机制，推动粮食仓储、物流、加工一体化，打造“洞庭米市”综合服务体系。

四、拓展与长三角、成渝、京津冀、粤港澳大湾区区域合作

湖北省作为长江经济带发展与中部地区崛起两大国家战略的交汇点，近年来通过拓展与长三角、成渝、京津冀、粤港澳大湾区等区域的协同合作，逐步构建起东西互济、南北贯通的开放型经济体系。这一战略布局既是践行习近平总书记提出的加快建成中部地区崛起的重要战略支点使命任务的生动实践，也是服务国家新发展格局的关键举措。

（一）加强与其他重大发展战略的衔接，更好融入和支撑新发展格局

1. 构建综合立体交通网络，强化枢纽功能

湖北依托“九省通衢”的区位优势，以交通基础设施互联互通为突破口，打造“铁水公空管”现代化综合运输体系。在长江黄金水道方面，推进三峡水运新通道建设，提升汉江航道等级，形成“长江—

汉江”双轴联动的水运网络；在陆路交通方面，加快建设沿江高铁、京九高铁、沪汉蓉高铁等跨区域干线，推动“轨道上的湖北”与京津冀、长三角、成渝等地的快速连接；在航空领域，以鄂州花湖国际机场为核心，构建覆盖全国、通达全球的航空货运枢纽，并与粤港澳大湾区、长三角的航空网络形成联动。此外，通过武汉、襄阳、宜昌等国家物流枢纽的布局，湖北正成为连接中西部与东部沿海、贯通南北的物流集散中心。

2. 深化科技创新协同，共建创新策源地

湖北充分发挥科教资源富集优势，与京津冀、长三角等区域共建创新联合体。例如，襄阳、宜昌与长三角高校合作建立产学研基地，重点突破新能源、智能网联汽车等领域的“卡脖子”技术。同时，湖北联合成渝地区打造长江经济带科创走廊，共建共性技术研发平台，促进科技成果跨区域共享。

3. 推进制度型开放，构建高水平开放平台

湖北以自贸区、综保区为载体，与沿海地区共建“飞地经济”合作区。例如，武汉东湖高新区与深圳前海深港现代服务业合作区合作探索跨境数据流动规则，鄂州花湖国际机场与广州白云机场共建国际航空货运联盟，推动离岸贸易便利化。在“一带一路”框架下，湖北联合京津冀、长三角企业参与中欧班列运营，并依托汉湘桂水运通道对接西部陆海新通道，形成“江海联运、陆海联动”的开放格局。此外，湖北通过深化“放管服”改革，推动政务服务跨省通办，为区域要素流动破除行政壁垒。

4. 强化生态协同治理，共筑绿色屏障

作为南水北调中线工程核心水源地，湖北与京津冀建立生态补偿

机制，推动丹江口库区水质保护项目跨省协作。在长江经济带框架下，湖北联合长三角省市开展船舶污染联防联控，共建长江禁渔执法协作网络；与粤港澳大湾区合作发展绿色金融，探索碳汇交易市场互联互通。这些实践既守护了“一江清水东流、一库净水北送”，也为区域产业绿色转型提供了示范。

（二）有序承接产业梯度转移，优化产业布局

在产业转型升级过程中，湖北要精准对接京津冀、长三角、粤港澳大湾区等地的产业外溢需求，通过差异化承接与链式整合，推动传统产业高端化、新兴产业规模化、未来产业前沿化，形成东西互补、南北协同的产业新格局。

1. 明确产业承接方向，构建梯度转移体系

湖北要根据资源禀赋和产业基础，在“襄十随神”城市群重点承接京津冀的装备制造、汽车零部件产业，引入工业互联网技术改造传统生产线，推动钢铁、化工等产业向绿色化转型；依托武汉“光芯屏端网”万亿产业集群，承接长三角的集成电路、生物医药等产业，与上海张江、苏州工业园共建“研发—中试—量产”一体化基地。

2. 建设高水平承接载体，提升园区能级

武汉都市圈要重点打造长江新区国际合作产业园，引入长三角G60科创走廊企业，设立区域总部；襄阳东津新区与天津滨海新区共建智能制造产业园，复制京津冀“链主企业＋配套园区”经验；宜昌三峡枢纽港经济区对接成渝双城经济圈，建设西部陆海新通道物流节点。

3. 强化产业链供应链协同，避免同质竞争

湖北要与长三角建立汽车产业“双链长制”，将上海的设计研发、江苏的电池材料、湖北的整车制造进行链式整合，形成新能源汽车全产业链生态。在光电子信息领域，武汉光谷与深圳南山科技园共建“光—芯—端”协同创新链，华为武汉研究所与华为东莞松山湖基地形成“双研发中心”格局。通过产业链跨区域分工，湖北既避免了低水平重复建设，又增强了产业抗风险能力。

4. 完善人才引育机制，强化智力支撑

以乡情为纽带，大规模推进境内外楚商回乡投资兴业，广泛发动在鄂高校校友回归共谋发展，为加快建成中部地区崛起的重要战略支点提供有力支撑。

深度阅读

习近平:《坚持把解决好“三农”问题作为全党工作重中之重　举全党全社会之力推动乡村振兴》,《求是》2022 年第 7 期。

习近平:《新发展阶段贯彻新发展理念必然要求构建新发展格局》,《求是》2022 年第 17 期。

习近平:《加快建设农业强国　推进农业农村现代化》,《求是》2023 年第 6 期。

习近平:《加快构建新发展格局　把握未来发展主动权》,《求是》2023 年第 8 期。

中共中央政治局:《关于进一步推动长江经济带高质量发展若干政策措施的意见》, 2023 年 11 月。

中共中央政治局:《新时代推动中部地区加快崛起的若干政

策措施》，2024 年 5 月。

国家发展和改革委员会：《关于培育发展现代化都市圈的指导意见》，2019 年 2 月。

国家发展和改革委员会：《新时代大别山革命老区协同推进高质量发展实施方案》，2024 年 1 月。

中共湖北省委、湖北省人民政府：《关于推进强县工程的实施方案》，2023 年 5 月。

李波平：《推动长江经济带协同融通发展》，《湖北日报》2023 年 11 月 30 日。

专题调研组：《总结推广浙江“千万工程”经验　推动学习贯彻习近平新时代中国特色社会主义思想走深走实》，《求是》2023 年第 11 期。

第九章

战略保障：聚焦聚力支点使命任务

习近平总书记赋予湖北“加快建成中部地区崛起的重要战略支点”的使命何其光荣。站在两个五年规划的交汇点上，湖北全面开启支点建设的新征程，任务艰巨，前景光明！

全省各级党组织和广大党员干部要把习近平新时代中国特色社会主义思想作为支点建设的根本指针，坚持和加强党的全面领导，昂扬斗志、团结拼搏，不断强化支点建设的战略保障，形成加快建成支点的强大合力，努力把习近平总书记为湖北擘画的宏伟蓝图变成美好现实！

加快建成中部地区崛起的重要战略支点的目标不可能轻轻松松实现。对照习近平总书记对湖北的更高定位、更高标准、更高要求，我们还有很多工作要做，还有很多困难要克服。全省党员干部在工作中要扎实、务实、踏实，在位更在状态，有位更有作为，不断为支点建设贡献力量。

一、党建铸魂提升政治素质

党的政治建设是党的根本性建设，决定党的建设方向和效果。旗帜鲜明讲政治是我们党作为马克思主义政党的根本要求，也是我们党不断发展壮大、从胜利走向胜利的重要保证。湖北全省党员干部旗帜鲜明讲政治，对于加快建成中部地区崛起重要战略支点具有十分重要的意义。

（一）坚定拥护“两个确立”、坚决做到“两个维护”

坚强的领导核心是关乎党和国家前途命运、党和人民事业成败的根本性问题。对于一个国家、一个政党来说，领导核心至关重要。《中共中央关于党的百年奋斗重大成就和历史经验的决议》指出：“党确立习近平同志党中央的核心、全党的核心地位，确立习近平新时代中国特色社会主义思想的指导地位，反映了全党全军全国各族人民共同心愿，对新时代党和国家事业发展、对推进中华民族伟大复兴历史进程具有决定性意义。”

“两个确立”是推动新时代党和国家事业发展、推进中华民族伟大复兴历史进程的决定性因素。拥有坚强的领导核心，全党全国人民就有了主心骨；拥有科学的指导思想，全党全国人民就有了行动指南。做到“两个维护”，是党的政治建设的首要任务。党员干部要不断提高政治判断力、政治领悟力、政治执行力，始终在思想上政治上行动上同以习近平同志为核心的党中央保持高度一致，确保全党统一意志、统一行动，确保党中央决策部署落地生根、开花结果。在实际工作和生活中，要严守党的政治纪律和政治规矩，自觉做“两个确立”的坚决拥护者和“两个维护”的坚定践行者，为实现中华民族伟大复兴的中国梦而努力奋斗。

新时代新征程上，如何将拥护“两个确立”转化为做到“两个维护”的政治自觉、思想自觉、行动自觉，关乎党和国家前途命运，关乎党和人民事业成败。

1. 要将拥护“两个确立”切实转化为做到“两个维护”的政治自觉

奋进新征程需要确立航标，我们要紧密团结在以习近平同志为核心的党中央周围，自觉同党中央决策部署对标对表。党员干部要强化政治自觉，始终聚焦党的工作大局，服从党和国家发展大局，坚守政治关，站稳政治立场，保持政治清醒和政治定力，把政治纪律和政治规矩落实好，扎实把党中央部署的各项任务落到实处，切实做到在政治上围绕核心、在思想上认同核心、在组织上服从核心、在行动上维护核心。

2. 要将拥护“两个确立”切实转化为做到“两个维护”的思想自觉

要做到“两个确立”的思想自觉，必须筑牢思想根基，用习近平新时代中国特色社会主义思想武装头脑。学深悟透习近平新时代中国特色社会主义思想，把对马克思主义的坚定信仰、对中国特色社会主义的坚定信念、对中华民族伟大复兴的坚强信心，转化为实现中华民族伟大复兴的实际行动，确保新时代使命任务的实现。

3. 要将拥护“两个确立”切实转化为做到“两个维护”的行动自觉

“两个确立”行动自觉的转化要切实贯彻执行党中央决策部署，坚决把党的领导落实到党和国家事业的各领域、各方面、各环节，主动担当作为。要立足全面建设社会主义现代化国家的战略布局，做到党中央提倡的坚决响应、党中央决定的坚决执行、党中央禁止的坚决不做，确保中央政令畅通无阻，真正做到在思想上政治上行动上同以习近平同志为核心的党中央保持高度一致。

（二）坚持不懈用习近平新时代中国特色社会主义思想凝心铸魂

注重思想建党、理论强党，是我们党的鲜明特色和光荣传统。党的十八大以来，我们党顺应时代发展新要求，以全新的视野深化对共产党执政规律、社会主义建设规律、人类社会发展规律的认识，取得重大理论创新成果，这些成果集中体现为习近平新时代中国特色社会主义思想。

习近平新时代中国特色社会主义思想贯通马克思主义哲学、马克思主义政治经济学、科学社会主义，贯通历史、现在、未来，贯通改革发展稳定、内政外交国防、治党治国治军等各领域，是一个逻辑严密、内涵丰富、系统全面、博大精深的科学体系。学深悟透习近平新时代中国特色社会主义思想，必须把握这一思想的世界观、方法论和贯穿其中的立场、观点、方法，即“六个必须坚持”。全面学习领会习近平新时代中国特色社会主义思想的科学体系、精髓要义、实践要求，必须做到整体把握、融会贯通，避免碎片化、片面性。要增强政治自觉、思想自觉、行动自觉，把这一思想贯彻落实到党和国家工作各方面全过程。

理论学习的目的在于运用，在于将其转变为改造主观世界和客观世界的强大思想武器。党的理论创新每前进一步，理论武装就要跟进一步，这是我们党加强自身建设的一条重要经验。党的十八大以来，我们始终坚持用党的创新理论武装全党，教育引导广大党员干部特别是领导干部从思想上正本清源、固本培元，筑牢信仰之基、补足精神之钙、把稳思想之舵，党的自我净化、自我完善、自我革新、自我提高能力得以不断增强。正如习近平总书记指出的，“我们党之所以能够不断历经艰难困苦创造新的辉煌，很重要的一条就是我们党始终重视思想建党、理论强党，坚持用科学理论武装广大党员、干部的头脑，使全党始终保持统一的思想、坚定的意志、强大的战斗力”①。

要把习近平新时代中国特色社会主义思想转化为坚定理想、锤炼党性和指导实践、推动工作的强大力量。回顾新时代十余年的伟大变革，党和国家事业之所以取得全方位、开创性历史成就，发生深层次、根本性历史变革，根本在于以习近平同志为核心的党中央的坚强领导，根本在于习近平新时代中国特色社会主义思想的科学指导。当前，世界百年未有之大变局加速演进，我国发展也面临新的战略机遇、新的战略任务、新的战略阶段、新的战略要求、新的战略环境。在这样的国内外形势下，我们党要赢得优势、赢得主动、赢得未来，就必须深刻领会习近平新时代中国特色社会主义思想的真理力量和实践伟力，充分认识这一思想是推动新时代伟大实践、引领新时代伟大变革的强大思想武器，为全面建成社会主义现代化强国、以中国式现代化全面推进中华民族伟大复兴提供了科学理论指引。在支点建设过程中，要弘扬理论联系实际的学风，增强用党的创新理论武装全党的政治自觉，坚持用习近平新时代中国特色社会主义思想统一思想、统一意志、统一行动，着力在武装头脑、指导实践、推动工作上下功夫，切实做到学理论、强信念、铸忠诚。

（三）坚持和加强党的全面领导

党的十八大以来，习近平总书记反复强调的一个重大论断是：中国特色社会主义最本质的特征是中国共产党领导，中国特色社会主义

① 习近平：《坚持用马克思主义及其中国化创新理论武装全党》，《求是》2021年第22期。

制度的最大优势是中国共产党领导，中国共产党是最高政治领导力量，坚持党中央集中统一领导是最高政治原则。① 这一重大论断，是新时代中国共产党人对社会主义本质问题认识的深化与升华，表明了我们党对自身领导地位重要性的认识更加深刻，也表明了我们党对于带领全国人民进行具有许多新的历史特点的伟大斗争、实现强国建设和民族复兴的伟大梦想所具有的担当意识更加自觉。

党的二十大报告强调："党的领导是全面的、系统的、整体的，必须全面、系统、整体加以落实。"② 坚持和加强党的全面领导，就要在推进中国特色社会主义伟大事业过程中全面、系统、整体地落实党的领导。

1. 党的领导是"全面的"

党的领导是"全面的"，是指要充分发挥党总揽全局、协调各方的领导核心作用。当然，领导一切并非包揽一切，而是"总揽不包揽、协调不取代"；同时，党的领导也必须在宪法法律范围内进行，遵循法治原则。具体来说，党的全面领导，一是指领导对象全面，在党的领导下，人大、政府、政协、监察机关、审判机关、检察机关、军队、各民主党派和无党派人士、企事业单位、群团组织、基层群众性自治组织、社会组织等既各负其责，又相互配合；二是指领导内容全面，党的领导必须体现在经济建设、政治建设、文化建设、社会建设、生态文明建设和国防军队、祖国统一、外交工作、党的建设等各方面；三是指领导过程全面，党的领导贯穿在管党治党、治国理政的全过程、各环节；四是指领导方式全面，党通过制定大政方针、提出立法建议、推荐重要干部、进行思想宣传、发挥党组织和党员作用等方式，实现

①②《高举中国特色社会主义伟大旗帜　为全面建设社会主义现代化国家而团结奋斗——在中国共产党第二十次全国代表大会上的报告》，《人民日报》2022 年 10 月 26 日。

对国家和社会的领导。

2. 党的领导是“系统的”

党的领导是“系统的”，是指要从各环节各层级各方面各领域加强制度建设，构建系统完备、科学规范、运行有效的党的领导制度体系。党的领导制度体系是对党的各项具体领导制度的系统集成，将党的领导制度系统化、规范化、法治化，有利于提高党的科学执政、民主执政、依法执政水平。党的二十大报告将必须坚持系统观念作为贯穿习近平新时代中国特色社会主义思想的立场观点方法之一加以强调，在理论与实践上恰恰与之相对应。

3. 党的领导是“整体的”

党的领导是“整体的”，是指从党的中央组织到地方组织再到基层组织，都要按照党章的规定发挥应有作用，领导功能的发挥要完整。同时，在加强党的全面领导的基础上深化党和国家机构改革，整体性推进中央和地方各级各类机构改革，健全党的领导体系、政府治理体系、武装力量体系、群团工作体系，协调并充分发挥各类机构职能作用，形成治国理政的最佳整体效能。

党的领导必须坚持和加强，必须全面、系统、整体加以落实，而坚持、加强和落实的首要和关键就是坚持党中央权威和集中统一领导，这是党的领导的最高原则，任何时候任何情况下都不能含糊、不能动摇。党的各级组织、全体党员特别是领导干部都要向党中央看齐，向党的理论和路线方针政策看齐，向党中央决策部署看齐，做到党中央提倡的坚决响应、党中央决定的坚决执行、党中央禁止的坚决不做。

二、对标争先强化支点意识

强化支点意识，需要对标一流、抢前争先，以支点建设统领经济社会发展，让支点建设成为全省上下的共同意志和自觉行动。要始终把经济建设作为中心工作，把高质量发展作为第一要务，推动各领域、各层级工作都向支点建设聚焦发力，全力以赴抓项目、抓投资、抓消费，集中精力扩内需、调结构、促转型，不断在提升发展能级、发展速度、发展质效、发展后劲上当先锋、打头阵。

（一）务必树牢大局意识

大局意识，就是善于从全局高度、用长远眼光观察形势、分析问题，善于围绕党和国家的大事认识和把握大局，自觉地在顾全大局的前提下做好本职工作。习近平总书记强调："必须牢固树立高度自觉的大局意识，自觉从大局看问题，把工作放到大局中去思考、定位、摆布，做到正确认识大局、自觉服从大局、坚决维护大局。"①

1. 要正确认识大局

大局既带有根本性、决定性和方向性的特征，又是不断发展变化的。要保持清醒头脑，增强政治敏锐性和政治鉴别力，在重大政治原则问题上站稳正确立场，自觉地同党中央保持步调一致，将中央的战略决策、战略部署真正落到实处，从而确保经济和社会事业实现高质量发展。加快建成中部地区崛起的重要战略支点，是习近平总书记赋予湖北的战略使命和政治责任，也就是湖北的"大局"。我们要拧紧思想上的"总开关"，深刻领悟习近平总书记把脉指引湖北在新时代新征程上的方位和着力点的深谋远虑，深刻领会习近平总书记对湖北工作

①《习近平如何要求"中办"：胸怀大局　极端负责》，人民网 2014 年 7 月 18 日。

提出的更高定位、更高标准、更高要求，深刻感悟“加快建成中部地区崛起的重要战略支点”所承载的党和国家的重托，让支点建设的力量在坚定信心中汇聚，让建成支点的目标在凝心聚力中实现。

2. 要自觉服从大局

在涉及局部与全局、个人与整体、当前与长远的利益时作出正确选择，始终以党和人民的根本利益为重。不因局部小胜小负而动心，不为损失眼前利益而纠结，要跳出一时一事、一地一己的局限，正确处理这些利益关系，将自身工作和行为置于全省支点建设大局中去思考和定位，自觉抵制狭隘的局部利益观念和短视行为。要关注湖北支点建设过程中的重点、难点问题以及经济社会发展的薄弱环节，主动将自身工作与解决这些问题相结合，找准工作的切入点和着力点。要认识到各项工作间的关联性和协同性，主动与其他部门、单位和个人加强沟通协作，涉及跨部门、跨领域的工作，要以大局为重，摒弃本位主义，积极配合牵头部门，共同推动工作顺利开展。

3. 要坚决维护大局

坚决贯彻落实党中央决策部署，确保中央政令畅通，不搞阳奉阴违、自行其是，以实际行动维护党中央权威和集中统一领导。在贯彻落实国家战略方面，要积极抓好战略落地落实落细。如严格执行《中华人民共和国长江保护法》，加强长江干流湖北段的生态环境治理，确保“一江清水东流、一库净水北送”，维护全国生态大局；结合湖北实际制定具体的产业发展规划，推动传统产业转型升级，培育新兴产业，避免低水平重复建设和“内卷式”竞争，提高产业整体竞争力，维护产业发展大局；带头主动融入长江经济带高质量发展、中部地区崛起等国家发展战略，与湖南、江西等省共同推进省际高速公路、铁路等互联互通项目建设，提高区域交通一体化水平，促进要素流动和资源共享，维护区域协调发展大局；强化社会治安综合治理，完善社会矛盾纠纷多元化解机制，依法打击各类违法犯罪活动，为湖北加快建成支点营造良好的社会环境，维护社会稳定大局，等等。

（二）务必提高发展意识

说一千道一万，发展是硬道理，加快支点建设的关键还是在发展。支点建设的使命定位，决定了我们必须始终把经济建设作为中心工作，把高质量发展作为第一要务，切实增强加快发展的责任感、使命感、紧迫感。从战略支撑力、创新策源力、产业竞争力、开放辐射力、生态承载力、文化影响力、区域协同力七个方面发力，这是推进支点建设的谋定后动之举、谋定快动之为。每个“力”的提升都不是轻轻松松就能实现的，需要全省上下始终保持登高望远、勇攀高峰的劲头，推动各领域、各层级工作都向支点建设聚焦发力，全力以赴抓项目、抓投资、抓消费，集中精力扩内需、调结构、促转型，不断在提升发展能级、发展速度、发展质效、发展后劲上当先锋、打头阵。

1. 要抢抓发展新机遇

市场经济是典型的“候鸟经济”，哪里环境好，企业和项目就往哪里走。各级政府要强化“店小二”意识，切实把企业的事当作自己的事，持续在要素保障、简化审批、减税降费、入企帮扶等“软环境”上下硬功夫，真正为企业提供全天候、全方位、全流程的优质服务。持续深化“放管服”改革，加快培育市场化、法治化、国际化的一流营商环境，打造要素集聚的“磁场”、企业发展的“沃土”、投资兴业的“宝地”。一方面，积极抢位发展，树牢“先”的意识，这是一种竞争性发展策略。不争先难以领先，不抢位难以进位。抢位强调提前布局，要求前瞻性思维和战略性规划，要主动掌握并运用新技术，确保在产业变革中获得先机。另一方面，善于错位发展，强调做好“特”

的文章，这是一种差异化发展策略。抓发展不能脱离自身实际一哄而上，要因地制宜从自身实际出发，在发展全局中找准自身定位，着力开辟发展新领域新赛道，塑造发展新动能新优势。

2. 要切实把产业做强

产业是发展的根基，招商引资是经济工作的生命线和第一抓手。要立足产业基础，用好资源禀赋，锚定补齐和延伸产业链精准招商，不断强化“链长制”牵引作用，扩大有效投资，抓好重大项目建设和招商引资工作。一要在做大规模上狠下功夫。着力培育壮大领军企业、龙头企业，打造企业“雁阵”梯队，加强重大产业项目谋划布局，精准招引一批能级高、牵引强的重大项目。二要在提升产业整体效能上狠下功夫。加快推进传统产业转型升级、新兴产业培育壮大、未来产业前瞻布局“三线并进”，推动中小微企业“智改数转”。三要在链群协同上狠下功夫。树牢集群发展意识，更好发挥“链长＋链主＋链创”三链融合机制作用，推动上下游协同、大中小企业融通，实现产业从“点的突破”、“链的协同”到“群的跃升”。四要在融合赋能上狠下功夫。坚持以科技创新引领产业创新，完善体制机制，加速推动科技成果高质量转化，打通从科技强到产业强、经济强的通道。五要在强化产业支撑上狠下功夫。夯实现代化基础设施体系硬支撑、供应链体系新支撑、产业发展空间强支撑，不断塑造产业集群发展新优势。六要在优化发展环境上狠下功夫。各级领导干部要带头抓产业促发展，各产业链牵头部门要健全完善工作机制，强化政策保障，加强监督考核，清单化推动任务落地见效，持续深化开展“解难题、稳增长、促发展”企业帮扶活动，并加强宣传推介，进一步凝聚产业发展的强大合力。

（三）务必增强团结意识

向心力是由全体成员共同创造、维护和保持的一种内聚力，是干事创业、实现梦想必不可少的宝贵财富。天时不如地利，地利不如人和，“人和”就是团结，就是向心力。唤起众人拾柴的心劲，凝聚团结向上的精气神，锚定支点建设这张蓝图通力协作、顺畅衔接，形成蓬勃向上的力量，把能干的干得更好，把该干的努力干成，涌流在荆楚大地上的向心力就能变成涌动在加快建成支点进程中的生产力。

1. 要涵养团结的品性

“诚者，天之道也；思诚者，人之道也。”做人做事光明磊落，既是对党员领导干部的素质要求，也是搞好团结的重要因素。做到光明磊落，没有私心杂念，才会把心思和精力更多地放在干好党和国家事业上、放在谋划经济社会发展工作上、放在更好地服务人民群众上，自觉做到不利于团结的话不讲、不利于团结的事不做。党员领导干部应当涵养有利于搞好团结的品性，坦坦荡荡做事，清清白白做人。

2. 要提高团结的本领

会团结是一种政治本领，搞好党员领导干部之间的团结需要讲究方法和技巧。首先，要有“宰相肚里能撑船”的胸襟雅量，学会从不同角度思考问题、研究问题，充分发挥集体的智慧和力量，群策群力解决难题。其次，要用好批评和自我批评的武器。事事一团和气不是好事，常常批评提醒、“红脸出汗”反而更有利于团结。要严格落实各项制度，相互之间多听听不同意见，在批评和自我批评中形成共识，增进团结。最后，还应当注重求同存异。在不违反原则的前提下，要做到兼收并蓄，坚持从大局出发、为全局考虑，努力画出最大“同心圆”。

3. 要夯实团结的基础

团结，需要心往一处想、劲往一处使，用共同的信念和目标夯实团结的基础。党员领导干部在同一个部门、同一个单位、同一个地区共事，应当有更高的担当情怀，共同跑完、跑好事业接力赛中自己的“这一棒”，扎扎实实把工作干好。要摆正个人与集体的关系，靠“众人拾柴”而绝不能当“孤家寡人”，多向其他同志学习，在取长补短、互相提高的过程中更好地促进团结。

三、强基提能提升发展本领

干部能力水平的高低直接关乎任务完成的实效，决定支点建设的质量。加快建成支点，必须强化能力意识，练就善作善成的硬本领。湖北省委将 2025 年作为“干部素质提升年”，指向很明确，就是把提高干部能力素质作为推进支点建设的先导性、基础性工作，重点围绕支点建设的“七大战略”，组织引导党员干部学习提能、实践强能，引导推动干部提升思想境界，放眼全球看湖北、站位大局看支点，不断增强推动高质量发展本领、服务群众本领、防范化解风险本领，做到想干事、能干事、干成事、不出事，以干部能力素质的全面提升助推发展能级、发展速度、发展质效、发展后劲的整体提升，切实锻造一支堪当支点建设重任的高素质专业化干部队伍。

知识链接

干部素质提升年

2024 年 11 月，习近平总书记考察湖北，对湖北发展提出更高定位、更高标准、更高要求。湖北省委决定将 2025 年作为“干部素质提升年”，旨在以干部能力素质的全面提升助推发展能级、发展速度、发展质效、发展后劲的整体提升。

首先，要淬炼能力、砥砺担当，切实锻造堪当支点建设重任的高素质干部队伍。

一是加强教育培养。强化思想淬炼、政治历练、实践锻炼、专业训练，深入实施习近平新时代中国特色社会主义思想教育培训计划，健全干部政治素质考察机制。

二是加强选拔任用。解决好“围绕什么选人、选什么人、怎么选人”的问题，重品行、重实干、重实绩。

三是加强管理监督。以严格管理传导压力、以能上能下激发活力、以正确政绩观强化定力、以关心关爱增添动力，推动形成锐意进取、争先创优的生动局面。

其次，要大抓基层、强基固本，切实筑牢支点建设的战斗堡垒。

一是在强筋壮骨上狠下功夫。健全组织体系，创新党组织设置和活动方式，探索党的组织和工作向基层延伸、向新兴领域覆盖的有效途径。

二是在强村富民上发挥作用。发挥好基层党组织的引领作用，尊重群众意愿。

三是在强基赋能上持续用力。坚持和发展新时代“枫桥经验”，推进以党建引领基层治理，持续整治形式主义为基层减负。

最后，要深入推进人才强省战略，形成广聚英才的良好局面，切实强化支点建设的人才支撑。

一是更大力度团结凝聚人才。落实党委联系服务专家制度，坚持“一把手”抓第一资源，最大限度激发人才的报国情怀、奋斗精神、创新活力。

二是更大手笔培养集聚人才。实施“十百千万”行动，开辟海外优秀青年人才引进“绿色通道”，提升高端创新平台吸引集聚人才能力。

三是更大气魄激励成就人才。健全充分信任、授权松绑的人才使用机制，建立破立并举、分类科学的人才评价机制。

（一）增强“想干事”的思想自觉

习近平总书记强调：“不能只想当官不想干事，只想揽权不想担责，只想出彩不想出力。”① 想干事，关键是想为谁干事，想干怎样的

① 习近平：《做焦裕禄式的县委书记》，《学习时报》2015 年 9 月 7 日。

事，想怎样干事。想干事是党员干部为将理想化为现实而不断求索、规划、奋发的精神状态，是党员干部应有的思想自觉，是党员干部事业心、责任感的体现，在其位就应谋其政，守土有责，守土担责，更要守土尽责。

想不想干事，反映的是党性修养问题，直接检验为民情怀深不深，折射工作作风扎实不扎实。只有爱岗才会敬业，只有拼搏才有未来。永葆干事创业的热情，是做好一切工作的前提。想干事的人，往往以事业为生命的寄托，以工作为无上的乐趣。这种热情、干劲和精神，是发自内心的、由内而外的，是主动的而不是被动的，是恒久的而不是一时的。

党员干部只有想干、愿干、积极干，才会干一行爱一行、钻一行精一行，全心全意为党工作、为民服务，勤政务实、敢于担当。习近平总书记深刻指出："党把干部放在各个岗位上是要大家担当干事，而不是做官享福。"① 党员干部要树立正确的权力观、政绩观、事业观，提振干事创业的精神状态，增强"时时放心不下"的事业心和责任感，以"一日无为，三日不安"的高度自觉，在其位谋其政、任其职尽其责，敢于担当、努力作为。

要牢记初心使命，时刻把服务群众放在心上，以不待扬鞭自奋蹄的自觉，做主动型干部，勤思考、常实践，走进群众，想其所想、急其所急、办其所需，用想干事的激情主动认领任务，努力为群众解决好大事小事急事难事。要拧紧理想信念"总开关"，坚持"干"字当头，以"时不我待、只争朝夕"的紧迫感，以"功成不必在我，功成必定有我"的责任感，奋发有为、善作善为，争做行动派与实干家。

（二）锤炼"能干事"的过硬本领

打铁必须自身硬，空有想干事的热情和决心，并不足以应对复杂

① 习近平：《努力成为可堪大用能担重任的栋梁之才》，《求是》2022 年第 3 期。

多变的实际情况。对于党员干部来说，不仅要有担当的宽肩膀，还得有成事的真本领。党员干部特别是领导干部，如果只有担当的决心，却不会担当、不善担当，同样难以干好工作。只有本领高强、素质过硬，才能有担当的底气和自信。

能干事是党员干部干成事必须具备的能力和本领，只会夸夸其谈却没有抓落实的能力，是无法为群众办实事的，想大刀阔斧地做事就要练就过硬的本领。干部要干事，一腔热血不可或缺，但有态度和决心，并不意味着有“能干事”的能力。党员干部要靠真本事、硬功夫，才能真正辨别是非、开拓创新、组织协调、凝心聚力、解决问题。

要不断加强理论学习、夯实理论功底，苦练为民服务基本功，尤其是要深入学习习近平新时代中国特色社会主义思想，深刻领悟蕴含其中的马克思主义立场观点方法、道理学理哲理，并将其努力转化为解决问题、指导工作、推动发展的思想方法和工作方法。

要主动到困难大、矛盾多、情况复杂的地方，多经历几番“风吹雨打”，多接几次“烫手山芋”，多当几回“热锅上的蚂蚁”，在经风雨、见世面中壮筋骨、长才干。党员干部由于所处岗位不同，对专业能力的要求各异，面对新的形势任务，要立足自身岗位勤奋学习、刻苦钻研，下一番苦功夫把业务搞精通，实现能力素质的升级，努力成为干好工作的行家里手。主动到工作一线显身手、到复杂环境中经风雨、到急难险重任务中挑重担，做到在辨别是非、开拓创新、组织协调、凝心聚力、解决问题的过程中游刃有余。

（三）永葆“干成事”的坚毅韧劲

干成事是一种结果要求。想干事、能干事，是干部干事的基础，最终目标是能够干成事。干成事，是党员干部应有的目标追求，要用心用情用力完成好每一项工作任务，保持韧劲，奋力拼搏，锻造干成事的奋斗精神，在实干中检验忠诚、在拼搏中彰显忠诚、在奋斗中展示担当。

党员干部在履职尽责的过程中，少不了要面对困难挫折、风险挑战，只有事不避难、义不逃责，才能干出一番业绩。在我们党的历史上，王进喜“宁肯少活二十年，拼命也要拿下大油田”，谷文昌“不治服风沙，就让风沙把我埋掉”，廖俊波“认准的事，背着石头上山也要干”……他们之所以能干成别人干不成的事，就在于他们“明知征途有艰险”，却“越是艰险越向前”。在困难、斗争面前，党员干部特别是领导干部既不能做对矛盾问题视而不见的“逃兵”，也不能做急躁冒进的“莽夫”，而要做敢于担当、善于斗争的“勇士”。

面对前进路上的困难挑战，党员干部应当敢啃“硬骨头”、敢于涉险滩，在知重负重中爬好坡、过好坎。对于一些一时难以解决的问题，要稳得住心神、耐得住性子，一锤接着一锤敲、一件接着一件干，工作抓不好不松手、任务干不成不放手，努力干出过硬实绩。

要树立结果导向，发扬钉钉子精神，迈开步子、甩开膀子，拿出直面问题的勇气和决心，聚焦支点建设过程中出现的重点、难点、堵点问题，找准穴位、击中要害，一个一个克服、一个一个解决。坚持结果导向，要以发展实绩和成效为准绳，不仅重视经济量的增长，更注重经济质的提升；不仅重视经济发展，更注重经济社会协调、平衡、可持续，以高质量发展为新的指挥棒，不断增强发展创新力和竞争力。坚持结果导向，要用人民获得感幸福感安全感来衡量。人民高兴不高兴、满意不满意、答应不答应始终是检验我们工作成效的一把尺子，金杯银杯不如人民群众的口碑。经济发展成果就是要体现在人民的获得感幸福感安全感上，要通过经济社会发展不断提高人民福祉。

要坚信“艰难困苦，玉汝于成”的道理，昂扬向上、锐意进取，实实在在做好每一件事，不折不扣落实每一项任务，在“千磨万击还坚劲”中收获“吹尽狂沙始到金”的成功喜悦。我们干事创业，有风有雨是常态，无惧风雨是心态，风雨兼程是状态。如果遇到困难就打退堂鼓，受到磨难就意志消沉，碰到挫折就畏缩不前，是干不好事也成不了事的。对党员干部来说，锐意进取的精神振奋不振奋，担当有为的行动坚决不坚决，有着鲜明的实践标尺和检验标准。就是要敢于以“闯”的精神挑重担，主动闯激流、涉险滩、打头阵，在危局难局中见世面、长才干；勇于以“创”的劲头开新局，敢走前人没有走过的路，敢干前人没有干过的事，在攻坚克难中谋新策、出新招、创新径；善于以“干”的作风求实效，挑起该挑的担子，扛起应负的职责，始终走在时代的最前沿、斗争的最前线。

（四）守住“不出事”的底线要求

干成事不出事，是必须坚守的底线，是做人的立身之本、做事的思想根基、处世的根本标准。干成事不出事，也是对党员干部最起码的政治要求，干事是最根本的职责，干净是最起码的准则；不干事肯定会误事，不干净迟早要出事。必须高度重视“不出事”这条底线，因为它是安全的警戒线，是不能再退的最后一道防线。如果突破了底线，做了腐败堕落之事、以权谋私之事、损害人民利益之事，那么，即使再想干、再能干、再会干，其结果也只能是努力归零、事业归零、人生归零。只有在认真干事的基础上，怀着如临深渊、如履薄冰的心态保持干净，秉公执政、廉洁从政，干干净净地做人、踏踏实实地做事，才能不负党和人民的重托，才能干成事不出事。

1. 守住“不出事”的底线要求，必须坚定正确政治方向

国有国法，党有党规。党员干部要自觉尊崇党章、维护党章，严守党的政治纪律和政治规矩。规矩和纪律是高压线也是保护线，做事情习惯于按规矩讲纪律，为政就不会不安全，干事就不会不干净。要切实增强政治意识、大局意识、核心意识、看齐意识，自觉在政治定力、担当精神、工作方法、敬业精神、清正廉洁上向党中央看齐，向

党的理论和路线方针政策看齐，始终言行一致、表里如一，保持共产党人政治本色。

2. 守住“不出事”的底线要求，必须切实做到廉洁自律

习近平总书记指出，所有共产党员都要“涵养廉洁自律的道德修为，始终心有所畏、言有所戒、行有所止，不断锤炼意志力、坚忍力、自制力，永远做一个一心为公、一身正气、一尘不染的人”①。做到正己修身，就要追求道德高线，自觉以《中国共产党廉洁自律准则》为镜鉴，筑牢拒腐防变思想基础；就要守住纪律底线，自觉以《中国共产党纪律处分条例》为戒尺，严格遵守“六大纪律”，始终自警自省自励、慎独慎初慎微，任何情况下都能稳住心神、管住行为、守住清白。要习惯在组织和群众监督下工作和生活，习惯在监督中“一日三省吾身”，真正实现自我完善、自我提高。要净化朋友圈、社交圈，管好配偶子女，不为私利所困、不为私情所惑，清清白白为官，堂堂正正做人。“不出事”并非不干事，“不出事”更要多做事。作为党员干部，做到敢担当、能干事、干成事，既是使命所系，也是职责所在，没有任何推诿的余地。如果抱着“只要不出事，宁愿不做事”甚至“不求过得硬，只求过得去”的消极态度，敷衍了事、为官不为，回避问题、逃避风险，就会错过机遇、贻误发展。实际上，这样的失职渎职、碌碌无为，是另一种形式的“出事”。总之，干成事不出事是一个统一的总体要求，要把不出事作为想干事、会干事、干成事的保障，在不出事中实实在在地想事、干事、干成事。

① 习近平：《在党的十九届七中全会第二次全体会议上的讲话》，《求是》2022 年第 23 期。

四、作风护航厚植为民情怀

我们党来自人民，为人民而生，因人民而兴。习近平总书记强调："要自觉做矢志为民造福的无私奉献者，始终把人民放在心中最高位置，树立和践行正确政绩观，走好新时代党的群众路线，提高做群众工作的本领，用心用情用力解决群众急难愁盼问题，不断增强人民群众的获得感、幸福感、安全感。"① 广大党员干部要牢记党和人民的嘱托，把时代重任放在心上、扛在肩上，始终牢记我是谁、为了谁、依靠谁，保持同人民群众的血肉联系。

（一）树立和践行正确政绩观

1. 树立和践行正确政绩观是坚持党的性质和宗旨、完成党的使命任务的必然要求

政绩观是对政绩的根本观点和总的看法，是世界观、人生观、价值观在从政行为中的具体体现。正确政绩观深深植根于党的初心使命、性质宗旨，生动体现在党的一切奋斗、全部实践之中。党章规定，党除了工人阶级和最广大人民群众的利益，没有自己特殊的利益。新时代以来，以习近平同志为核心的党中央明确提出"人民对美好生活的向往，就是我们的奋斗目标"②，团结带领全党全军全国各族人民一道拼、一道干、一道奋斗，实现了第一个百年奋斗目标，创造了彪炳史册的历史伟业。新征程上，面对全面建成社会主义现代化强国、以中

①《习近平在2024年春季学期中央党校（国家行政学院）中青年干部培训班开班之际作出重要指示强调　牢记初心使命顽强拼搏进取　奋力跑好历史的接力棒》，《人民日报》2024年3月2日。

②《习近平：人民对美好生活的向往就是我们的奋斗目标》，《人民日报》2012年11月16日。

国式现代化全面推进中华民族伟大复兴的崇高使命，必须树立和践行正确政绩观，以功成不必在我的精神境界、功成必定有我的历史担当，把既定的行动纲领、战略目标、工作蓝图变为现实，创造经得起实践、人民、历史检验的实绩。

2. 树立和践行正确政绩观，最重要的是解决好“政绩为谁而树、树什么样的政绩、靠什么树政绩”的问题

总体上看，广大干部认真落实党中央决策部署，成绩是显著的。同时应当看到，一些地方脱离实际、不计成本、盲目举债搞建设；有的整大场面、铺大摊子，搞“形象工程”“面子工程”；有的统计造假、虚报浮夸，搞“数字政绩”“虚假政绩”等，这些问题都是政绩观错位、权力观扭曲、责任心缺失的表现。解决这些问题，一要把为民造福作为最重要的政绩，真正解决“政绩为谁而树”的问题。坚持人民立场，用心用情用力解决群众关心的就业、教育、社保、医疗、住房、养老、食品安全、社会治安等实际问题。二要坚定不移贯彻新发展理念、推动高质量发展，真正解决“树什么样的政绩”的问题。要完整准确全面贯彻新发展理念，加强改革系统集成、协同高效，统筹发展和安全，着力提高发展质量和效益。三要真抓实干抓落实，真正解决“靠什么树政绩”的问题。要把干事热情和科学精神结合起来，坚持目标导向和问题导向相统一，强化精准思维，以绣花功夫把工作做扎实、做到位，坚决防止形式主义、官僚主义。要对当务之急立说立行、紧抓快办，对长期任务保持战略定力和耐心，发扬钉钉子精神，“一张蓝图绘到底”。

3. 树立和践行正确政绩观，要健全有效防范和纠治政绩观偏差工作机制

一是加强正确政绩观教育。深入学习领会习近平总书记关于树立

和践行正确政绩观的重要论述，突出抓好领导班子正确政绩观教育。加强履职能力培训，帮助干部增强推动高质量发展本领、服务群众本领、防范化解风险本领。二是强化重实干、重实绩的用人导向。大力选拔牢固树立正确政绩观、真抓实干、实绩突出的优秀干部，坚决不用那些政绩观不正的干部，推进干部能上能下。完善和落实领导干部任期制，保持领导班子相对稳定，健全领导班子主要负责人变动交接制度。三是建立推动高质量发展的政绩考核体系。精准设置关键性、引领性指标，完善分级分类考核，完善平时考核、年度考核、专项考核、任期考核，提高考核科学性、精准度。将考核结果与选拔任用、培养教育、激励约束等结合起来，鼓励先进、鞭策落后。四是发挥管理监督的刚性约束作用。巩固“半拉子工程”“形象工程”和统计造假等问题专项整治成果，把政绩观问题纳入纪检监察监督、巡视巡察监督和审计监督，及时发现和纠治政绩观偏差的突出问题，对查明属实、造成严重后果的严肃追责问责。

（二）进一步走好新时代党的群众路线

1. 走好新时代党的群众路线，要俯得下身

人民群众究竟需要什么、向往什么、期盼什么，不是坐在办公室里想出来的，需要深入基层去主动发现、广泛调研。我们党始终重视和坚持调查研究，毛泽东同志提出没有调查没有发言权；邓小平同志指出只有调查研究，你心中才有数；习近平总书记强调“调查研究是谋事之基、成事之道”①。只有把情况切实摸清，才能把问题找准、把对策提实。“调查研究隔层纸，政策执行隔座山”，只有真正放下架子、扑下身子，才能将调查研究做到深处、落在实处。当前，世界之变、

①《习近平在武汉召开部分省市负责人座谈会时强调　加强对改革重大问题调查研究　提高全面深化改革决策科学性》，《人民日报》2013 年 7 月 25 日。

时代之变、历史之变不断向广度和深度延展，我国改革发展稳定任务之艰巨繁重前所未有，对各级党员干部调查研究的能力提出了更高要求。要进一步开展好沉浸式、蹲点式调研，甘做小学生、拜群众为师，在与群众“共吃一锅饭、同坐一条凳”的过程中让调查研究更加深入，确保调查研究接地气、不悬浮、不走样。

2. 走好新时代党的群众路线，要听得进意见建议

社会期盼、群众智慧、专家意见、基层经验收集上来不容易，绝不能只罗列而不解决问题，或只调查却不研究、只倾听但不研判。只有充分重视来自基层和群众的意见建议，在群众声音、基层建言中找方向、觅方法、寻灵感，才能将群众路线进一步落细落实。党员领导干部一方面需要提高在扎实调研基础上系统分析、客观研判、全局统筹等方面的能力；另一方面则要站稳人民立场，时刻保持对群众的深厚感情，设身处地、将心比心地把群众的事当成自己的事，从而更精准地接收群众需求的信号，更高效地把握轻重缓急的节奏。

3. 走好新时代党的群众路线，要把工作做出实效

调查研究是否有的放矢，群众路线是否走深走实，要以人民群众的满意度作为检验标准，真正做到“从群众中来，到群众中去”。要把解决问题的思路和对策研究透彻，提出切实可行的具体措施，不断将“问题清单”转化为“成效清单”。要进一步把准群众诉求、创新方式方法，重实干、做实功、务实效，切实从人民整体利益、根本利益、长远利益出发，谋划改革思路、制定改革举措，使改革更好对接发展所需、基层所盼、民心所向。落实落细领导干部联系服务群众制度，组织在职党员干部常态化下沉社区参与基层治理，持续深化开展“解难题、稳增长、促发展”企业帮扶活动。

（三）着力办好民生实事

着力办好民生实事，按照“合民意、质量好、可实施、可持续”原则，科学合理安排好和办好民生实事。各级政府要将民生实事作为工作重点，明确责任分工，建立健全民生工作目标责任制，将民生指标纳入政府绩效考核体系，确保各项民生任务落到实处。

要解决教育、医疗、就业等重点领域的民生问题。

在教育方面，要加大对农村、贫困地区和薄弱学校的教育资源投入，改善办学条件，缩小城乡、区域、校际教育差距。推进义务教育均衡发展，确保每个孩子都能享受到公平而有质量的教育。加强教师队伍建设，提高教师待遇和专业素质，吸引优秀人才投身教育事业。推进教育教学改革，创新教育方法和课程设置，培养学生的创新精神和实践能力。

在医疗方面，要提高医保覆盖面和保障水平，推进医保制度改革，完善医保报销政策，减轻群众医疗负担。加强医疗救助与基本医疗保险、大病保险等制度的衔接，确保困难群众看得起病。加强医疗卫生基础设施建设，优化医疗资源布局，推动优质医疗资源下沉到基层。加强医疗卫生人才培养，提高医疗技术水平和服务质量，为群众提供便捷、高效、优质的医疗服务。

在就业方面，要实施积极的就业政策，加强就业培训和指导，提高劳动者就业能力和创业意识。加大对重点群体就业的扶持力度，如高校毕业生、农民工、就业困难人员等，通过开发公益性岗位、提供就业补贴等措施，帮助他们实现就业。加强劳动力市场监管，规范企业用工行为，维护劳动者合法权益。完善就业服务体系，加强就业信息发布和就业平台建设，促进劳动力供需有效对接。

要提高民生工作精准度，健全民生工作长效机制。通过深入基层调研、问卷调查、大数据分析等方式，准确了解群众的民生需求和诉求，建立民生需求清单和台账，为精准实施民生实事提供依据。针对不同群体、不同地区的民生问题，制定个性化、差异化的帮扶措施。建立健全民生领域的各项规章制度，规范民生项目的实施流程、资金管理、监督考核等环节，确保民生工作有章可循、规范运行。建立健全民生工作监督机制，加强对民生政策落实、项目实施和资金使用的监督检查，确保各项民生工作落到实处、取得实效。同时，建立民生工作评估机制，定期对民生工作成效进行评估，及时发现问题并加以改进。及时公开民生政策、项目实施、资金使用等信息，接受社会公众的监督。建立健全民生领域的投诉举报和反馈机制，畅通群众诉求渠道，及时回应群众关切，提高群众对民生工作的满意度。

（四）整治形式主义为基层减负

形式主义是基层治理的“顽瘴痼疾”。近年来，湖北紧盯加重基层负担的形式主义问题，靶向发力、综合施策，砍掉“文山会海”，整治“指尖上的折腾”，叫停“作秀式调研”，严查“数字里的花活”。经过持续接力整治，大部分基层干部从形式主义的束缚中解脱出来，全省上下想干事、能干事、干成事的氛围更浓了。但形式主义之弊非一日之寒，为基层减负也绝非一时之功。整治形式主义为基层减负是持久战，必须持之以恒、久久为功，让基层干部积极担当作为，能够用更多时间和精力来服务人民群众、服务支点建设大局。

1. 要强化思想教育，筑牢思想根基

定期举办“不忘初心、牢记使命”主题教育研讨班，要求干部结合自身工作实际，分享如何在工作中践行服务宗旨，反思过往工作中的形式主义倾向，明确改进方向。开展典型案例警示教育活动，收集整理各地因形式主义导致工作失败、损害群众利益的反面案例，制作成专题纪录片、宣传手册等，组织干部集中观看学习。通过案例剖析，让干部直观认识到形式主义的严重危害，敲响思想警钟，增强抵制形式主义的自觉性。

2. 要完善考核评价，突出实绩导向

构建科学合理的考核指标体系，对于不同领域、不同岗位的基层工作，制定与之相适应的考核标准。比如，在乡村振兴工作考核中，重点考察农村产业发展、农民收入增长、农村基础设施改善等实际成效指标，减少对文件数量、会议次数等形式指标的关注。广泛收集群众对基层干部工作的满意度评价，将群众满意度作为干部考核的重要依据，促使干部将工作重心转移到为群众办实事上。

3. 要加强监督问责，形成有效震慑

建立常态化监督机制，定期深入基层一线开展明察暗访，检查基层工作中是否存在表面应付、虚假落实等形式主义问题。对发现的问题及时记录并督促整改，形成监督闭环。拓宽监督渠道，鼓励群众参与监督，主动反映身边的形式主义问题。严格执行问责制度，形成强大震慑力，让干部不敢、不能、不想搞形式主义。

4. 要科学划分权责，合理分配任务

明确基层政府的权力和责任清单，将基层应承担的工作职责以清单形式固定下来，避免上级部门随意下放职责、转嫁任务。对于基层权力范围内的事务，要充分赋予其自主决策权，提高工作效率。建立任务统筹协调机制，在下达工作任务时要充分考虑基层的承受能力，进行科学合理的任务分配。加强对基层人力、物力、财力等资源支持，为基层工作开展提供坚实保障。

深度阅读

《习近平谈治国理政》（第二卷），外文出版社2017年版。

《习近平谈治国理政》（第四卷），外文出版社2022年版。

习近平：《坚持人民至上》，《求是》2022年第20期。

习近平：《努力成长为对党和人民忠诚可靠、堪当时代重任的栋梁之才》，《求是》2023年第13期。

《王忠林在抓基层党建工作述职评议会议上强调　强化党建意识　树牢鲜明导向　锻造坚强堡垒　为奋力谱写中国式现代化湖北篇章提供坚强组织保证》，《湖北日报》2025年1月15日。

《王忠林在全省组织部长会议上强调　以“干部素质提升年”为抓手　铸魂强基选贤聚才　为加快建成支点提供坚强组织保证》，《湖北日报》2025年2月15日。

周俊杰：《抓落实的行动指南》，《红旗文稿》2024年第3期。

第十章

撬动未来：共谱中国式现代化湖北华章

2024 年 7 月党的二十届三中全会通过的《中共中央关于进一步全面深化改革　推进中国式现代化的决定》明确指出，到 2035 年，“基本实现国家治理体系和治理能力现代化，基本实现社会主义现代化，为到本世纪中叶全面建成社会主义现代化强国奠定坚实基础”。2024 年 11 月，习近平总书记在湖北考察时强调，湖北要“牢牢把握在构建新发展格局中的使命任务”，“在长江经济带高质量发展中奋勇争先，加快建成中部地区崛起的重要战略支点，奋力谱写中国式现代化湖北篇章”。

湖北牢牢把握习近平总书记赋予的重大使命任务，以支点建设为着力点，立足新发展阶段，以全球视野谋划湖北发展新路径，聚焦“中部崛起重要引擎”核心功能，探索一条中国式现代化区域样板之路。

湖北围绕“2030年基本建成支点、2035年全面建成支点”的战略目标，通过借鉴国际先进经验赋能支点跃升，创新治理模式驱动深层次变革，系统构建中国式现代化区域实践新范式，以2035愿景为引领，共同擘画新时代湖北发展的壮美蓝图。

一、借鉴全球标杆赋能支点跃升

湖北作为国家中部地区崛起重要战略支点，要实现从“跟跑”到“并跑”再到“领跑”的跃升，必须系统借鉴全球先进经验，并结合本土实际进行创新。本章聚焦科创、枢纽、生态、区域协同四大维度和能级、速度、质效、后劲四大主攻方向展开分析，并探讨如何将国际经验本土化的创新路径。

（一）全球标杆对标与经验萃取

1. 科创维度：从硅谷到光谷，构建全链条创新生态

硅谷不仅是一个地名，也是一种机制。打造光谷的核心任务，就是构建属于中国的科技创新机制生态，即全链条创新生态。美国大学科研院所与硅谷的共生关系揭示了创新生态的核心逻辑。培育市场化的创新生态，是跟跑的过程，更是超越和领跑的起点。下面从不同的视角探讨美国硅谷可供湖北学习借鉴的地方。

美国硅谷的独到之处主要有以下几个方面。

一是拥有全球顶级的创新生态系统。硅谷拥有全球最密集的高科技企业、风投机构和研究型大学（如斯坦福大学、加州大学伯克利分校），形成了完整的“科技创新生态链”，即基础研究—技术孵化—风险投资—产业落地—全球市场拓展。

二是实现了大学、企业、资本的深度融合。如斯坦福大学与硅谷

企业共生共荣，孕育了谷歌、惠普、思科等科技巨头。大学不仅是知识的源泉，更是创业和技术转化的“发动机”。同时，风投机制推动了早期创新项目迅速落地。

三是拥有鼓励失败者、容忍试错的文化。硅谷对创业失败的包容度极高，形成了“快速试错、快速迭代”的文化氛围。这种氛围极大地降低了创新门槛，鼓励年轻人和科研人员大胆试验。

四是高度国际化促进人才聚集。来自全球的顶尖人才汇聚硅谷，使其在人工智能、半导体与微电子技术、互联网、生物科技、清洁能源等领域持续处于技术前沿。同时，优越的创业环境吸引了全球创业者和科学家。

硅谷的成功经验对湖北具有一系列启示与借鉴意义。

一是打造“政产学研金服用”全链条生态系统。湖北特别是武汉光谷可仿照硅谷，进一步整合本地高校（如武汉大学、华中科技大学）与科研院所、产业资本，构建一个协同高效、资源流动的全链条创新生态。

二是深化高校与产业的融合机制。可借鉴硅谷经验，推动高校实验室与企业共建联合研发中心，促进科研成果就地转化。强化教授创业、学生参与科研项目的制度化机制，推动“科研 + 创业”双轮驱动。

三是激活资本市场与风投生态。可鼓励湖北本地设立更多早期风险投资基金，打造创新型金融平台，降低创业融资门槛，激励科技创新型中小企业成长为专精特新“小巨人”。

四是营造宽容创新的文化氛围。可加强政策引导，营造容错容试环境，允许初创企业失败后重整旗鼓。通过媒体与教育引导，形成鼓励创新、尊重原创的社会氛围。

五是引进全球人才，建设开放平台。提升光谷对国际人才的吸引力，设立“国际创新港”或“离岸创新中心”，搭建海外高层次人才创业平台，促进技术、项目、人才与本地资源对接。

正是因为硅谷有一种好的机制，一种好的市场化创新生态，它才不断生长出新的技术、新的产业。“IT”时代，硅谷是策源地、引领者；“DT”时代，硅谷仍然如此。从下面的内容可见一斑。

经验借鉴

数字经济与科技产业发展：从“IT”到“DT”，驱动城市转型升级

硅谷的做法与优势：

一、前沿技术的策源地

硅谷是人工智能、大数据、云计算、半导体、自动驾驶等新一代信息技术的发源地。谷歌、英伟达、特斯拉等企业不断引领科技革命与产业变革。

二、“科技+场景”融合驱动数字经济

大量企业致力于将前沿科技快速转化为实际应用，如 SaaS 平台、智慧医疗、智能制造、绿色能源等，将高科技植入城市治理、产业升级和社会服务。

三、多层级企业生态体系

除了龙头企业外，硅谷还有大量初创公司和独角兽企业，形成“金字塔形”科技产业结构。产业链上下游紧密协同，共享技术、资源与市场。

硅谷的做法对于湖北有可借鉴之处：

一、推动“数字湖北”战略纵深发展

围绕武汉光谷和襄阳、宜昌等地构建数字产业集群，引进培育人工智能、生物医药、新材料等前沿技术企业，加快构建数字经济核心产业体系。

二、建设创新应用场景试验区

打造“光谷智能试验区”或“数字孪生城市实验区”，推动科技在教育、医疗、交通、政务等领域的融合落地，强化“技术+场景”双向驱动。

三、优化中小科技企业成长路径

借鉴硅谷做法，加大对早期初创企业的孵化、投融资支持，打通从种子到成长、从孵化到上市的通道，打造湖北本土“独角兽摇篮”。

2. 枢纽维度：从芝加哥到武汉，重塑内陆开放新优势

芝加哥作为全球最重要的多式联运枢纽城市之一，有许多值得湖北借鉴的经验，但也需要结合湖北的实际情况进行适配。

第一，芝加哥是全球顶级的铁路枢纽。芝加哥是北美铁路网的核心，七大货运铁路全部在此交会，年货运量占美国铁路货运量的四分之一。依靠强大的铁路基础设施，芝加哥实现了港口、内陆水运、航空、公路的无缝衔接。

第二，芝加哥连接了五大湖和密西西比河体系。芝加哥是美国五大湖区最大的城市，依托五大湖—密西西比河水运体系，成为美国内陆航运的关键节点，连接美国东西海岸和国际市场。

第三，芝加哥是全球航空货运中心。芝加哥奥黑尔国际机场是全球最繁忙的货运机场之一，与陆上交通结合，能够实现高效货物流转。

第四，芝加哥实现了自贸区＋物流金融创新。芝加哥自贸区允许企业在保税区内进行研发和生产，有助于全球供应链运作。依托芝加哥商品交易所，形成了全球大宗商品交易中心。

芝加哥的先进经验，湖北可以在以下方面进行参考借鉴。

其一，多式联运的协同。芝加哥依托“铁路＋水运＋公路＋航空”无缝衔接，成为北美物流枢纽。湖北则可以构建“长江黄金水道＋沿江高铁＋中欧班列（武汉）＋花湖国际机场＋高速公路”的立体物流体系，发展“铁水公空”无缝衔接，打造超“米”字形综合枢纽。

其二，规则创新与贸易便利化。芝加哥的“多式联运提单”简化了不同运输方式间的衔接。湖北可借鉴芝加哥经验，推动“铁水公空一单制”，提高跨境贸易和物流效率。

其三，自贸区与离岸业务。芝加哥自贸区允许“保税研发”，湖北可依托武汉自贸片区，推动“离岸数据特区”，吸引数字贸易和跨境结算业务。

需要注意的是，湖北的外向型经济依赖长江出海口，而芝加哥是美国内陆枢纽，两者定位不同。湖北仍需加强港口体系和全球供应链连接，而芝加哥则更多依赖美国国内市场。

湖北的产业结构不同，需结合自身优势发展。芝加哥的物流体系主要服务于制造业、农产品贸易、金融业，而湖北应结合自身高端制造、光电子信息、新能源等产业特点优化枢纽功能。

表 10–1　湖北对标芝加哥的枢纽建设路径

对标芝加哥	湖北适配路径	具体行动
全球铁路枢纽	长江 + 中欧班列（武汉）+ 高铁 + 花湖国际机场 + 高速公路	建设超“米”字形交通网络，强化铁路港口一体化
“多式联运提单”	“铁水公空一单制”	发挥航空枢纽优势，推动一单到底、数字化物流平台
自贸区 + 保税研发	离岸数据特区	建设数据结算中心，推动数字贸易
物流 + 制造 + 金融	枢纽 + 产业联动	建设大宗商品交易中心，打造国际供应链

3. 生态维度：从莱茵河到长江，探索流域治理新范式

莱茵河治理的“保护莱茵河国际委员会机制”颇具启示，该委员会协调沿岸国家对莱茵河进行系统化治理。2001 年的莱茵河流域国家部长会议批准通过了《莱茵河 2020 计划》(《莱茵河可持续发展计划》)，莱茵河水质得到了较大改善。长江可升级现有“三省共保联治”机制，建立跨省生态法庭，对跨界污染实施“举证责任倒置”。

在绿色转型方面，德国鲁尔区从“煤钢重镇”转向氢能经济，通过“氢能高速公路”计划，将蒂森克虏伯钢厂碳排放降低 80%。湖北可在化工转型方面双轨并行：一方面，推动湖北兴发集团投资 120 亿元建设磷酸铁锂产业园；另一方面，在武汉经开区布局氢能船舶制造，

配套建设加氢站。生态补偿需细化“污染当量交易”，如对丹江口水库汇水区实施“水质增量竞价”，让生态贡献者获得真金白银的回报。

4. 区域协同维度：从厄勒海峡到“中三角”，构建一体化经济圈

丹麦哥本哈根和瑞典马尔默通过跨海大桥实现双城通勤，厄勒海峡区域通过“一小时交通圈＋产业共同体”，促成丹麦生物医药与瑞典智能制造深度融合。借鉴该经验，“中三角”可实施“三链工程”。

交通链：武汉、长沙、南昌需加密“中三角”高铁班次，试点高铁货运专列。

创新链：组建“中三角科创银行”，对光谷—长株潭—赣江新区联合攻关项目给予贴息贷款。

产业链：共建新能源装备“金三角”，武汉聚焦储能电池、长沙深耕工程机械电动化、南昌主攻光伏组件，联合申报国家先进制造业集群。

制度突破方面，可参照厄勒地区“跨境劳动力自由流动”政策，在武汉东湖、湘江新区、赣江新区试行“人才积分互认”，允许科技人才在三地自由落户并享受同等购房补贴。

（二）赋能支点跃升的四大主攻方向

1. 能级提升：从“单点突破”到“网状辐射”，打造全域协同发展格局

湖北过去的发展模式主要依赖武汉“一城独大”，但未来必须推动资源要素在全省范围内高效流动，形成多点支撑、网络联动的增长格局。

光谷联动鄂州花湖国际机场，打造“研发—制造—物流”全球供应链节点。作为全国领先的科技创新中心，光谷拥有“光芯屏端网”

产业集群，但在高端制造和全球供应链布局上仍有短板。鄂州花湖国际机场作为亚洲首个专业货运枢纽，可弥补这一短板。在研发端，光谷企业可在花湖国际机场周边设立生产基地，实现“实验室—中试—量产”无缝衔接。在物流端，依托花湖国际机场的全球货运网络，湖北的高附加值产品（如芯片、生物医药）可在 48 小时内直达欧美市场，降低供应链成本。

政策协同，探索“光谷研发 + 花湖出口”的保税模式，企业研发用的进口设备可享免税，成品直接空运出境。

武汉新城建设“未来城市实验室”，输出“智慧城建湖北标准”。武汉新城不仅是城市发展的空间扩展，更是城市治理模式的创新试验田。重点方向包括智能交通、低碳建筑、数据治理等。可建立城市级数据中台，实现政务、交通、环保数据互通，并向全国输出“城市大脑”解决方案。

2. 速度提升：要素集聚加速度，破解“落地慢”瓶颈

湖北的科教、区位优势尚未完全转化为产业优势，关键问题在于要素流动效率不足，需从人才、资金、审批等方面突破。

第一，实施“楚才回归”计划。五年引进 10 万名高层次人才。湖北每年高校毕业生超 50 万人，但留存率不足 40%。该计划需聚焦精准引才、柔性用才。

第二，精准引才。重点吸引半导体、新能源、人工智能等领域海外鄂籍科学家（如美国硅谷华中科技大学校友群体），提供“一事一议”安家补贴。柔性用才，推行“双聘制”，允许高校教授在企业兼职并获取股权激励，解除科研人员创业的后顾之忧。

第三，实行清单化管理。对光电子、生物医药等战略产业项目，可试点“容缺受理”，非核心材料可后续补交，打造审批革命的“光谷速度”。

第四，数字化赋能。提升“鄂企通”平台，企业在线提交材料后，生态环境、自然资源等部门并联审批，进度实时可查。

3. 质效提升：创新 × 绿色双驱动，重塑产业竞争力

传统的高耗能增长模式难以为继，湖北必须走“创新增值、绿色降碳”的新路。

目前湖北研发投入强度与发达省份相比仍有差距。要推动重构企业创新生态，实行“研发投入—退税—再研发”的正循环，实现湖北研发投入强度两年提升 0.5 个百分点。鼓励新型研发机构突破技术瓶颈，支持武汉光电国家研究中心开展“揭榜挂帅”，攻克“卡脖子”技术。

要加速绿色转型的“化学反应”。格林美打造的全球首个钴镍废弃物循环利用基地，每年减少矿产开采量相当于 2 个西湖的蓄水量。荆门石化采用超临界二氧化碳萃取技术，使特种油品能耗下降 40%。这些实践正在催生新规则，湖北碳账户体系已覆盖 3700 家规上企业，某钢铁企业通过节能改造获得 20 万吨碳配额，在武汉碳市场交易获利 1600 万元。这种“减排—获利—再投资”机制，让绿色转型成为经济选择。

4. 后劲提升：制度红利持续释放，构建长期竞争优势

数据是新时代的“石油”，但当前 80% 的政务数据仍“沉睡”在各部门。湖北通过制度创新，将试点经验转化为普遍性规则。通过确权定价，对医疗、交通等数据分类分级，企业可付费调用脱敏数据（如武汉通过地铁客流分析商业选址）。推动跨境流动，在高新区试点“数据海关”，允许外资车企跨境传输自动驾驶测试脱敏数据。

碳账户覆盖全省规上企业。借鉴欧盟碳市场经验，湖北建立碳账户监测体系，企业安装智能电表、排放传感器，数据直连省级平台；

采取金融激励，碳减排表现好的企业可获低息贷款，超标企业需购买省内林业碳汇抵消。

这些制度创新如同“时间银行”，持续释放复利效应。湖北碳账户规则被其他中部省份借鉴，制度性话语权正成为湖北最持久的竞争力。

四大主攻方向构成有机整体，协同发力，支撑支点跃升。能级提升重塑空间格局，速度提升激活要素潜能，质效提升锻造产业韧性，后劲增强培育制度优势。这种多维度协同发力，推动湖北从“九省通衢”的区位优势升级为“链接全球”的功能优势。

（三）本土化创新路径

1. 从“对标”到“创标”：构建差异化竞争优势

在全球化竞争中，光谷没有简单复制硅谷模式，而是走出了一条特色突围之路。硅谷以 ICT 技术（信息与通信技术）为主导，光谷则打造“光芯屏端网 + 量子”的黄金产业链——这里诞生了全球首款 128 层 QLC（一种四层式存储单元）闪存芯片，建成国内首条柔性显示面板量产线，量子通信“汉广干线”更成为国家量子保密通信骨干网的重要枢纽。

交通枢纽的升级同样体现战略思维。芝加哥依托五大湖航运“称霸”北美，武汉则激活长江黄金水道潜能，阳逻港实现“货到汉口活”的现代版，集装箱年吞吐量突破 238 万标箱；同时，天河机场第三跑道启用，再加上沿江高铁武汉站是沿江高铁核心节点，可实现空铁联运的枢纽功能，综合形成“高铁 + 江海直达 +72 小时全球航空货运圈”的枢纽引擎格局。

制度创新持续释放活力，东湖高新区推出“光谷人才绿卡”，获批内陆首个离岸金融试点，允许跨国企业开展本外币一体化资金池业务。从“中国光谷”迈向“世界光谷”，光谷是观察我国科技创新的一面镜子。习近平总书记曾称赞湖北“在光电子信息产业领域独树一帜”①。“独树一帜”这个至高评价，代表了光谷在全国乃至全球光电子信息产业中的辨识度。

2. 开放合作 3.0：打造双循环战略链接

供应链网络实现立体化延伸。中欧班列（武汉）开通“中南半岛快线”，经广西钦州港衔接新加坡等 RCEP 国家，运输时效比传统海运缩短 12 天。同步建设的武汉国际数据港，接入亚欧非国家的算力节点，成为“数字丝绸之路”关键枢纽。

标准输出彰显创新话语权。长飞光纤主导制定的光纤标准，被缅甸、巴基斯坦等国直接采用。

这种“硬科技 + 软制度”的组合创新，使武汉在新型全球化中逐步从“跟跑者”蜕变为规则制定者。世界知识产权组织发布的《2024 全球创新指数报告》显示，全球百强科技创新集群中，武汉持续保持上升态势，位列全球第 13 位，比 2021 年上升 12 位，在中国城市科技创新集群中位列第 5 位；武汉每万家企业中高企数量达 171 家，居全国主要城市首位，这些均是本土化创新路径的成功验证。

湖北通过“国际经验本土化、本土实践国际化”，为内陆地区提供有益启示。破解虹吸效应，通过“光谷—花湖国际机场”联动，形成研发—制造—物流闭环，避免人才资金外流。平衡“发展与生态”，长江治理证明，绿色转型可提升产业附加值（如碳汇交易）。制度创新驱动“后发超越”，内陆地区可通过规则突破（如数据交易所）实现弯道超车。最终，湖北将证明中国式现代化既能扎根内陆，也能联动全球。

①《习近平在湖北武汉考察时强调　把科技的命脉牢牢掌握在自己手中　不断提升我国发展独立性自主性安全性》，《人民日报》2022 年 6 月 30 日。

二、创新治理范式引领变革实践

湖北作为中部地区高质量发展的重要引擎，正围绕建设“中国式现代化区域样板”的战略目标，以治理体系和治理能力现代化为突破口，系统构建“科技赋能 + 制度创新 + 多元协同”的治理新范式。这一创新实践不仅为湖北高质量发展提供了制度保障，更将为全国区域治理现代化探索可复制、可推广的经验。

（一）数字治理：打造智慧治理新高地

1. 整体智治体系构建

湖北持续深化“一网统管”省域治理平台建设。截至 2024 年，全省政务数据共享平台已归集数据超 300 亿条，覆盖 95% 以上的政务服务事项。“鄂汇办”超级 App 集成服务事项增至 2500 余项，用户突破 4000 万人，日均办件量超 50 万次，实现“一机在手、荆楚通办”的便民目标。武汉“城市大脑”3.0 版本上线，新增 AI 智能决策模块，在交通治理领域实现全市 2000 余个路口信号灯动态优化。武汉新城建设“未来城市样板间”（智慧交通、零碳社区）。基层创新推广“武汉百步亭社区共治模式”，打造全国社区治理标杆。在应急管理领域，“防汛智慧调度系统”覆盖全省重点流域，2024 年汛期预警响应时间缩短至 20 分钟，灾害损失同比减少 25%。

2. 数据要素市场化改革

武汉东湖大数据交易所 2024 年交易规模突破 80 亿元，稳居中西部第一，累计吸引数据服务商超 500 家。创建“数据要素流通沙盒”机制，在智能网联汽车、大健康等领域开展数据融合应用试点。政务数据开放范围扩大至15个领域，其中医疗健康数据开放带动远程诊疗服务覆盖率提升至65%，交通数据开放支持全省物流效率提升12%。光谷数字经济产业园集聚企业1200余家，年产值突破2000亿元。

3. 区块链创新应用

湖北政务区块链服务平台已链接全省600个政务节点，形成三大标杆应用：食品药品溯源，覆盖全省100%冷链企业和90%零售药店，2024年抽检合格率提升至99.2%；司法存证，法院电子证据采纳率提高至82%，平均审理周期缩短30%；碳资产交易，依托区块链搭建华中碳排放权交易平台。截至2024年12月31日，湖北碳市场年度成交量达2675.24万吨，成交金额6.66亿元，分别占全国七个试点的46.4%和33.4%。

（二）制度创新：构建改革发展新引擎

1. 深化“放管服”改革

湖北在全国首创“一业一证”改革，将50个行业的准入许可整合为一张综合许可证，审批时限平均压缩85%。工程项目审批推行“标准地＋承诺制”，武汉东湖高新区“拿地即开工”升级为“五证同发”，项目开工时间从180天缩短至15天。全省连续4年新增市场主体在百万户以上，2024年新增178.47万户，比2023年增长11.0%。总量达到920.70万户，增长10.6%。① 改革红利持续释放。创新推出“跨省通办”事项清单（2024年扩展至140项），企业开办实现“一网通办、半日结、零费用”。

---

① 湖北省统计局、国家统计局湖北调查总队：《湖北省2024年国民经济和社会发展统计公报》，《湖北日报》2025年3月24日。

2. 要素配置机制创新

武汉东湖高新区从 2021 年起，在全国率先实施人才注册制、评价积分制，从体制机制层面，以及评价方式和效率上进行全面突破。截至 2024 年底，人才注册服务平台累计注册人数 6.82 万人，注册企业 3001 家，累计 2393 人通过积分制被认定为“3551 人才”。武汉股权交易中心“科技板”累计服务企业 3012 家，其开设的专精特新专板是全国首批专精特新专板之一，已有 1166 家湖北专精特新企业入板，数量位居全国前列，全板块累计融资超过 1800 亿元。这些创新举措正不断破解要素流动的制度性障碍。

3. 风险防控体系完善

建立“产业安全监测预警平台”并升级为 2.0 版，覆盖 15 条重点产业链，集成全球供应链数据超 10 亿条。建成全国首个“芯片产业安全监测中心”，实现关键物料储备动态平衡。通过 AI 预警系统化解产业链风险隐患，重点产业供应链稳定率达 98.5%。建立“金融风险监测大脑”，及时识别高风险企业，守住不发生系统性风险的底线。

（三）协同治理：探索多元共治新模式

1. 长江大保护协同机制

鄂湘赣三省联合发布《长江中游城市群生态共保规划》，创新“生态补偿 + 产业协同”机制，2024 年完成跨省生态补偿交易 12 亿元。宜昌化工“关改搬转”经验升级为 2.0 标准。截至 2024 年，湖北累计“关改搬转”沿江化工企业达 472 家，腾退岸线 149.8 千米。长江湖北段水质优良比例达 96.2%，中华鲟自然繁殖活动重现宜昌江段，生态协同治理成效显著。

2. 基层治理创新实践

“武汉百步亭社区共治模式”升级为智慧社区标准，全省建成“AI社区管家”平台，覆盖 1.5 万个小区，矛盾纠纷化解率提升至 93%。“时间银行”养老模式实现全省覆盖，注册志愿者达 85 万人，存储服务时长超 300 万小时。2024 年创新推出“网格员 + 数字社工”双轨制，基层事务办理效率提升 60%。

3. 社会力量参与机制

枢纽型社会组织达 800 家，“企业社会责任积分”制度实现上市公司全覆盖，带动 5000 余家企业参与治理。长江保护“民间河长”发展至 3.6 万名，2024 年创新“数字河长”平台，累计发现处置问题 5.2 万件。社会力量参与解决环境问题 2.3 万件次，武汉“碳普惠”平台带动 50 万市民参与减碳行动，治理合力不断增强。

（四）效能提升：建立科学评价新体系

1. 政府效能评估创新

高质量发展 KPI（关键绩效指标）体系升级为 3.0 版，新增“数字经济占比”“碳效指标”等维度。上线“政策效能驾驶舱”这一数字化管理工具，实现全省 127 个部门数据实时比对。政务服务“好差评”制度满意率连续 18 个月超 99%，“鄂汇办”App 用户突破 4000 万人。这些机制推动政府服务从“被动响应”向“主动服务”转变。

2. 政策效果评估机制

政策仿真实验室建立产业政策、民生政策等子系统，推演政策实施效果。创建政策模拟分析平台，通过经济数据建模预测政策实施效果，如财政资金使用效益预评估等。建立政策“全生命周期”管理台账，废止低效文件。

3. 营商环境持续优化

实施“营商环境 4.0 版”改革，推出 160 项举措。武汉开发区试点“无感审批”，通过 AI 自动办理事项占比达 40%。2024 年中国营商环境评价中湖北位列第七，武汉、宜昌进入前 20 强。全省市场主体总量达到 920.70 万户，高新技术企业突破 3 万家。这些改革使湖北成为投资创业的热土。

湖北的创新治理实践，为高质量发展注入新动能。以数字技术重塑治理形态，以制度创新破除发展障碍，以协同共治凝聚社会合力，以效能评估确保治理质量。这一系统集成，通过“数字治理底座 + 制度创新引擎 + 社会协同网络”的三维架构，丰富了中国式现代化道路的区域实践。2023 年湖北省数字经济规模达到 2.65 万亿元，占地区生产总值比重达 47.5%。2024 年预计突破 3 万亿元，地区生产总值占比接近 50%。治理效能转化经济效能的“乘数效应”充分显现，为新时代国家治理体系和治理能力现代化贡献了湖北智慧。

三、打造中国式现代化区域样板

（一）湖北样板的独特内涵

作为中国式现代化的内陆实践窗口，湖北样板呈现出独特的价值维度：在地理维度上，构建起贯通长江经济带“龙腰”的战略支点；在发展维度上，探索破解“中等技术陷阱”的内陆方案；在治理维度上，塑造数字化时代的区域治理新范式。区别于沿海“外向型”和西部“资源型”发展路径，湖北开创性地将“科创基因”“枢纽禀赋”“生态本底”

三大优势转化为系统竞争力，形成了具有内生增长特征的现代化路径。

湖北样板具有三大核心功能。一是高质量发展试验田。以武汉国家科创中心建设为牵引，构建“基础研究—技术攻关—产业转化”的全链条创新生态。在“光芯屏端网”、高端装备制造等领域突破“卡脖子”技术，推动研发投入强度早日突破3.2%，高新技术产业占比超过60%。二是共同富裕实践区。创新强县工程和乡村振兴双轮驱动机制，通过城乡要素市场化配置改革，将城乡居民收入倍差压缩至1.8以内。在江汉平原、鄂西山区分别打造城乡融合、生态共富的差异化实践样板。三是治理现代化先锋。建设“一网统管”的省域治理数字化平台，构建“政府主导—市场运作—社会协同”的多元共治格局。在长江大保护、跨境贸易等领域形成10项以上全国领先的制度创新成果。

（二）四大支撑体系的构建

作为中部地区崛起重要战略支点的湖北，正以“科创引领、枢纽驱动、生态优先、共同富裕”为核心，构建四大支撑体系，探索一条具有内陆特色的中国式现代化发展路径。

1. 科创高地引领的产业样板

升级方向，推动产业能级跃迁，在巩固“光芯屏端网”万亿级产业集群的基础上，布局量子科技、空天信息、合成生物等未来产业，抢占全球科技竞争制高点。

建设科创走廊，打造国家级制造业创新中心，形成“基础研究—技术攻关—产业转化”全链条创新生态。科教资源转化突破推行“订单式科研”模式（企业出题、高校解题），建设概念验证中心，加速科研成果产业化。

全链条创新路径。基础研究方面，依托脉冲强磁场实验室等大科学装置，突破关键核心技术。技术攻关方面，聚焦光谷芯片、北斗导航等领域，培育专精特新企业集群。成果转化方面，依托鄂州花湖国际机场临空经济区，打造全球高端制造供应链节点。

2. 枢纽经济驱动的开放样板

推动“物流枢纽”向“规则枢纽”升级，参与制定内陆自贸区国际标准，如参与并推动制定中欧班列“湖北版”贸易规则。发展“数字丝绸之路”，建设武汉国际数据港，打造全球数字贸易节点城市。

比较优势强化，激活区位交通乘数效应。建设超“米”字形高铁网，实现武汉至长三角、粤港澳3小时通达。打造“天河国际机场+花湖国际机场”航空客货运双枢纽，形成全球供应链重要节点。

在路径探索上，建设新时代“九州通衢”。硬联通方面，建设武汉天河国际机场国际货运枢纽、长江中游航运中心，提升多式联运效率。软联通方面，推广“阳逻港—杜伊斯堡”班列“一单制”贸易模式，降低跨境物流成本。开放创新方面，发展离岸金融、跨境电商“保税展示+线下自提”，探索“内陆开放2.0”模式。

3. 长江大保护标定的生态样板

推动从“污染防治”到“生态产品价值实现”转型，探索长江生态银行、碳汇交易等创新模式。推广“无废城市”建设，在武汉、宜昌试点打造循环经济示范区。

生态价值实现创新，开发“长江碳汇”交易产品，推动生态资源市场化。建立“生态银行”，实现“绿水青山”向“金山银山”转化。

路径探索，实施“长江生态修复3.0”。产业转型方面，宜昌化工“关改搬转”经验推广至汉江沿线，推动传统产业绿色升级。生态补偿方面，建立省内流域横向补偿机制，实现“谁保护、谁受益”。文化赋能方面，打造“长江国家文化公园”湖北段，推动生态文旅融合发展。碳金融创新方面，依托武汉碳市场，覆盖钢铁、水泥等高耗能行业，探索碳交易金融衍生品。

4. 共同富裕的社会样板

城乡融合与民生共享。实施强县工程 2.0（每个县培育 1 ～ 2 个百亿元产业），推动县域特色产业（如潜江小龙虾、随州香菇等）带动农民增收；推动“新市民安居工程”，促进农业转移人口市民化。

公共服务优化，建设“15 分钟医疗圈”，提升基层医疗服务能力。试点农村养老互助积分制，破解农村养老难题。

共同富裕机制创新，开展“技能湖北”行动，提升劳动者就业竞争力。实施“乡村振兴合伙人”计划，鼓励社会资本参与乡村产业振兴。

湖北以“科创 + 枢纽 + 生态 + 共富”四维支撑体系，构建了一条“内生增长、开放协同、绿色共享”的现代化路径，回答了如何以科创破解“中等技术陷阱”，如何以枢纽经济重塑内陆开放优势，如何以生态优先实现绿色共富，最终回答“中国式现代化湖北何为”的时代命题。未来，湖北将不仅是长江经济带高质量发展的战略枢纽，更将成为中国式现代化建设的区域样板，为内陆省份提供可复制、可推广的湖北方案。

四、展望 2035 愿景共绘支点蓝图

湖北以 2035 年“全面建成中部地区崛起重要战略支点”为总目标，围绕“综合实力、科技实力全国前列”的核心要求，构建“定量目标 + 战略功能 + 发展质量”的三维框架，这一蓝图既立足湖北实际，又着眼国家战略，致力于打造中国式现代化建设的中部示范样板。

（一）经济发展目标展望：打造具有全球竞争力的现代化经济强省

1. 综合实力跃升：构建中部崛起核心支撑

经济规模跃升。根据湖北省2024年地区生产总值达到60013亿元、人均地区生产总值达到102832元的基础数据，如按照年均6.0%的增速测算，2035年地区生产总值总量将突破12万亿元，人均地区生产总值将超过3万美元，经济总量占全国比重提升至5.2%左右。

（1）不同增速下湖北省2035年地区生产总值总量预测

分别以5.0%、5.5%、6.0%的年均增速，预测2035年的地区生产总值总量分别为10.26万亿元、11.18万亿元、12.19万亿元（见表10–2）。

表10–2　不同增速下湖北省2035年地区生产总值总量预测

年均增速	计算公式（复利）	2035年地区生产总值总量（亿元）
5.0%	$60013\times(1.05)^{11}$	102600
5.5%	$60013\times(1.055)^{11}$	111800
6.0%	$60013\times(1.06)^{11}$	121900

（2）不同增速下湖北省2035年人均地区生产总值预测

湖北2024年末常住人口5834万人，人口自然增长率–3.14‰；2023年末常住人口5838万人，人口自然增长率–3.15‰；2022年末常住人口5844万人，人口自然增长率–2.01‰。虽然近几年湖北人口自然增长率为负增长，但随着人口政策的调整及人口结构的变化，有些地方已恢复了人口正增长；随着支点建设的推进，湖北经济社会发展势头良好，人口净流出会逐渐减少，达到流入流出平衡，甚至人口净流入。故从长期来看，可以总体假设湖北人口年均小幅增长。如果总体假设湖北人口年均增长0.1%，那么2035年末人口约为5898万人。

人均地区生产总值使用的人口数，是年末常住人口数的两年平均值。因为地区生产总值是一个时期数，而常住人口数是一个时点数，不能直接除，故取其两年平均值。

年末常住人口数是上年末常住人口数与本年自然增长人口数及机械增长人口数的总和。本年自然增长人口数等于本年内出生人数与死亡人数之差，本年机械增长人口数等于本年内迁入人数与迁出人数之差。

表 10-3　不同增速下湖北省 2035 年人均地区生产总值预测

年均增速	2035 年地区生产总值总量（亿元）	人均地区生产总值（元）	人均地区生产总值（美元，按 6.75 汇率）
5.0%	102600	173960	25772
5.5%	111800	189560	28083
6.0%	121900	206680	30619

（3）关键结论

5% 增速下，2035 年湖北地区生产总值可突破 10 万亿元，人均地区生产总值 17.4 万元（约 2.57 万美元），超过希腊当前人均水平（2024 年 2.43 万美元，世界第 49 位）。

5.5% 增速下，2035 年湖北地区生产总值可达 11.2 万亿元，人均地区生产总值 18.96 万元（约 2.8 万美元），接近葡萄牙当前人均水平（2024 年 2.93 万美元，世界第 44 位）。

6% 增速下，2035 年湖北地区生产总值可突破 12 万亿元，人均地区生产总值 20.7 万元（约 3.06 万美元），接近日本当前人均水平（2024 年 3.29 万美元，世界第 39 位）。①

（4）对标全国目标

若全国 2035 年人均地区生产总值达到中等发达国家水平（约 2.5

① 人均折算成美元，按6.75保守估算，暂未考虑汇率长期变化，国际对比数据参考 IMF2024 年 10 月发布的《世界经济展望》。该报告显示，中国大陆 2024 年当年人均 GDP 1.3 万美元，在世界 190 个国家和地区排名中位居第 73 位。

万美元），湖北在5%增速下即可达标，6%增速下将显著领先。假设全国2035年GDP翻番需年均4.7%，若湖北保持高于全国平均水平1～1.5个百分点的增速，6%增速可使湖北经济总量占全国比重从2024年的4.4%提升至2035年的约5.2%，成为中部核心增长极。①

（5）若人口零增长和考虑通胀因素的分析

若人口零增长，2035年保持5834万人，人均地区生产总值较当前测算再提高1.1%，则6%增速下人均地区生产总值达208950元，约为30948美元。

若考虑通胀因素，名义地区生产总值总量会增加。如果年均通胀2%，名义地区生产总值总量需乘以1.02^{11}（约为1.24）。若分别以5.0%、5.5%、6.0%的年均增速预测，则2035年的名义地区生产总值总量分别为12.72万亿元、13.86万亿元、15.12万亿元。但实际购买力需扣除物价因素。

2. 科技创新引领：建设全国科技高地

研发投入强度提升至3.5%以上。国家战略科技力量倍增，国家实验室数量从1家增至2～3家，大科学装置从8个增至15个，“楚才”系列人形机器人各展所长。创新动能全面增强，高新技术企业数量从3万家突破至4万家，每万人发明专利拥有量达50件。关键突破领域，“中国光谷”升级为“世界光谷”，光电子产业建成全球领先的“光芯屏端网”产业集群（产值超3万亿元），武汉生物医药城进入全球创新药物研发第一梯队。

3. 开放格局重塑：构建内陆开放新高地

通道能级提升，武汉天河国际机场旅客吞吐量突破7000万人次（进入全球前二十），鄂州花湖国际机场货运吞吐量进入全球前十，国

① 测算基于不变价计算，未考虑通胀因素。

际航线网络覆盖全球主要城市，双机场成为世界航空枢纽。多式联运升级，长江中游航运中心集装箱吞吐量突破 1200 万标箱，中欧班列（武汉）开行量保持全国前三，武汉阳逻港建成“数字孪生港口”，通关效率全球领先。制度型开放突破，湖北自贸试验区试点政策覆盖率达 95%，跨境电商进出口额进入全国前十。光谷自贸片区试行“数据跨境自由流动”，成为 RCEP 数字贸易核心节点。

4. 美丽湖北建设：长江经济带绿色标杆

生态环境质量领跑中部，长江干流水质稳定在Ⅱ类以上，达标率 100%，长江江豚种群恢复至 300 头，重点湖泊水质提升一个等级，森林覆盖率从 42% 提升至 45% 以上。绿色转型示范，单位 GDP 能耗下降水平领先全国平均水平 20%，碳排放强度较 2005 年下降 65%。新能源汽车产量大幅提升。农村污水治理率 100%，“无废城市”建设覆盖所有地级市。

（二）社会发展愿景：建设中部幸福生活样板

1. 共同富裕目标

民生福祉提升，城乡居民收入倍差从 2.2 缩至 1.7 以内，每千人医疗床位数达 9.5 张，高等教育毛入学率达到 78%，基本公共服务均等化实现度超 95%，村级“5G + 远程医疗”全覆盖。人均预期寿命从 79 岁提升至 81 岁。

2. 文化繁荣发展

文化软实力提升，打造“长江文明”“三国文化”等 3 ～ 5 个世界级文旅 IP，武汉成为“一带一路”文化输出核心节点，荆州古城、襄阳唐城建成全球顶级沉浸式文旅综合体。荆楚文化国际传播力指数进入全国前三，建成 3 个国家级文化创意产业集群，文化产业增加值占比达 7%。神农架世界自然遗产、长江国家文化公园（湖北段）成为世界级生态文化名片。

3. 治理现代化

治理效能提升，数字政府建设水平保持全国前三，数字政府实现“AI 公务员”辅助决策，社会矛盾纠纷化解率超 98%，营商环境稳居全国前七。

（三）区域协同愿景：重塑中国经济地理版图

1. 省内协同发展

以武汉国家中心城市为核心引擎，经济总量突破 4 万亿元，辐射带动“襄十随神”城市群打造汉江生态经济带增长极，推动“宜荆荆”城市群建设长江绿色经济走廊核心区。县域经济能级持续提升，总量占比从 58.7% 提升至 62%。形成全域协调、均衡发展的“一主引领、两翼驱动”新格局。

2. 中部地区协同发展

深化鄂湘赣“中三角”一体化，推动经济总量占全国比重从 11% 提升至 15%①，建成基础设施 100% 互联互通的长江中游世界级城市群。与长三角、粤港澳大湾区形成“黄金三角”战略联动，共同打造全国经济“第四极”，构建辐射内陆、面向全球的开放型经济新高地。

① 2024 年，湖北、湖南、江西三省地区生产总值 14.7 万亿元，占全国比重约 11%。

3. 全国协同发展

湖北立足“双循环”关键枢纽定位，全面对接国家重大战略：与京津冀、长三角、粤港澳共建跨区域创新生态，光谷—浦东—粤港澳科创走廊实现“72小时研发—转化—产业化”全链条贯通；携手成渝地区双城经济圈，共筑长江经济带高质量发展示范带；依托京汉广高铁强化南北动脉，推动汉江生态经济带、南水北调中线工程与“一带一路”倡议、黄河流域战略深度衔接，形成“陆海联动、四向拓展”的国家重要战略支点。

（四）支点蓝图的时代意义：谱写中国式现代化湖北篇章

1. 国家战略担当

在中部崛起战略中发挥核心支撑作用，破解“内陆开放”世界性难题，打造内陆地区改革开放新高地，构建新发展格局的关键节点，形成“以内陆大枢纽驱动双循环”的新发展范式。

2. 现代化探索价值

为中国式现代化提供区域实践样本，探索“创新驱动+绿色发展”的内陆现代化路径，证明“生态优先”与“高质量发展”可协同推进，长江经济带绿色GDP占比超50%，形成可复制、可推广的发展经验。

3. 全球发展贡献

为新兴经济体提供“非沿海地区现代化”路径，展现发展中国家内陆地区现代化可能性，湖北技术和标准输出100多个国家和地区，提供生态文明建设与经济发展协同推进的示范，贡献区域协调发展的中国智慧。

展望2035年，湖北将以“奋勇争先、建成支点、谱写新篇”的使命担当，展现崛起的支点力量，交出一份湖北高质量发展的时代答卷。通过科技创新引领产业升级、枢纽优势促进开放发展、生态优先推动绿色转型、区域协调实现共同繁荣，建成“长江文明复兴高地”，让世界通过湖北读懂中国。建成“支点”不仅是经济、地理中心的崛起，也是一场内陆文明的复兴，更是制度与文明的跃升。湖北将以“九州通衢”的开放胸襟、“千湖之省”的生态智慧、“敢为人先”的创新精神，向世界证明——中国式现代化建设的精彩样板，就在荆山楚水之间。

深度阅读

习近平：《以中国式现代化全面推进强国建设、民族复兴伟业》，《求是》2025年第1期。

习近平：《经济工作必须统筹好几对重要关系》，《求是》2025年第5期。

习近平：《朝着建成科技强国的宏伟目标奋勇前进》，《求是》2025年第7期。

王忠林：《加快建成中部地区崛起的重要战略支点》，《学习时报》2025年3月17日。

李殿勋：《政府工作报告——2025年1月16日在湖北省第十四届人民代表大会第三次会议上》，《湖北日报》2025年1月24日。

邹德文：《从静态均衡向动态优化转变的深刻经济变革——流态的本质意义、内在逻辑和未来趋势》，《中国经济时报》2025年2月28日。

《发挥新时代“九州通衢”优势　努力扩大高水平对外开放　更好服务全国统一大市场与融入世界经济大循环》，《湖北日报》

2025 年 4 月 1 日。

《2025 年二季度全省重大项目集中开工活动举行　持续掀起大抓项目抓大项目的热潮　以高质量项目投资支撑高质量发展》，《湖北日报》2025 年 4 月 4 日。

后记

加快建成中部地区崛起的重要战略支点，这是习近平总书记赋予湖北的重大使命任务。为了深入学习贯彻习近平总书记考察湖北重要讲话精神和党的二十大、二十届三中全会精神，全面落实湖北省加快建成中部地区崛起重要战略支点推进大会决策部署，受湖北人民出版社邀请，写作此书。

本书围绕“什么是支点、怎样建成支点”，聚焦“七大战略任务”“整体提升七个能力”等核心内容，回答了一系列读者关心的问题，旨在全面论述湖北“加快建成支点”的战略逻辑、优势动能、实践路径与未来愿景，以理论分析与实践案例结合，探讨中部崛起的支点力量。

本书是集体智慧的结晶，湖北省经济学会会长、二级教授邹德文统筹全书的策划、框架设计、内外联系和统稿，写作内容提要、导论、第一章、第十章、后记。中共湖北省委党校（湖北省行政学院）经济学与经济管理教研部副主任李波平教授写作第三章、第四章、第五章、第八章，姜涛教授写作第二章、第六章、第七章、第九章。湖北人民出版社领导和编辑同步跟进，大家相互协作、团结拼搏，既有分工又有合作，在共同讨论的基础之上形成统一的意见和统一的风格。在短时间内，高效完成了这一光荣而又艰巨的任务。

这里要特别感谢以下专家教授对完善书稿提出的建设性意见，他们是：中国国际经济交流中心首席研究员、国家发改委学术委员会原秘书长张燕生教授，第十四届全国政协委员、中国社会科学院经济研究所原所长黄群慧研究员，中央党校（国家行政学院）经济学教研部主任赵振华教授，北京大学光华管理学院原党委书记、副院长王其文教授，武汉大学经济与管理学院邹薇教授、弘毅学堂院长余振教授，华中科技大学经济学院院长张建华教授、副院长钱雪松教授、公共管理学院卢新海教授，中南财经政法大学经济学院院长石智雷教授、朱巧玲教授，华中师范大学公共管理学院副院长张祚教授、城市与环境科学学院原院长罗静教授、田玲玲副教授，中国地质大学（武汉）研究生院副院长易明教授，湖北省社科院原副院长秦尊文研究员，湖北技术交易所所长盛建新研究员，武汉东湖高新区创新发展中心陈要军研究员，北京长城战略咨询副总经理、武汉光谷创新发展研究院院长赵荣凯研究员等。

特别感谢湖北省委宣传部、省委直属机关工委、省委党校（省行政学院）、省社科联对本书出版的支持和帮助。长江出版传媒集团、湖北人民出版社对本书的出版高度重视，围绕省委中心工作精心组织策划，敬业严谨、耐心细致。

写作过程中，参考了《人民日报》、新华社、《求是》等中央媒体，《湖北日报》《长江日报》等地方主流媒体的相关报道，参考了大量政策文件、规划文本，专家学者的讲座、报告、文章，以及调研过程中部分单位提供的资料等，书中的配图、配表得到了相关各方的协助、支持，在此一并表示衷心感谢！

同时，谨向所有对本书写作和出版给予关心、支持、帮助的单位和个人表示诚挚谢意！

由于成书时间紧，加上水平有限，书中难免有不当之处，敬请批评指正！

作 者

2025 年 3 月